L'UNIVERS DE L'ART

Sous la direction
de Patrick Mauriès

1 Rome, Saint-Pierre, le dôme de Giacomo della Porta et Domenico Fontana, 1585-1590.

PETER MURRAY

L'Architecture de la Renaissance italienne

Traduit de l'anglais par Fabienne Poloni et Paul Rozenberg

THAMES & HUDSON

A M.D.W., maître et ami

A l'occasion de la deuxième édition de cet ouvrage, j'avais réécrit certains passages — notamment sur Saint-Pierre et les églises de Palladio — et incorporé de nombreuses corrections suggérées par des amis ou des critiques. L'éditeur m'avait donné la possibilité d'ajouter plusieurs illustrations, et je remercie encore M. Michael Wheeler qui m'aida à le faire. La bibliographie avait été révisée de même. Pour cette troisième édition, de nombreuses autres modifications ont été apportées et la bibliographie une fois de plus révisée et mise à jour. La version française, en outre, bénéficie d'une bibliographie adaptée à son public. Tout cela était nécessaire, compte tenu du regain d'intérêt dont jouit l'architecture de la Renaissance italienne depuis la première édition de cet ouvrage, en 1963. Tout au long du texte, les formes 1425/30 et 1425-30 signifient respectivement, «à une date située entre 1425 et 1430», et «de 1425 à 1430».

Mes dettes sont nombreuses. Je remercie d'abord le Dr Margaret Whinney et Sir Anthony Blunt qui m'ont appris l'essentiel de ce que je sais; la section Photo du Courtauld Institute of Art et particulièrement le Dr Peter Kidson et Mlle Ursula Pariser qui ont poussé la gentillesse jusqu'à faire réaliser dans de si brefs délais les clichés dont j'avais besoin; MM. John Cage et Leslie Parris qui m'ont aidé sur bien des points. M. Samuel Carr dont la précision a amélioré un manuscrit qui n'aurait pas vu le jour sans l'aide constante de Mme E.T. Walton. Enfin, pour m'avoir généreusement autorisé à utiliser les matériaux dont ils disposaient, le professeur James Ackerman, le professeur et Mme W. Paatz, la bibliothèque du Royal Institute of British Architects et le professeur Rudolf Wittkower.

COUVERTURE: Brunelleschi, lanterne de la cathédrale de Florence. Photo: Scala.

La première édition de cet ouvrage a paru sous le titre
The Architecture of the Renaissance
B.T. Batsford Ltd., Londres. © 1963 Peter Murray
Deuxième édition augmentée:
Thames and Hudson Ltd, Londres, 1969
Troisième édition revue, 1986
© 1969 et 1986 Peter Murray
Traduction française
© 1990, Editions Thames & Hudson S.A.R.L., Paris

Sommaire

Introduction

Parfois notre admiration pour les cathédrales gothiques nous aveugle : quelques pas à Chartres ou à Canterbury suffisent à nous initier aux plaisirs de l'architecture. Ni Saint-Pierre de Rome, ni Saint-Paul de Londres n'ont le même impact. On en conclut que les architectures renaissante et baroque méritent sans doute l'ombre où elles sont tenues. Il est vrai que l'architecture de la Renaissance exige plus de disponibilité et un minimum de connaissances. Dans l'émotion que suscite le gothique s'engouffre une foule d'associations d'idées qui jouent autant que la forme des édifices. L'immense élan des voûtes et la splendeur des vitraux avivent l'aura historique et spirituelle des cathédrales. Au contraire, l'architecture de la Renaissance exige d'être goûtée en tant qu'architecture. A la manière d'une fugue de Bach, elle paraît insaisissable à qui en ignore les règles de composition.

Elle participe de la Renaissance dans la mesure où son propos fut de ranimer les idées et les pratiques de l'Antiquité, c'est-à-dire en fait de l'Antiquité romaine, puisque la redécouverte de l'architecture grecque ne devait intervenir qu'au XVIIIe siècle. Son charme tient d'abord à la subtilité et à la simplicité de son agencement. Les masses y sont réparties suivant la technique de la proportion modulaire : toute l'architecture classique se fonde sur un rapport initial, dont la mesure est le module, défini comme le rayon de la colonne.

L'échelle compte ici plus que la dimension. Le module d'un temple à colonnes corinthiennes de soixante centimètres de diamètre sera de trente centimètres, une colonne mesurant de cinq mètres cinquante à six mètres cinquante (l'architecte dispose d'une certaine marge de manœuvre). La hauteur de la colonne et de son chapiteau détermineront celle de l'entablement, donc de l'ensemble de l'édifice. De même, la longueur et la largeur du bâtiment correspondront au module qui régit — de manière assez souple — les espaces séparant les colonnes. Tous les détails de l'édifice classique sont ainsi liés de manière organique et l'ensemble se réfère aux proportions du corps humain, puisque les Anciens voyaient dans la colonne une sorte de corps dont les mensurations étaient idéalement alignées sur celles de l'homme.

L'architecte classique poussera le souci de la symétrie et de l'harmonie jusqu'à donner, par exemple, à un simple mur percé de trois fenêtres, une hauteur proportionnelle à sa largeur. Il veillera aussi à assurer la symétrie du fenestrage, les proportions des fenêtres rectangulaires étant elles-mêmes fonction de celles du mur. Bien entendu, un minimum de pratique est nécessaire pour apprécier le rapport entre l'Un et le Multiple dans ce genre de constructions. Mais l'œil de l'amateur éclairé s'irritera bientôt d'une moulure trop large de quelques centimètres, autant que son oreille d'une fausse note.

Le XIXe siècle a répudié ce type d'architecture au nom de la «morale». Pugin et Ruskin, entre autres, semblent avoir cru que seule l'église gothique répondait aux exigences de la spiritualité chrétienne. Pour eux, le classicisme renaissant n'était qu'une tentative de résurrection des formes païennes. D'où les fulminations de Ruskin:

> «Commençons par rejeter dans les ténèbres tout ce qui, de près ou de loin, dans son principe ou dans sa forme, s'inspire de l'architecture grecque, romaine ou renaissante (...) Ce sont là œuvres viles, contre nature, stériles et impies, auxquelles nul ne saurait trouver plaisir. Païen d'origine, cet art est le fruit de l'orgueil. Il respire le mépris du sacré. Bientôt frappé de sclérose, (...) il semble n'avoir eu d'autre but que de muer ses architectes en plagiaires, ses ouvriers en esclaves et ses utilisateurs en sybarites. L'intellect erre désœuvré dans ces bâtisses qui paralysent l'imagination et dont l'unique objet fut de satisfaire le goût du faste et de conforter l'arrogance...»

L'auteur de *l'Architecture de l'humanisme*, Geoffrey Scott, a démontré, dès 1914, l'ineptie de ce moralisme outrancier. Mais, dans sa hâte à démolir les idées fausses et les préjugés qui empêchent les gens de *voir* l'architecture de la Renaissance, il tombait dans un autre piège, celui de la référence à l'humanisme. Or, au XVe siècle, ce mot ne revêtait aucune connotation théologique particulière. Il ne désignait rien de plus que l'étude du grec, du latin et des lettres classiques. Les humanistes divergeaient en matière de foi autant que le reste de leurs contemporains, même s'ils partageaient la nostalgie de la gloire romaine et des splendeurs de leur langue ancestrale. Les artistes transférèrent sur l'art antique l'admiration qu'éprouvaient les écrivains pour les lettres latines. Mais ni l'art gréco-romain ni la littérature latine ne constituent un tout homogène. Il y avait donc place pour d'énormes variations dans leur «Renaissance». Un passage du *Bref sur la Rome ancienne* présenté au pape Léon X en 1519 montre avec quel mélange de respect et d'orgueil les hommes du XVIe siècle parlaient d'une Antiquité qu'ils se sentaient parfaitement en mesure d'égaler:

> «Empêche, ô Saint Père, que ne s'effacent les maigres reliques de ce qui fit la gloire de l'Antiquité et le renom de l'Italie, car ces œuvres témoignent de l'esprit divin et leur souvenir incite à la vertu les hommes d'aujourd'hui (...) Puisse sa Sainteté, considérant l'exemple de cette Antiquité dont nous nous inspirons, n'avoir de cesse qu'Elle n'égale et surpasse les Anciens. (...) Trois styles seulement ont prévalu, depuis le temps des premiers empereurs jusqu'au moment où Rome fut plongée dans la ruine et la dévastation par les Goths et autres Barbares (...) L'architecture est aujourd'hui bien vivante. Elle approche même le style des Anciens, comme dans les multiples splendeurs qu'échafauda Bramante. Mais son ornementation laisse encore à désirer... [1]»

Qu'y a-t-il de commun entre le palais Rucellai (environ 1450) et la 38
villa que devait bâtir Jules Romain à Mantoue cent ans plus tard? Entre 109
une église à plan central comme Santa Maria degli Angeli et le Tempietto de Bramante ou des églises à croix latine plus traditionnelles, comme le Santo Spirito de Brunelleschi ou le Gesù de Vignole? Certes, les principes de base de l'architecture romaine y sont aussi scrupuleusement respectés que les règles de la grammaire cicéronienne dans la prose des écrivains de l'époque. Mais, dans les deux cas, l'héritage du christianisme est venu bouleverser les perspectives. Autrement dit, l'architecture renaissante ne calque sur l'architecture classique ni ses objectifs, ni sa signification, ni ses méthodes de construction. D'ailleurs, le dôme de la cathédrale de Florence ne suppose-t-il pas acquises les techniques de maçonnerie gothiques? Reste que jamais les

hommes de la Renaissance n'auraient éprouvé le désir de rivaliser avec leurs ancêtres s'ils n'avaient «constaté» la stupéfiante supériorité des édifices romains sur tout ce qui s'était fait depuis. Bien que nous soyons accoutumés aux prodiges du béton et de l'acier, la basilique de Constantin ou le Panthéon nous emplissent encore de respect et d'effroi. L'effet devait être infiniment plus violent au début du XVe siècle, alors que de Rome ne subsistait, sous le signe mélancolique du déclin, qu'une kyrielle de ruines démesurées envahies par la végétation. En 1431, l'humaniste Poggio déplore ainsi la triste condition de la ville qu'un millénaire a transformé en amas de misérables masures:

> «Rome qui fut la tête et le cœur de l'Empire, la place forte de l'univers, Rome, devant qui tremblaient les Rois et les Princes, cette colline qui vit l'ascension triomphale de tant d'Empereurs et qu'ornèrent les dons et dépouilles de tant de valeureux peuples, ces hauteurs sur lesquelles tous les regards étaient fixés, Rome, arrachée comme par maléfisme à sa gloire d'antan, n'est plus que ruine et désolation. La vigne sauvage a remplacé les bancs des Sénateurs. Au Capitole s'entassent le fumier et l'ordure. Voyez le Palatin et incriminez Fortune qui réduisit à néant le Palais que, riche des dépouilles du monde, Néron fit rebâtir après l'incendie de la Cité et qu'il orna de tous les fastes de l'Empire. Cette somptueuse demeure, dont la beauté, rehaussée d'arbres, d'étangs, d'obélisques, d'arcades, de statues géantes et d'amphithéâtres de marbre multicolore, faisait l'admiration de tous, n'est plus qu'une carcasse dont l'ombre méconnaissable mérite à peine qu'on la dise dévastée. [2]»

L'épigramme anonyme que Serlio place en exergue de son livre sur les Antiquités de Rome, en 1540, n'est pas moins clair: *Roma quanta fuit ipsa ruina docet* (Rome en ruine nous enseigne sa grandeur évanouie). Le seul théoricien d'architecture de l'Antiquité dont les œuvres aient survécu, Vitruve, n'était pas inconnu du Moyen Age. Mais c'est au début du XVe siècle que Poggio, dit-on, retrouva le manuscrit de son traité au monastère de Saint-Gall, en Suisse. Aussitôt, les érudits se penchèrent avec passion sur la langue abstruse de cette œuvre dont les architectes, multipliant les traités, s'inspirèrent plus ou moins directement. Vitruve nous donne une idée des objectifs poursuivis par les architectes de la Rome ancienne. Ces objectifs, des générations d'architectes renaissants les reprirent à leur compte. Quelques citations suffiront à illustrer leurs positions sur des problèmes comme la proportion, l'harmonie et la résurrection des types classiques. Commençons par les définitions de Vitruve:

> «Les vertus de l'architecture sont l'Ordre... la Disposition... la Proportion, la Symétrie, la Convenance et l'Economie...»
>
> (*De architectura*, I, ii, 1)

> «Les temples doivent obéir aux lois de la symétrie dont les architectes s'attacheront à comprendre la méthode. Le principe en est la Proportion qui consiste à prendre un module fixe tant pour les parties que pour l'ensemble de l'édifice. De ce module naîtra la Symétrie, car un temple sans Symétrie ni Proportion serait privé de Plan régulier, alors que des Proportions précises lui sont aussi nécessaires qu'à un corps bien constitué (...) Les éléments du Temple, qui sont ses Membres, doivent, par leurs dimensions, correspondre, suivant la Convenance, à l'ensemble de leur masse (...) Qu'un homme s'allonge sur le dos, bras et jambes écartés. Qu'on trace autour de lui un cercle avec pour centre son nombril, alors, ses mains et ses pieds toucheront la circonférence: un carré peut se construire de manière analogue (...), la taille du corps, de la plante du pied jusqu'au sommet du crâne, étant égale à l'envergure de ses bras tendus.»
>
> (*Ibid.*, III, i, 1-3)

> «Je définirai la Beauté comme l'Harmonie de toutes les parties sous quelque forme qu'elle apparaisse, en vertu d'une Proportion et d'une Correspondance telles que rien ne puisse être ajouté, retranché ou modifié sans qu'en souffre l'ensemble...»
>
> (Alberti, *De re aedificatoria*, VI, 2)

> «Les fenêtres du Temple doivent être petites et haut placées, en sorte

que seul le Ciel s'y perçoive : cela afin que les prêtres qui s'emploient aux divins offices et les fidèles qui y assistent par dévotion n'en soient aucunement distraits. C'est pourquoi les Anciens se passaient très souvent de toute ouverture autre que la porte. »

(Alberti, *ibid.*, VII, 12)

« Comme le dit Vitruve, il est en architecture des impératifs sans le respect desquels aucun édifice ne mérite louange : l'Utilité ou Commodité, la Durabilité et la Beauté (...) La Beauté résulte de la Forme et de la Correspondance de l'ensemble avec ses parties, ainsi que de la Correspondance des parties entre elles. Les bâtiments doivent donner l'impression de constituer un corps unique et parfaitement achevé dont tous les membres s'accordent pour contribuer à la réalisation de l'objectif final. »

(Palladio, *I Quattro Libri dell'architettura*, I, 1)

« Les temples peuvent être ronds ou quadrangulaires, posséder six ou huit côtés, voire plus, donc tendre vers le cercle. Ils peuvent aussi être cruciformes, ou de bien d'autres formes et figures suivant les diverses intentions des hommes (...) Mais les formes les plus belles et les plus régulières, celles dont dérivent les autres, sont le cercle et le rectangle. Aussi Vitruve ne mentionne-t-il que ces deux-là (...) Nous avons appris que les Anciens, dans la construction de leurs temples, s'attachaient à respecter la Convenance, qui est l'un des plus admirables éléments de l'architecture. Nous qui ne connaissons pas de faux dieux, afin d'observer ce Décorum dans la forme même de nos Temples, nous élirons la plus parfaite et la plus excellente d'entre elles, le Cercle ; car lui seul a la Simplicité, l'Uniformité, la Puissance et l'Equanimité adaptées à sa fin. Ainsi nous devrons bâtir des temples circulaires (...) les plus aptes à démontrer l'Unité, l'Essence infinie, l'Uniformité et la Justice de Dieu [3] (...)
« Nous vanterons également les mérites des basiliques en forme de croix, car elles présentent aux yeux des fidèles l'image de cette Potence où pend notre salut. Aussi ai-je donné cette forme à l'église de San Giorgio Maggiore à Venise (...)

«Il n'est pas de couleur plus appropriée aux Temples que le blanc, car la pureté de cette couleur et de cette vie est agréable à Dieu. S'il y faut des peintures, qu'aucune ne soit de nature à détourner l'esprit de la contemplation des choses divines, car tous les objets du Temple doivent être empreints d'ardente gravité, afin que leur vue attise en nos cœurs le feu de la dévotion et le désir des bonnes œuvres.»

(Palladio, *ibid.*, IV, 2)

Il était bien entendu plus facile de s'inspirer des bâtiments civils des Anciens que d'imiter les temples païens dont les connotations ne s'accordaient guère à la liturgie chrétienne. De l'*insula* (l'immeuble romain), on passa sans difficulté au palais d'habitation italien. Mais cette fascinante réactualisation du passé, plus évidente en Italie qu'ailleurs, affecta également la forme des églises. En fait, les architectes de la Renaissance auraient eu mauvaise grâce à prétendre renouer avec une tradition romaine évanouie, puisque l'architecture chrétienne s'était stabilisée au début du IVe siècle, sous le règne de l'empereur Constantin. Or, aux yeux des XVe et XVIe siècles, la période du Saint Empire romain, apostolique et chrétien (de l'édit de Milan, en 313, jusqu'au sac de Rome par les Vandales, en 410) représentait l'apogée de l'art classique. Jamais il ne serait venu à l'esprit d'un Brunelleschi ou d'un Bramante de percevoir comme non chrétienne une église à plan central. A la vérité, c'est le gothique qu'ils percevaient comme barbare. La lente et tardive importation du «nouveau style» en Italie n'était pour eux qu'un caprice de l'Histoire. Les hommes de la Renaissance avaient le sentiment de revenir aux objectifs et aux idéaux de leurs aïeux en essayant de pallier les ravages des «siècles barbares» et de replonger dans le courant de «la bonne manière de construire». Ce qu'Emile Mâle résume à la perfection:

«Ainsi le voyageur qui vient de parcourir le chemin qui mène du Colisée à Saint-Pierre en passant par la basilique de Constantin et le Panthéon, après avoir visité la chapelle Sixtine et les admirables stanze de Raphaël, aura-t-il vu en un jour toutes les merveilles de Rome. Il aura du même coup appris ce que fut la Renaissance: l'Antiquité anoblie par la foi chrétienne.[4]»

2 Florence, San Miniato. Façade, *ca* 1090.

CHAPITRE UN

Le roman et le gothique en Toscane

L'an 1200 ne marque pas les débuts de l'architecture italienne. Nous choisirons pourtant de partir de cette date, non seulement parce qu'il faut bien commencer quelque part, mais aussi en raison de l'inflexion particulière que prit le gothique en Italie au XIIIe siècle. Ce style a longtemps paru démodé, sans doute à cause de Ruskin dont l'éloge dithyrambique du style vénitien a valu aux Anglais tant de gares humides et d'hôtels de ville «italiens» que n'ont épargnés ni le climat ni la suie. Le gothique italien diffère certes du gothique de France, d'Angleterre ou d'Allemagne. Mais il ne lui est pas nécessairement inférieur. Les différences s'expliquent non seulement par l'histoire et le climat, mais aussi par le fait qu'au XIIIe ou au XIVe siècles, l'Italie n'était à proprement parler qu'une abstraction: la nation italienne est une création de la fin du siècle dernier. L'Italie de la Renaissance se composait d'une nuée de petites puissances farouchement autonomes émiettées autour de quelques «grands»: Venise, Florence, Naples, Milan, la Papauté. Cet émiettement explique le gouffre qui sépare l'art de Venise de celui de Florence. La distance n'est pas moindre qu'entre l'art anglais et l'art français à la même époque.

L'élément primordial du développement des arts en Italie fut l'héritage classique. Cela saute aux yeux à Rome ou à Vérone, qui possèdent encore de nombreux édifices datant de l'Antiquité. Cela vaut aussi, de façon plus indéfinissable il est vrai, pour des villes comme Florence dont le républicanisme «à la Romaine» fit de la référence au «classicisme» un idéal de vie qui débordait largement les modèles architecturaux. La persistance de cette image de civilisation constitue l'une des caractéristiques fondamentales de l'art italien. Mais au XIIIe siècle intervinrent deux autres facteurs dont le mélange avec la tradition classique allait donner naissance à la version italienne du gothique.

Le premier est l'expansion phénoménale des ordres religieux fondés au début du siècle par saint François et saint Dominique. Dès avant la fin du siècle, leurs membres se comptaient par milliers. Ces frères, refusant de vivre cloîtrés, passaient l'essentiel de leur temps à prêcher. La forme de leur foi était dictée par la soif de nouveauté et le souci de l'humain qui caractérisent le XIIIe siècle. D'où leur immense popularité. On allait avoir besoin de nouvelles églises, mais surtout d'églises d'un type nouveau, conçues pour accueillir de vastes assemblées de fidèles installés de manière à entendre le prédicateur et à suivre les très fréquentes représentations du drame sacré.

L'élan était déjà donné lorsque le gothique s'épanouit dans le Nord et plus particulièrement en France. Au XIIIe siècle, l'architecture moderne, c'est le gothique français, celui des bâtisseurs de cathédrales qui devaient faire école dans le monde entier. Leur influence est perceptible dans la cathédrale de Milan, commencée en 1386 et pour laquelle des architectes français et allemands unirent leurs efforts à ceux des maçons locaux. Mais le Dôme de Milan, qui ne rappelle d'ailleurs pas vraiment le style français, constitue un cas unique en Italie. Dans une certaine mesure, le gothique français fut vécu comme imposé de l'extérieur : des landes du Yorkshire au sud de l'Italie, les cisterciens s'obstinèrent à calquer leurs monastères sur celui de la maison mère située à Cîteaux, près de Dijon. Non loin de Milan, l'abbaye de Chiaravalle (1135) est l'un des premiers exemples de cette transplantation.

Le choc était inévitable entre ces conceptions étrangères et ce qu'on peut appeler le style roman d'Italie. Avec ses arches en plein cintre, ses colonnes et son fronton triangulaire, la façade de l'église de San
2 Miniato, à la sortie de Florence, rappelle vaguement l'Antiquité. Or elle date de 1090. Certes, le contraste entre les pans de marbre ivoire et les bandeaux de marbre vert, presque noir, qui marquent le passage d'un élément d'architecture à l'autre, est typiquement roman et ne semble pas avoir eu d'équivalent à l'époque classique. Reste qu'aux XIIIe et XIVe siècles, on croyait ces bâtiments beaucoup plus
13 anciens qu'ils ne l'étaient. Le baptistère de Florence, par exemple,

passait pour être un temple païen réaménagé en fonction du rituel chrétien. Sans doute les traditionalistes tenaient-ils ces «reliques romaines» pour de meilleurs modèles que les ingénieuses outrances modernistes de ces farfelus de Français.

La basilique d'Assise, entamée dès la canonisation de saint François en 1228, illustre bien le style auquel ce conflit donna naissance.
Il s'agit en réalité de deux églises superposées. L'église supérieure, 3
consacrée en 1253, se compose d'une vaste nef sans bas-côtés. Cet immense espace ouvert est coiffé d'une voûte de pierre dont le poids repose sur des colonnes à nervures. Mais l'absence de nefs latérales permet de préserver l'unicité de l'espace. Au contraire, les églises françaises de taille analogue ont des colonnes plus hautes séparées par des espaces moins larges et leur hauteur vertigineuse est fragmentée par les bas-côtés en une série d'espaces conçus pour en souligner la verticalité.

Une autre différence tient aux conditions climatiques. Les hautes cathédrales gothiques d'Europe du Nord reposent, en fin de compte, sur quelques minces colonnes séparées par d'immenses baies. Ce genre de fenêtres ne pouvait manifestement convenir aux lourds étés de l'Italie centrale. A Assise, ce sont des pans de murs qui occupent l'espace entre les piliers. Naturellement, on en profita pour les décorer de peintures murales. Le fameux cycle des *Vingt-huit Scènes de la vie de saint François* tire le meilleur parti possible de l'espace disponible dans l'église supérieure. Il renforce aussi l'impression d'horizontalité qui place les églises italiennes aux antipodes du style français et même du gothique dans son ensemble.

Ce qui différencie le gothique italien du gothique français, c'est donc la forme même des travées où se détermine le rapport entre la largeur, la longueur et la hauteur des espaces couverts par une même arête de voûte et délimités, en plan, par la base des quatre colonnes porteuses. La travée à la française est rectangulaire, compte tenu de la faible distance qui sépare les colonnes sur l'axe de la nef. Les travées d'Assise sont déjà presque carrées.

La travée carrée allait devenir une des caractéristiques majeures du gothique italien. On peut en suivre l'évolution dans les premières

3 Assise, Saint-François. L'église supérieure, consacrée en 1253.

églises cisterciennes d'Italie, notamment dans deux églises du sud de Rome, Casamari et Fossanova, achevées toutes deux au début du 4
XIIIe siècle. Fossanova suit de très près le plan de l'abbatiale de Cîteaux : une croix latine, un chœur rectangulaire flanqué de petites chapelles carrées, une croisée du transept carrée. Mais la longue nef est subdivisée en travées rectangulaires bien plus larges que longues alors que celles des nefs latérales sont presque carrées. La nef date de 1187. L'église 8
fut consacrée en 1208, soit quelques années avant la grande cathédrale gothique de Reims. Reims et Fossanova ont toutes deux des voûtes de pierre portées par de minces colonnes et des demi-colonnes engagées dans le mur de l'arcature. La différence vient de la solution apportée au problème crucial du poids de la grande voûte. L'idée de génie des Français consistait à faire porter directement une partie de la poussée verticale par de petits contreforts, quitte à en dériver la poussée centrifuge vers une ou deux rangées d'arcs-boutants. Ceux-ci digèrent la poussée trop forte pour les colonnes et la détournent vers le bas en lui faisant enjamber le toit de la nef latérale. Les grands pinacles extraordinairement ouvragés des plus célèbres cathédrales gothiques servent en fait de contrepoids : ils ramènent à la verticale la poussée de la voûte. Leur effet décoratif sur la silhouette de l'église ne doit pas nous cacher que leur fonction est avant tout d'ordre structurel.

Bien entendu, aucun architecte italien n'aurait accepté de briser la pureté de ligne de son église en la dotant de pinacles en épis. Pour préserver le dépouillement classique de l'extérieur, les Italiens devaient renoncer aux avantages structurels de l'arc-boutant. Chez eux, c'est aux colonnes intérieures et aux murs d'enceinte qu'incombe intégralement le poids de la voûte. A Fossanova, les boutants accolés aux murs sont de taille si réduite qu'on dirait de simples pilastres. Cela modifie l'atmosphère de la nef. Ni à l'intérieur, ni de l'extérieur, on n'a ce sentiment vertigineux de forces miraculeusement équilibrées qui caractérise les chefs-d'œuvre du gothique septentrional.

L'église de San Galgano, près de Sienne, constitue la première 5
manifestation du style cistercien modifié. Construite vers 1218 (il n'en subsiste que des vestiges), elle fut conçue, semble-t-il, par un des assistants de Casamari. Elle marque l'implantation du cistercien classique

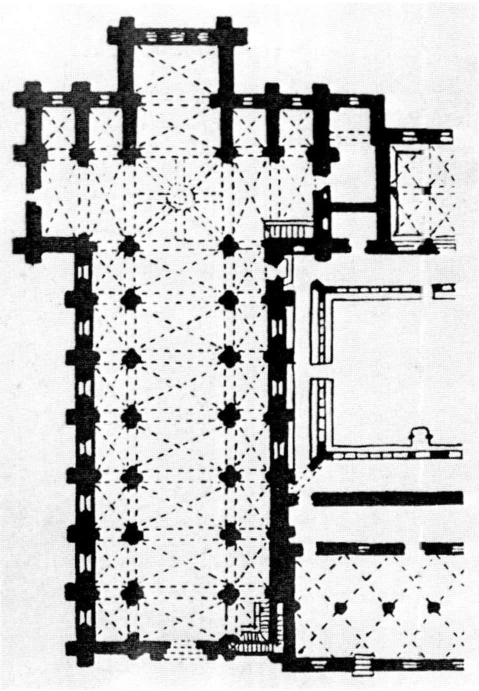

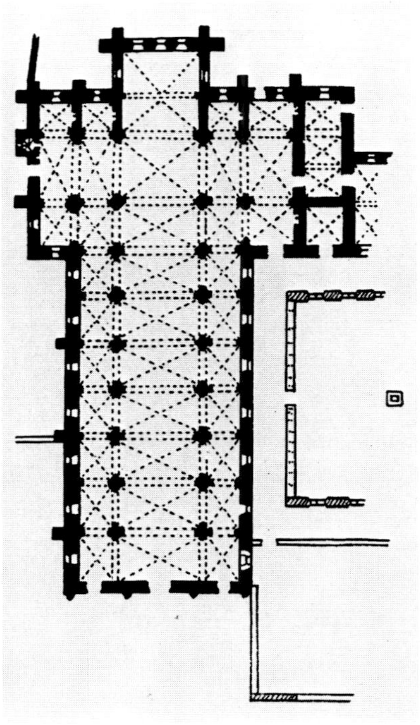

PLANS D'EGLISES GOTHIQUES ITALIENNES

4 Fossanova, l'abbaye, consacrée en 1208.

5 San Galgano, près de Sienne, *ca* 1218.

dans cette Toscane où fut entreprise, vers 1246, à la requête des dominicains, la première grande église de style véritablement italien, la
6, 9, 28 basilique Santa Maria Novella de Florence. La datation de ses différentes parties reste incertaine, mais on sait que sa construction, partiellement financée par l'Etat florentin, s'étira sur une longue période: la nef ne sortit de terre qu'en 1279. La façade, commencée en 1310, ne devait être achevée qu'en 1470. Son aménagement intérieur et son plan en font la plus importante église de l'époque. Cette fondation nouvelle étant destinée à l'ordre prêcheur, tout y était subordonné à la nécessité de fournir à une nombreuse assemblée la meilleure acoustique possible. On décida donc de se passer du vaste chœur, indispensable dans les monastères. Mais les grandes familles s'empressèrent d'y faire édifier une foule de petites chapelles privées.

A la charpente découverte, commune en Toscane à l'époque, on

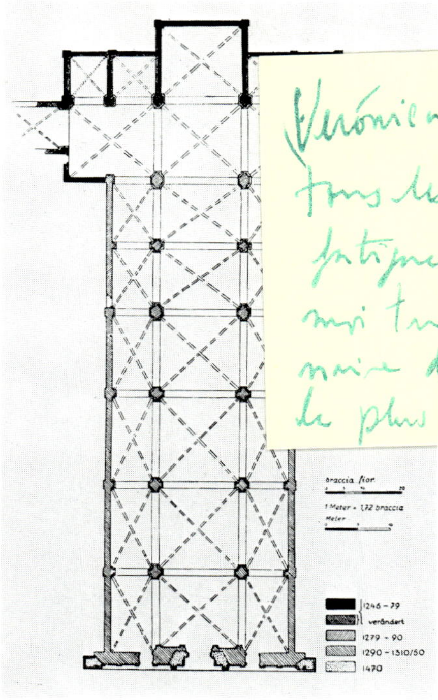

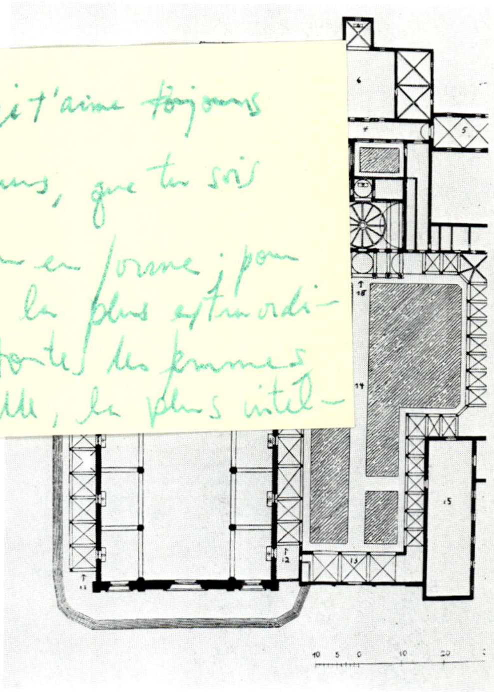

Véronica, je t'aime toujours tous les jours, que tu sois fatiguée ou en forme ; pour moi tu es la plus extraordinaire de toutes les femmes la plus belle, la plus intel-

6 Florence, Santa Maria Novella, commencée en 1246.

7 Florence, Santa Croce, commencée en 1294/1295.

préféra la voûte de pierre, par souci de grandeur sans doute, mais aussi pour sacrifier à la mode française et pour des raisons d'acoustique. Ouvert et spacieux, l'intérieur privilégie l'horizontale. Tout s'y organise à partir d'une nef à travées carrées, flanquée de bas-côtés à travées rectangulaires deux fois moins larges que les travées centrales. On est loin du tunnel de Fossanova ou de San Galgano où les travées latérales carrées et les larges travées de la nef semblent rapprocher les colonnes, dont la verticalité, comme celle des nervures de voûte, est ainsi soulignée. Certes, la spacieuse nef de Santa Maria Novella vise d'abord à permettre aux fidèles de voir et d'entendre le prédicateur. Mais les différences ne s'arrêtent pas là. Fossanova doit en partie sa verticalité au fait que la hauteur de l'arcade y est moindre que celle du clair-étage. A Santa Maria Novella, les deux étages sont sensiblement égaux, ce qui, visuellement, rapproche

8 Fossanova, l'abbaye. La nef, 1187.

du sol la ligne de faîte. Enfin les chapiteaux et les demi-colonnes qui soutiennent les arches sont de facture plus classique que ceux de Fossanova. Et Santa Maria joue de l'opposition entre le gris foncé de la *pietra serena* et le plâtre des murs. Cette utilisation du contraste noir/blanc pour distinguer les différents éléments d'architecture est une des caractéristiques traditionnelles de l'art roman de Toscane.

Santa Maria Novella représente un compromis entre les principes

9 Florence, Santa Maria Novella. La nef, commencée en 1279.

structuraux du gothique français et l'harmonieux équilibre de l'héritage classique italien. Son aspect novateur se marque par l'abandon de l'élan vertical et le rejet des prouesses techniques à la française. Ce style toscan, qui a donné naissance à tant de grands édifices religieux, devait prévaloir durant près de deux siècles. La réforme de la Constitution de Florence (1250) entraîna un regain de la construction religieuse. A Florence même, l'église Santa Croce et la cathédrale descendent en droite ligne de Santa Maria Novella dont Santa

Maria sopra Minerva, bâtie à Rome à la demande des dominicains, est une réplique presque servile. Jusqu'au siècle dernier, elle aura l'insigne honneur d'être la seule église purement gothique de la ville.

A qui devons-nous les grandes églises toscanes? Le problème est complexe. Nous ignorons le nom des architectes de Santa Maria Novella: sans doute deux dominicains. On a attribué au célèbre sculpteur Nicolà Pisano la Santa Trinità, une église de Florence qu'il aurait édifiée vers 1250, mais le doute subsiste. On sait en tout cas que Pisano forma deux des plus grands architectes-sculpteurs de la génération suivante, son propre fils, Giovanni, et Arnolfo di Cambio. En l'absence de toute information sur leur style architectural, force nous est de déduire du style de Nicolà Pisano ce qu'il put leur transmettre. Giovanni Pisano, qui conçut la façade de la cathédrale de Sienne, semble avoir surtout perpétué le style de son père, sans toutefois se dérober devant l'influence française, plus sensible dans sa sculpture que dans son architecture.

Arnolfo apparaît comme architecte en 1300. A cette date, il travaille au Dôme de Florence et jouit d'une réputation de bâtisseur d'églises qui lui vaut d'être exempté d'impôts. Il devait mourir peu après, entre 1302 et 1310. Au fil des siècles, sa cathédrale a subi de nombreuses transformations. La grande façade actuelle date du siècle dernier. Il est donc difficile de dire la part qui lui en revient. Deux autres grands édifices de Florence lui sont attribués sans preuve: la Badia et l'imposante église Santa Croce. La Badia, construite entre 1284 et 1310, remaniée au XVIIe siècle, présente des points communs avec Santa Trinità.

7, 10 Par son ampleur, Santa Croce dénote plus d'ambition. Conçue pour être le siège florentin de l'ordre de saint François, elle se voulait la rivale de la très dominicaine Santa Maria Novella. La querelle fut vive parmi les franciscains: certains souhaitaient s'en tenir à la règle de pauvreté, d'autres désiraient concurrencer les dominicains, qui n'étaient assujettis à aucune règle de ce genre. L'ordre finit par accepter les donations considérables des grandes familles de négociants et de banquiers à qui la pratique de l'usure donnait, à juste titre, mauvaise

10 Florence, Santa Croce. La nef, commencée en 1294/1295.

conscience, d'où le grand nombre de chapelles familiales dont la plupart des églises des frères sont dotées. Les travaux, entrepris en 1294 ou 1295, s'éternisèrent, surtout à cause de l'opposition des rigoristes, qu'on appelait les Observantins. La consécration n'eut lieu qu'en 1442. La façade actuelle (comme celle de la cathédrale d'ailleurs) a été entièrement reconstruite au XIXe siècle. La nef était encore inachevée en 1375, donc bien après la mort d'Arnolfo qui avait probablement laissé à ses successeurs une maquette en bois de son projet. Son église diffère de Santa Maria Novella notamment par la toiture à charpente ouverte et le rapport harmonieux entre les travées de la nef centrale et celles des bas-côtés. La charpente nue, plus légère que la voûte de pierre, permet de recourir à des colonnes d'une extrême finesse, si bien qu'on retrouve à Santa Croce l'allégresse aérienne de Santa Maria Novella. Le plan montre par ailleurs que ni les bas-côtés ni la nef ne sont carrés. Les travées sont oblongues, celles de la nef presque deux fois plus larges que longues : l'architecte semble ainsi être revenu au système de la travée cistercienne. Mais l'horizontalité marquée de l'ensemble suffit à empêcher toute confusion entre Santa Croce et les églises non florentines.

C'est pour des raisons de style qu'on attribue à Arnolfo la Badia et Santa Croce. Or, on retrouve sa manière caractéristique dans la
11 cathédrale. On peut donc supposer que c'est lui qui en dessina le plan. Les travaux commencèrent en 1294. Le document qui mentionne le rôle d'Arnolfo date de 1300. Sans doute fut-il le premier maître d'œuvre du projet commandité par la République de Florence. L'église devait être aussi majestueuse que possible : Pise et Sienne se flattaient d'avoir de vastes cathédrales à dôme. Donc la cathédrale de Florence devait avoir une voûte de pierre et un dôme gigantesques, ne fût-ce que pour rabattre leur superbe. Piquée au vif, Sienne entreprit peu après de rebâtir sa cathédrale à une échelle colossale : dans le projet initial, l'imposante cathédrale actuelle ne constituait qu'un des bras du transept ! Mais en 1348, la Peste noire, dont Sienne ne devait jamais vraiment se remettre, vint démentir cet optimisme débridé. Quant aux Florentins, ils s'aperçurent qu'ils avaient visé trop haut. Le problème de la coupole devait les hanter plus de cent vingt-cinq années,

jusqu'au jour où le génie de Brunelleschi trouva une solution au problème apparemment insoluble de sa couverture.

Le plan de la cathédrale de Florence fut considérablement remanié 11
par Francesco Talenti qui en fut nommé *Capo maestro* (architecte en chef) en 1351. Mais on s'accorde à dire que le plus petit des deux plans reproduits ci-dessous représente le projet originel d'Arnolfo, projet que Talenti se contenta d'agrandir sans véritablement le modifier. Arnolfo n'édifia qu'une petite partie de la façade originelle et des murs latéraux. Il conçut les plans du dôme qui devait surplomber la croisée du transept. En 1334, le peintre Giotto lui succéda en raison de sa seule renommée. Mais, novice en architecture, il se contenta de dessiner le campanile en forme de tour qui jouxte la façade. En fait le campanile actuel ne correspond pas entièrement à son projet et l'ensemble de la cathédrale a été copieusement modifié au XIVe siècle. Talenti transforma la façade pour laquelle les projets se succédèrent jusqu'à Emilio de Fabris, qui finit par lui donner, entre 1876 et 1886, sa forme néo-gothique définitive. Sur les parois latérales, des vestiges de la décoration originelle en marbre de couleur prouvent que la façade actuelle n'est, à certains égards, pas trop éloignée des intentions initiales d'Arnolfo.

On se trouve actuellement face à quatre immenses travées, celles

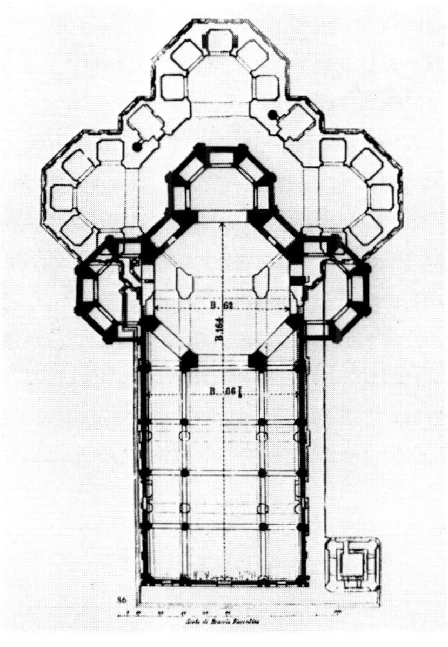

11 Florence, cathédrale, commencée en 1294.
Plan d'Arnolfo et F.Talenti.

des bas-côtés étant moitié moins larges que celles de la nef, lesquelles sont plus larges que longues, suivant un dispositif analogue à celui de Santa Croce, comme le montrent les illustrations 7 et 11.
12 La principale différence réside dans le fait que la voûte de pierre de
10 la cathédrale exigeait de forts piliers alors que le toit de bois de Santa Croce pouvait se contenter de supports moins massifs. C'est au niveau du transept que la différence est la plus marquée: celui de la cathédrale est un vaste octogone dont trois côtés sont agrémentés de grandes tribunes en triple conque: l'intérieur prend l'aspect d'un octogone à plan central, la nef ne représentant qu'un seul des espaces qui débouchent sur cet octogone. Le rapprochement s'impose avec Santa Croce ou Santa Maria Novella. Le caractère spacieux de l'intérieur, la forme classique des pilastres et l'insistance sur le bandeau horizontal démarquent nettement la cathédrale de Florence du gothique français dont elle ne s'inspire que de façon lointaine. On peut la considérer comme le chef-d'œuvre d'une tradition architecturale spécifiquement toscane. D'autant que, de l'extérieur, elle présente toutes les caractéristiques du style roman de Toscane, tant par le recours aux incrustations de marbres de couleur que par le choix de la forme octogonale. Au niveau de la croisée du transept, l'octogone est surmonté d'un dôme qui fait écho au baptistère, dis-
13 tant de quelques mètres à peine et qu'on ne saurait dater avec précision. On parle du VIIIe siècle. Toujours est-il qu'au XIVe siècle, on le décrivait encore comme un temple de Mars reconverti à l'usage des chrétiens.

On ignore si le projet de dôme élaboré par Arnolfo prévoyait un tambour. On ne sait pas vraiment si Arnolfo et Talenti avaient sérieusement envisagé des solutions au problème du pont qu'il faudrait bien jeter sur cette énorme béance. Mais, dès avant la fin du XIVe siècle, il devint évident qu'il fallait passer à l'action. Un certain nombre d'architectes se laissèrent convaincre et tentèrent d'imaginer un moyen de couvrir un vide de plus de quarante-deux mètres. Les fresques de la Chapelle Espagnole de Santa Maria Novella nous apprennent qu'un projet non officiel fut dressé vers 1367. Il s'agissait d'un dôme légèrement ogival, sans tambour. Mais avant de passer aux actes, il fallait

12 Florence, cathédrale. La nef.

trouver une solution pratique. On attendit l'urgence qui ne se déclara qu'au début du XVe siècle.

Dans ce chapitre consacré à ce qui, dans le gothique italien, annonce la genèse de la Renaissance classique, nous avons passé sous silence les splendides réalisations des gothiques vénitien et lombard: elles n'influèrent en rien, en effet, l'histoire de l'architecture de la Renaissance.

13 Florence, cathédrale et baptistère.

CHAPITRE DEUX

Brunelleschi

Comme nombre de grands artistes du début du siècle, Filippo Brunelleschi (1377-1446) reçut une formation d'orfèvre consacrée par son admission dans la guilde en 1404. Il s'était déjà signalé en participant au concours de sculpture de 1401 pour la nouvelle porte du baptistère de Florence. Le premier prix alla à Ghiberti et la légende veut qu'apprenant sa défaite Brunelleschi ait aussitôt pris la route de Rome en compagnie de son confrère Donatello. Cela est fort vraisemblable. Avec le peintre Masaccio, les deux amis formèrent bientôt un trio qui allait se situer à l'avant-garde de la peinture, de la sculpture et de l'architecture de son temps. Brunelleschi devait retourner bien des fois dans la Ville éternelle dans l'espoir de reconstituer les techniques des Anciens, ce qui lui permit d'inventer le moyen de construire le dôme qui a immortalisé son nom à Florence.

On l'a défini comme le créateur du style renaissant en architecture. Même si la formule appelle des réserves, il fut, en tout cas, le premier à comprendre l'architecture classique et à en adapter les principes aux besoins de son époque. Son dôme constitue une performance dont personne d'autre n'aurait été capable au XVe siècle. Mais ce n'est un ouvrage classique ni au sens archéologique, ni dans le sens que devait donner à ce mot son successeur, Alberti.

On sollicita son avis en 1404. A vrai dire, on consultait tout le monde: on ne pouvait pas laisser indéfiniment les murs de la cathédrale à découvert. Les Florentins tenaient certes à marquer leur supériorité en érigeant un dôme de quarante-deux mètres de diamètre. Mais ils savaient l'entreprise redoutable et qu'un échec les ridiculiserait aux yeux de Pise, de Sienne, de Lucques et autres cités voisines. La difficulté était réelle: par définition, une arche (un dôme n'est jamais qu'une arche pivotant sur son axe) repose sur un cadre de bois, le cintre. On fixe une poutre dans un créneau à la racine de l'arche. Sur cette poutre horizontale, on échafaude un cadre de bois semi-circulaire ou en ogive, sur lequel reposeront les briques ou les pierres de l'arche jusqu'à l'installation de la clef de voûte. Celle-ci est en forme de coin. L'arche terminée, on retire le cintre : la pression des pierres suffit à assurer la stabilité de l'ensemble et le coin est tenu en place par son propre poids. Autrement dit, la taille d'un dôme n'a de limite que l'envergure et la solidité des poutres disponibles pour le cintre.

L'ouverture octogonale du tambour de la cathédrale était en place
14 depuis 1412 ou 1413. Plus de quarante mètres, à près de soixante mètres au sol. Impossible de bâtir un cintre de cette taille. Quand bien même on aurait trouvé des arbres assez grands, le poids du poutrage aurait suffi à briser le cintre avant qu'on y pose la moindre pierre. Le *capomaestro* avait pris la sage décision d'achever le reste de la cathédrale avant de s'attaquer au dôme. Jusqu'au XVIe siècle, une aura de mystère devait d'ailleurs entourer l'exploit de Brunelleschi. Vasari, dans la biographie qu'il lui consacre aux alentours de 1550, rapporte qu'on envisagea sérieusement de combler l'ensemble de la tribune et de bâtir le dôme sur ce remblai de terre dans lequel on prendrait soin de semer de la menue monnaie : les gamins de Florence venus récupérer les piécettes remporteraient la terre avec eux !

En 1418, les *operai* (maîtres d'œuvre) mirent la question au concours. Brunelleschi travaillait depuis quelque temps à une maquette en pierre. En 1417, on lui avait acheté ses dessins pour en tirer une maquette en bois. Ghiberti, qui avait emporté le contrat des portes du baptistère, fut également convoqué et soumit une autre maquette. En 1420, ils reçurent mission de bâtir ensemble le dôme avec l'aide d'un maître maçon.

Commencée le 7 août 1420, la construction avança rapidement : le socle de la lanterne était achevé le 1er août 1436. Brunelleschi s'était fait la main sur deux petits dômes hémisphériques à nervures. La rivalité entre les deux architectes s'était aggravée au point que Brunelleschi se prétendait malade aux moments décisifs afin d'étaler aux yeux de tous l'incompétence de son collègue. Lequel se flatte, dans son autobiographie, d'avoir consacré dix-huit ans de sa vie au dôme dont il s'attribue implicitement la gloire pour moitié. Sans doute joua-t-il, au début, un rôle plus important qu'on ne le dit. Reste qu'à partir d'environ 1420 la construction du dôme et l'invention des machines nécessaires revinrent au seul Brunelleschi, qu'un document de 1423 décrit comme «l'inventeur et le gouverneur» du projet. En 1425, on approchait de la phase la plus délicate. Ghiberti, absorbé par les travaux de la seconde porte du baptistère, fut officiellement congédié.

Brunelleschi se trouvait confronté à deux problèmes majeurs. 1) On ne pouvait pas utiliser un cintre de type traditionnel; 2) le tambour mis en place au-dessus de l'octogone compliquait encore les choses: l'absence de contreforts entraînait l'obligation de réduire à néant, ou presque, les poussées latérales. Dans un édifice gothique, l'inconvénient aurait été négligeable, la poussée latérale étant absorbée par les arcs-boutants disposés à chacun des angles. Mais à Florence, des arcs-boutants auraient eu un effet désastreux sur le plan visuel. On n'aurait d'ailleurs pas su où les mettre. D'où le choix de la forme ogivale. En bon disciple de l'art classique, Brunelleschi aurait préféré l'hémisphère, image de perfection illustrée par le Panthéon. Mais l'absence de contreforts commandait: la poussée latérale de la coupole en ogive est bien moindre que celle de l'hémisphère à nervures. Certes, le dôme entièrement cimenté du Panthéon n'exerce aucune poussée latérale. Mais le tambour déjà en place à Florence aurait cédé sous le poids mort. La solution s'imposait: limiter le terrassement et bâtir une coupole ogivale à nervures.

Le croquis axonométrique[5] montre ce que fut le coup de génie de 15
Brunelleschi: disposer huit nervures maîtresses aux angles de l'octogone et, entre elles, quatre paires de nervures mineures. Il s'inspira probablement du baptistère dont huit nervures maîtresses et seize nervures mineures constituent l'armature. Des anneaux de maçonnerie horizontaux reliant les nervures absorberaient la poussée latérale. Une coque interne et une coque externe coifferaient la coupole, de manière, précisait Brunelleschi, à «éviter l'humidité tout en assurant la magnificence de l'ensemble». C'est, à notre connaissance, la première fois qu'on avait recours à ce système de la double coque,

qui contribue d'ailleurs à alléger l'ensemble. De l'extérieur, on distingue parfaitement les huit nervures maîtresses. Les mineures ne sont visibles que de l'intérieur, où se trouve également un corridor menant à la base de la lanterne.

En 1425, la construction avait progressé d'un bon tiers. A l'endroit où le dôme s'incurve brutalement vers l'intérieur, l'absence de cintre posait un problème quasi insurmontable. Brunelleschi, qui avait soumis aux *operai* un long mémorandum exigeant carte blanche («car, dans ce genre d'entreprise, seule la pratique peut dicter la conduite à tenir»), n'eut à réviser ses projets que sur un point: il allégea la partie supérieure en utilisant la brique au lieu de la pierre. La constante fertilité de son imagination produisit par ailleurs toute une série d'engins, de grues et de machines capables de déplacer d'énormes blocs de pierre. On rapporte qu'il installa une cantine en altitude: les ouvriers perdaient trop de temps à descendre manger!

Pour compenser l'absence de cintre, il suffisait de procéder par couches horizontales: chaque anneau de maçonnerie serait lié à la couche précédente. A chaque étape, l'ensemble supporterait donc non seulement son propre poids, mais aussi celui des travaux, jusqu'au moment où le cercle enfin bouclé serait de taille à porter l'anneau suivant. On note aussi dans la maçonnerie les traces d'une structure en chevron dont Brunelleschi avait peut-être déniché le secret en étudiant les vestiges de Rome. Un croquis plus tardif (actuellement aux Offices de Florence) montre un dôme pourvu de pareilles structures avec la légende: «l'art florentin du dôme sans cintre». Un millénaire s'était écoulé sans que personne n'ait compris, ni cherché à comprendre sur le plan technique, les immenses arcades et les dômes gigantesques de l'Antiquité. Brunelleschi semble en avoir pénétré les arcanes à force d'errer dans les ruines de Rome en se posant les questions que personne n'avait songé à se poser.

Une fois achevé le dôme proprement dit, restait le cercle de près de six mètres où convergeaient les nervures. Le dôme devait être aussi léger que possible. Mais l'oculus était soumis à des forces telles que les nervures avaient tendance à se tasser vers l'arrière et menaçaient

FLORENCE,
DÔME DE LA CATHÉDRALE

14 Section.

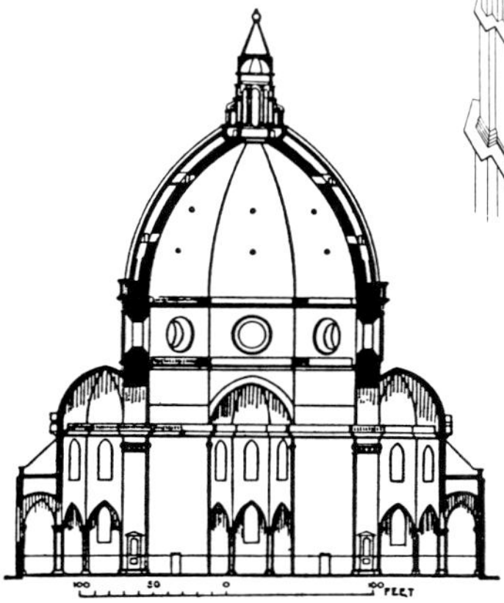

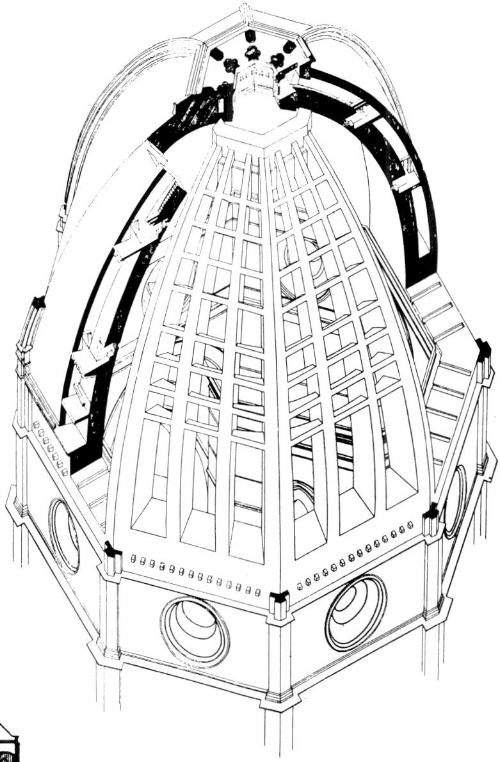

15 Diagramme de construction.

de faire éclater l'anneau central. Si bien que, paradoxalement, il fallut rendre aussi lourde que possible la lanterne qui allait servir de bouchon. D'où sa taille et sa complexité. En 1436, on fit un appel d'offres. La palme revint évidemment à Brunelleschi. Il commença par réaliser une maquette détaillée de son projet, sans doute celle qui est exposée au musée de la cathédrale. Les travaux commencèrent en 1446. Il mourut quelques mois après. On confia l'achèvement des travaux à Michelozzo, qui respecta dans les moindres détails le

projet de son maître et ami. Les nervures gothiques sont très habilement reliées par une sorte d'arc-boutant qui soutient le cœur de la lanterne. De très classiques consoles inversées rattachent les nervures à la tourette octogonale. L'ensemble est d'un classicisme sans faille,
13 à l'image de la lanterne du baptistère situé de l'autre côté de la rue. A titre décoratif, Brunelleschi a doté la base du tambour d'un exèdre qui donne la mesure de son évolution entre 1439 et 1445. Mais c'est le reste de son œuvre qu'il faut examiner pour avoir une idée claire du style qui lui tenait à cœur: dans l'affaire du dôme, il n'avait pas eu les coudées franches. Les problèmes de statique créés par ses prédécesseurs l'avaient contraint à y inclure des réminiscences gothiques qui ne l'enchantaient guère.

Le premier édifice selon ses principes, le premier qui illustre véritablement l'idéal de la Renaissance, est aussi le premier hôpital

16 Florence, hôpital des Innocents. Façade. 1419-1424.

pour enfants trouvés du monde : l'hôpital des Innocents, construit entre 16
1419 et 1424 et dont le financement fut assuré par la guilde de la Soie à laquelle étaient rattachés les orfèvres. Du point de vue architectural, c'est surtout le portique qui mérite attention. Absorbé par la construction du dôme de la cathédrale, Brunelleschi laissa ses disciples achever l'hôpital proprement dit. Le système de l'arcature extérieure voûtée venait d'être appliqué, non loin de Florence, à l'hôpital de Lastra a Signa (1411). A première vue, on dirait que Brunelleschi s'est contenté de le copier et que son style diffère peu du toscan traditionnel. Un examen plus attentif révèle, dans les arches, les voûtes et certains détails, la présence d'innovations inspirées de l'Antique. Le portique se compose d'une série d'arches en plein cintre surmontées d'un entablement horizontal et d'une voûte constituée de petites coupoles que soutiennent à la fois les colonnes du portique et les encorbellements des murs de l'hôpital. Les travées carrées sont d'une sobriété

toute classique. La face intérieure des arches est plate, là où le gothique les aurait voulues triangulaires. Ce sont d'ailleurs moins des arches que des archivoltes, la reprise en demi-cercle de l'entablement classique. Les colonnes, les chapiteaux et les encorbellements ne sont pas moins classiques. Certes, les dosserets rappellent Byzance plutôt que ome. Mais on en trouvait de même sorte dans des églises de style an, par exemple aux Saints-Apôtres de Florence (Xe siècle) que lleschi, les considérant sans doute comme un édifice proto- , devait dater du IVe ou du Ve siècle. La distinction entre les oprement classiques et la version moins pure des siècles ultévait lui apparaître que bien plus tard. Un détail bizarre s Innocents montre d'ailleurs qu'il n'hésitait pas à s'ins- s non classiques. Au-dessus des arches court un enta- à chaque bout par un large pilastre. Aux deux le classique est abandonné, puisque l'architrave nt vers le bas, comme au baptistère de Florence ns modernes situent quelque part entre le IVe et le XIVe s qui représentait visiblement pour Brunelleschi un idéal me titre que les grandes ruines de Rome. A preuve les arcades t le fenestrage qui reprennent ceux du baptistère.

Ces innovations devaient influencer ses amis. La fresque de la *Sainte Trinité* de Masaccio date sans doute d'avant novembre 1425. La niche de Donatello et Michelozzo à San Michele fut construite entre les années 1422 et 1425. Elles sont toutes deux d'esprit encore plus classique que le portique de l'hôpital des Innocents dont elles s'inspirent.

Brunelleschi construisit enfin deux des grandes basiliques de Florence, basiliques qui ne furent achevées qu'après sa mort, et qui devaient servir de modèles à d'innombrables églises dites basilicales ou en croix latine. Toutes deux sont caractéristiques de sa dernière
19, 20 période. San Lorenzo, l'église paroissiale des Médicis, bâtie en 1419 sur le site d'une vieille église, devait comporter de nombreuses chapelles en raison de sa vocation monastique. Aussi Brunelleschi adopta-t-il le schéma élaboré dès la fin du XIIIe siècle à Santa Croce: une vaste croix latine à croisée du transept carrée et un chœur carré flanqué

de chapelles carrées. La faiblesse architecturale de ce dispositif saute
aux yeux. A Santa Croce, on sentait bien la poussée directionnelle 7
d'ouest en est. Ici, au contraire, les trois grands axes de la nef et des 20
bas-côtés semblent se perdre, du côté du chœur, dans une prolifération de minuscules chapelles dont les proportions jurent avec celles de la nef. La multiplication des chapelles rayonnantes et leur taille réduite s'expliquent par le nombre des moines appelés à les utiliser. A San Lorenzo, Brunelleschi résolut le problème en les disposant toutes les dix de manière symétrique autour du transept et en alignant leurs proportions sur celles du chœur, de la nef et des bas-côtés. Le système de la planification proportionnelle était né: le schéma traditionnel était repris mais dans un esprit de rigueur mathématique tout à fait neuf. L'unité de base est le carré formé par la croisée du transept dont les dimensions déterminent celles du chœur et des bras du transept, la longueur de la nef correspondant à quatre fois ce carré. La travée centrale est, elle aussi, carrée. Les travées des bas-côtés sont rectangulaires mais de largeur exactement égale à la moitié de la grande travée. Depuis le bas-côté, le regard franchit donc la croisée pour déboucher sur une chapelle dont les proportions correspondent à la taille de la nef et des bas-côtés. L'impression produite est infiniment plus harmonieuse qu'à Santa Croce. Restait à dégager l'espace nécessaire aux dix chapelles ainsi agrandies. Brunelleschi imagina de les greffer tout au long du transept, laissant à chaque angle un vide déplorable auquel il entendait remédier en y implantant deux sacristies, dites l'Ancienne et la Nouvelle.

Laissons de côté la Nouvelle qui ne vint au jour qu'un bon siècle
plus tard. L'Ancienne, prévue dès 1419, fut construite très rapide- 17, 18
ment, entre août 1421 et 1428 (un Médicis en avait assumé tous les frais). Les sculptures de Donatello n'y furent installées, pense-t-on, que vers 1435. Achevée avant le reste de l'église, elle peut être considérée comme un bâtiment à part. En un sens, c'est le premier édifice à plan central de l'histoire de la Renaissance. Les murs ayant la même hauteur que les côtés de l'ensemble, nous nous trouvons en présence d'un cube parfait. Sur la partie centrale du mur en trois panneaux, une porte donne accès à un petit sanctuaire coiffé d'une

coupole hémisphérique. Ce qui nous donne deux blocs cubiques, même si le plus petit de ces cubes n'est pas parfait, puisque sa hauteur est déterminée par celle de la grande sacristie. Pour souligner encore cette géométrisation de l'espace, le mur, vu en section, est divisé en trois bandes horizontales. Les deux zones inférieures constituent les deux moitiés du carré que couronne l'entablement. Enfin, la coupole prend la forme d'un hémisphère dont le rayon est égal à la moitié de la largeur du mur. Les trois zones égales sont donc parfaitement distinctes et visibles. De même que pour la répartition des chapelles, l'effet visé table d'abord sur la simplicité du rapport de proportions, même si viennent s'y ajouter des jeux de perspective assez complexes, vraisemblablement dus à Donatello autant qu'à Brunelleschi. La coupole repose en effet sur des pendentifs (des triangles sphériques postés aux coins des murs) qui transforment le carré en cercle à la racine du dôme. Ce dispositif rappelle l'art byzantin et notamment Sainte-Sophie. Mais il y a peu de chances que Brunelleschi en ait vu des exemples. Sans doute le réinventa-t-il en méditant les vestiges de Rome[6]. Sur le plan de l'ornementation, Donatello a transformé les rondeaux de Brunelleschi en hublots à travers lesquels, à la faveur de la perspective, tout prend des allures de théâtre. Les pilastres portent un entablement à la toscane assez lourdement orné qui rappelle celui de l'hôpital des Innocents. Les cercles et demi-cercles sont proportionnés aux éléments de base du plan d'ensemble.

Dans son désir de soumettre les formes classiques aux lois mathé-
17 matiques, Brunelleschi rencontra quelques difficultés perceptibles à l'étroitesse des reliefs qui, dans les coins, remplacent, faute de place, les pilastres d'angle. Certains pilastres sont, pour ainsi dire, éclatés sur les deux pans des angles rentrants. A d'autres endroits, on a l'impression que c'est l'encorbellement qui est chargé de soutenir la longue corniche. Ces tâtonnements expérimentaux affectent aussi le
18 dôme dont la section, vue de l'extérieur, rappelle la lanterne du baptistère. Il s'agit en effet d'un tambour de maçonnerie coiffé d'un toit de tuiles en forme de cône. L'hémisphère intérieur est parfaitement classique, malgré les nervures semblables à celles de la cathédrale.

Brunelleschi devait rester fidèle à ce type de dôme en parapluie dont l'usage allait se répandre jusqu'au XVIe siècle. L'éclairage en est assuré par des fenêtres qui, de l'extérieur, semblent serties dans la maçonnerie, mais qui, de l'intérieur, paraissent situées à la base des pans qui séparent les nervures.

Les plans du reste de l'église datent de 1419 mais les travaux ne reprirent que vers 1442 pour s'achever bien après la mort de Brunelleschi, en 1446. La multiplication des chapelles entraîna d'importantes modifications au cours des années 1440. On démolit le mur extérieur des bas-côtés pour y ajouter, au nord et au sud, des espaces rectangulaires moitié moins grands que les travées latérales qui sont, elles mêmes, quatre fois plus petites que la croisée du transept. La perspective en fut évidemment bouleversée. Du centre, le regard enjambe la grande arcade et plonge, par-delà l'entrée de la chapelle, jusqu'au mur du fond. Il se dégage de cette succession d'ouvertures décroissantes une puissante sensation d'harmonie. La section et le plan rappellent Santa Croce. La nef dispose d'un toit plat qui domine les bas-côtés comme dans les basiliques paléochrétiennes. Quant aux chapiteaux, ils évoquent le style roman des Saints-Apôtres de Florence, ce qui n'est sans doute pas le fait du hasard.

A Santo Spirito, Brunelleschi, soucieux de donner à la même struc- 25
ture plus de cohérence, parvint à éliminer les problèmes de proportions rencontrés à San Lorenzo. Il commença par placer des tailloirs sur les colonnes de la nef: les voûtes en berceau des bas-côtés reposent ainsi d'un côté sur des pilastres, de l'autre sur des colonnes. En bonne théorie, pilastres et colonnes sont censés être de même taille. Or, les chapelles étant ici surélevées, les pilastres sont plus grands que les colonnes. D'où un vide entre le haut de la colonne et l'architrave. Un architecte du XVIe siècle se serait contenté de placer les colonnes sur des socles. Brunelleschi, s'inspirant peut-être d'un prototype roman ou byzantin, préféra les munir de tailloirs analogues à ceux du portique de l'hôpital des Innocents.

Santo Spirito apporte ainsi des solutions nouvelles à certains des problèmes rencontrés à San Lorenzo. Elle traduit aussi une évolution stylistique qu'on peut dater de façon presque certaine du milieu

des années 1430. Sans doute Brunelleschi venait-il d'effectuer un nouveau séjour à Rome. On en voit la trace dans une de ses plus célèbres réalisations, le chapitre du couvent rattaché à Santa Croce, un petit bâtiment situé à l'intérieur du cloître et qu'on appelle généralement
21-23 la chapelle Pazzi. Un contresens sur un commentaire de Vasari a fait croire que c'était la première de ses œuvres, alors qu'en fait, elle marque la transition entre ses deux styles. Un document la mentionne pour la première fois en 1429. Elle figure aussi dans un contrat qui date de 1429-1430. Le plan est de 1430 ou 1433. Les travaux durèrent quarante ans. L'extérieur ne correspond pas aux intentions de Brunelleschi qui souhaitait reprendre, en beaucoup plus compliqué, le plan

FLORENCE, SAN LORENZO
Brunelleschi, commencée en 1419.

La vieille sacristie.

17 Intérieur.

18 Section.

19 Nef.

20 Plan.

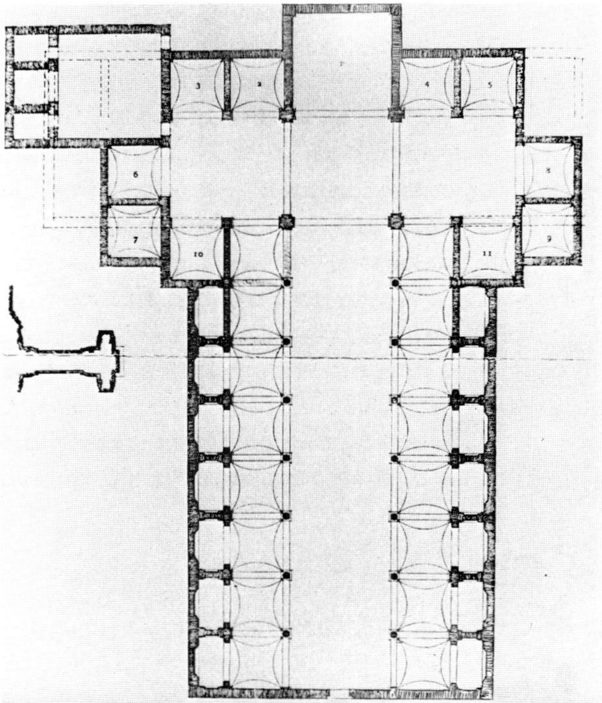

de l'Ancienne Sacristie : une coupole dressée au-dessus d'un carré central dont un des côtés s'ouvrirait sur un petit carré occupé par le chœur. Le plan de la chapelle Pazzi est d'un tout autre raffinement : au carré du chœur correspond un vestibule carré prolongé des deux côtés de manière à s'aligner sur les bras du transept qui complètent l'espace central. Les quatre côtés du carré central sont ainsi modifiés sans perdre leur relation mathématique à l'unité originale. La perspective y gagne en complexité : le vestibule est en effet doté d'une lourde voûte en berceau surmontée d'une coupole. L'ensemble constitue l'entrée de la petite chapelle que vient coiffer un vaste dôme à nervures. Coiffées elles aussi de voûtes en berceau, les ailes de la grande chapelle sont parallèles aux parties correspondantes du vestibule. Enfin, le chœur reprend le dôme de l'entrée. L'ornementation s'enrichit de sculptures dont quelques-unes attribuées à Brunelleschi. Elle témoigne du même désir de créer un style romain sans renoncer aux effets chromatiques chers au peuple de Florence.

Le problème des angles n'avait pas disparu pour autant. Brunelleschi utilisa des pilastres fragmentaires d'un côté et des pilastres incurvés de l'autre. L'ensemble rappelle l'Ancienne Sacristie, avec plus de raffinement. La façade manque d'ampleur et de majesté, non seulement dans le détail, mais aussi par les proportions, en dépit de l'admirable gravité de la colonnade qui supporte la voûte cintrée de l'intérieur du vestibule. Ici, le classicisme se fait pesant et l'on en vient à regretter l'aisance aérienne du portique des Innocents. On a aujourd'hui la certitude que le grand dôme et celui de la loggia datent de 1459 et de 1461, c'est-à-dire après la mort de Brunelleschi. La grandeur à l'antique du bas de cette église est caractéristique de sa dernière période, peut-être marquée par de nouveaux contacts avec les vestiges de Rome.

Aucune trace de paiements effectués à Brunelleschi entre décembre 1432 et juillet 1434 ne nous est parvenue. On sait que Donatello se trouvait à Rome en 1432-1433. Vasari laisse entendre que c'est en compagnie de Brunelleschi qu'il entreprit de fouiller les antiquités romaines. Enfin, l'hypothèse de ce séjour semble confirmée par
24 le style de Santa Maria degli Angeli dont Brunelleschi entama la

21 Intérieur.

FLORENCE, SANTA CROCE, CHAPELLE PAZZI
Brunelleschi, *ca* 1430.

22 Section.

23 Plan.

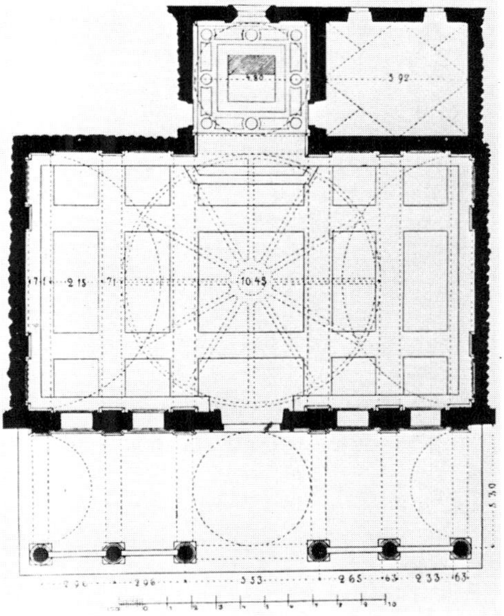

construction en 1434 et qu'il abandonna en 1437. C'était la première fois au XVe siècle qu'on reprenait tel quel le plan centré du temple romain de Minerva Medica. Autour d'un octogone coiffé d'un dôme semblable en plan à celui de la cathédrale court une ceinture de chapelles. L'innovation par rapport à l'Ancienne Sacristie ou à la chapelle Pazzi vient de ce que les formes y sont conçues non plus comme des aplats sans vertu plastique autre que leur rapport de proportions, mais comme des masses sculpturales séparées par des vides. Pour autant qu'on sache, le dôme, inspiré du Panthéon, semble avoir été particulièrement massif, aux antipodes de l'ogive à nervures de sa première période. A supposer que les travaux aient commencé au lendemain de son expédition romaine, cette église confirme le regain d'influence classique qui marque sa dernière manière et caractérise toutes ses œuvres d'après 1434, comme la lanterne et les exèdres de la cathédrale, sans parler de Santo Spirito.

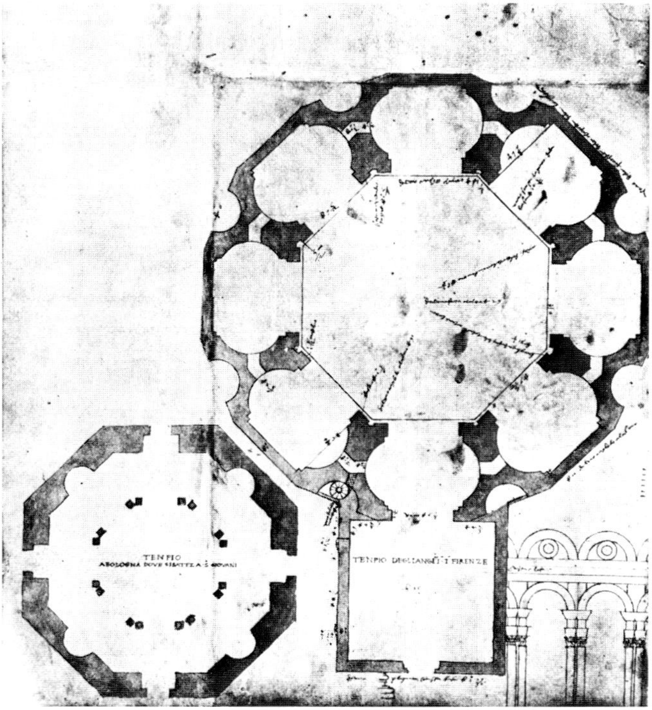

24 Florence, Santa Maria degli Angeli. Plan, *ca* 1434. Dessin de Giorgio da Sangallo, d'après Brunelleschi.

Entre Santo Spirito et San Lorenzo, qu'on associe volontiers pour 19, 20
illustrer le style de Brunelleschi, les différences sont minces, encore 25, 26
que Santo Spirito donne l'image d'une maturité parvenue à la plénitude de son classicisme. L'objectif était de remplacer une église vieille d'au moins deux siècles dans les quartiers pauvres de Florence, sur la rive gauche de l'Arno. Le projet de Brunelleschi reçut l'aval de la commission en 1434. Le temps de réunir une partie des fonds, la pierre d'angle ne fut posée qu'en 1436. Les travaux piétinèrent. A la mort de Brunelleschi, dix ans après, on n'avait érigé que le premier pilier. De longues controverses aboutirent au remaniement du projet initial et l'église ne fut achevée qu'en 1482, comme nous l'apprend l'anonyme *Vie de Brunelleschi*. Les quatre grands porches de la façade ouest furent ramenés au nombre de trois. Les travées latérales avec voûtes en arc-de-cloître, qui courent le long du flanc est, auraient dû se prolonger jusque derrière le mur ouest, de manière à ce que chacun des portails débouche sur une des petites travées carrées. Les murs des chapelles latérales lui auraient sans doute donné une allure bourgeonnante que n'a pas l'enceinte rectiligne d'aujourd'hui. Mais les successeurs de Brunelleschi ne compri- 25
rent pas que le plan de ce mur s'inspirait d'une partie aujourd'hui disparue de la basilique (paléochrétienne, croyait-il) du Latran. De même, l'idée du chapelet de coupoles ouvrant sur les espaces plus vastes de la nef, du chœur et des transepts, cadre parfaitement avec le style de ses dernières œuvres, comme le confirme le fait que l'espace laissé vide sur le plan actuel a exactement la taille requise pour les deux baies surnuméraires. Sa maquette fut approuvée par les autorités en 1434, mais l'ensemble fut repensé quelque dix ans plus tard: ce sont donc ses plans qu'il faut étudier pour comprendre ses dernières années.

Il y a certes des différences entre le plan de Santo Spirito et celui de San Lorenzo. Mais le véritable contraste réside dans l'organisation des volumes intérieurs. Déjà, les plans montrent le passage des formes rectangulaires de San Lorenzo au dispositif nettement plus sculptural de sa dernière période. Les ouvertures des petites chapelles rectangulaires de San Lorenzo étaient pourvues de pilastres

plats qui faisaient écho aux colonnes. Au contraire, à Santo Spirito,
le demi-cercle des niches des chapelles se répète en miroir dans les
demi-colonnes postées à l'entrée des petites chapelles et qui font écho
aux grandes colonnes de la nef. Toutes les proportions de l'intérieur
de l'église ont d'ailleurs gagné en plénitude. A San Lorenzo, il y avait
quelque chose de gênant dans le rapport (3/2 environ)
19 entre la hauteur de l'arcade et celle du clair-étage. Rien de tel à Santo
26 Spirito où l'arcade et le clair-étage sont de même hauteur. Bien
que les travées latérales soient voûtées, le toit de la nef est plat et
orné de caissons. La hauteur des travées latérales est inférieure de
moitié à celle des travées de la nef. Même chose pour leur largeur,
ce qui nous ramène au rapport 2/1 des Saints-Apôtres. Il faut se pro-
mener à l'intérieur de Santo Spirito pour apprécier la splendeur
et l'aisance de ce grand chapelet de colonnes. Les premières œuvres

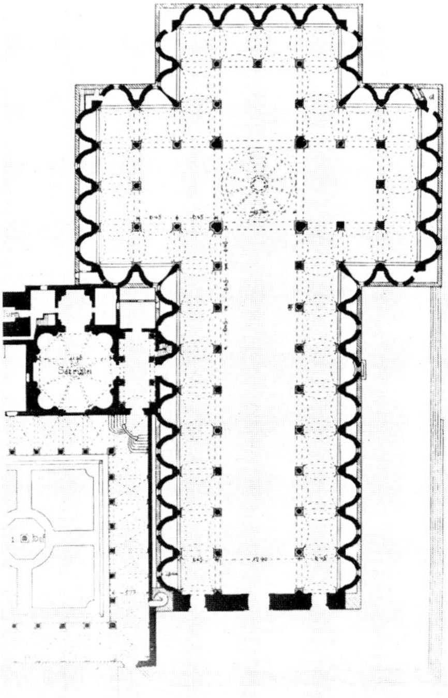

FLORENCE, SANTO SPIRITO
Brunelleschi,
ca 1434, ou plus tard.

25 Plan. 26 Nef.

de Brunelleschi n'avaient ni cette richesse, ni cette grandeur. Santo Spirito marque l'apothéose de son désir d'égaler les Romains. Dépassés par la rigueur mathématique, le faste et la splendeur sculpturale de ses «théorèmes de pierre», ses successeurs décidèrent de se rabattre sur ses ouvrages antérieurs comme l'hôpital des Innocents. Ainsi l'abbaye de Fiesole, qui ne fut commencée qu'après sa mort, s'inspire plus des édifices qu'il avait bâtis dans les années vingt que des chefs-d'œuvre de sa dernière période.

CHAPITRE TROIS

Alberti

L'autre grand architecte du début du XVe siècle, Leon Battista Alberti, diffère en tous points de Brunelleschi. L'architecture n'était qu'une des nombreuses cordes à son arc. Erudit de premier plan (Brunelleschi ne lisait même pas le latin), Alberti n'était pas homme à adopter telles quelles les idées des autres. Né à Gênes, sans doute en 1404, bâtard d'un grand négociant de Florence en exil, il fit à l'université de Padoue des humanités qu'il compléta d'une formation juridique à Bologne. Lorsque son père mourut, ses oncles, prêtres tous deux, prirent en charge celui qui faisait déjà figure de prodige. A vingt ans, il rédigea une comédie latine qui passa pour authentique, «découverte» moins étrange qu'aujourd'hui, en ces temps où une poignée d'érudits exhumait des kyrielles de manuscrits classiques.

Alberti ne tarda pas à rencontrer les grands humanistes de sa génération, dont vraisemblablement celui qui allait devenir le premier des papes humanistes, le futur Nicolas V, sous l'égide duquel allait se dérouler toute sa carrière. Vers 1428, peut-être un peu plus tôt, sa famille reçut l'autorisation de regagner Florence où il lia connaissance avec Brunelleschi et, probablement, Donatello et Ghiberti. Dans son essai sur la peinture, il mentionne également Masaccio. Après les érudits de Padoue et de Bologne, il semble donc qu'il ait fréquenté les cercles artistiques les plus avancés de Florence. L'épître dédicatoire d'un de ses livres constitue d'ailleurs l'une des rares preuves qui nous soit parvenue du lien entre l'idéal humaniste et les arts. Il prit soin de recevoir les ordres mineurs avant d'entrer, comme nombre d'humanistes de l'époque, au service de la papauté. Après ses pérégrinations du début des années 1430, il entreprit à Rome l'étude exhaustive des ruines de l'Antiquité, mais dans une optique différente de celle de Brunelleschi. Le vieux maître avait surtout cherché à comprendre comment les Romains avaient pu bâtir d'aussi gigantesques ouvrages et enjamber d'aussi vastes espaces. Son point de vue était essentiellement technique. Au contraire, Alberti, qui se déchargeait sur ses assistants de la réalisation de ses projets, ne se passionna guère pour les problèmes structurels de l'architecture romaine. D'ailleurs, était-il armé pour les comprendre ? Cela ne l'empêcha pas de devenir le premier théoricien du renouveau humaniste en déduisant des vestiges de Rome « les règles immuables de l'art de tous les temps ». On lui doit trois traités cicéroniens. Qu'il parle de peinture, de sculpture ou d'architecture, sa démarche est la même : puiser dans l'Antiquité des exemples qu'il s'agit d'adapter aux temps nouveaux.

En 1434, ayant regagné Florence, il y rédigea le premier et le plus bref de ses traités, *Della Pittura*, qu'il dédia à la pléiade d'artistes la plus impressionnante de l'époque, Brunelleschi, Donatello, Ghiberti, Luca della Robbia et Masaccio. Masaccio venait de mourir. Les autres étaient à l'apogée de leur carrière. *Della Pittura*, achevé en 1435, illustre la passion d'Alberti pour les problèmes de proportion et de perspective. Comment représenter sur une surface plane des objets censés se trouver à des distances différentes ? Comment leur assurer des proportions régulières ? On retrouvera cette démarche fondamentalement rationnelle et naturaliste dans son traité d'architecture.

C'est sans doute au cours des années 1440, donc pendant que Brunelleschi développait sa dernière manière, qu'il entama la rédaction de son grand œuvre, les dix livres du *De re aedificatoria*, dont il offrit une version à Nicolas V dès 1452, mais qu'il ne cessa de remanier jusqu'à sa mort en 1472. D'après l'anonyme *Vie d'Alberti*, qui est peut-être de sa main, il aurait pratiqué les trois arts, mais on ne connaît aucune peinture ou sculpture qui puisse lui être attribuée en toute certitude. Sa réputation d'artiste repose donc entièrement sur ses écrits et son œuvre architecturale.

Le *De re aedificatoria* s'inspire, inévitablement, du seul traité technique sur les arts que nous ait légué l'Antiquité, les *Dix Livres d'architecture* de Vitruve. La sensationnelle redécouverte du manuscrit par Poggio aux alentours de 1415 fournit aux humanistes le texte corrompu et souvent inintelligible d'un traité dont le Moyen Age ne connaissait que le contenu. Alberti fut le premier à tirer directement parti de cette publication. Après avoir annoncé son intention d'aborder les principes fondamentaux de l'architecture dans l'esprit de Vitruve dont il entend s'inspirer sans le copier, il développe les thèmes majeurs de l'humanisme naissant: le culte de la volonté, de l'équanimité et du bien public, bref la conception «romaine» de l'individu qui caractérise le début du XVe siècle. Parfois, son vocabulaire surprend: il parle de «temples» et de «dieux» pour désigner les églises, Dieu et les saints. Mais peut-être est-ce ici l'usage délibéré du latin qui prête à contresens: si fort qu'il insiste sur la gloire de l'Antiquité et la suprématie de l'art classique, sa pensée s'inscrit tout entière dans le cadre du christianisme.

On lui doit la première théorie cohérente de l'usage des cinq ordres, plus un plan d'urbanisme et un projet d'habitations adaptées aux différentes classes de la société. Il fut aussi le premier à placer la beauté et l'ornementation architecturales sous le signe de la proportion mathématique. Il définit la beauté comme la convenance harmonieuse de toutes les parties: «Rien n'y peut être ajouté ni soustrait sans que l'ensemble n'en pâtisse.» De manière un peu contradictoire, il ajoute que l'ornementation qui complète l'harmonie peut parfaire la beauté. Pour lui, l'ornement majeur n'est autre que la colonne, dont il ignore visiblement la nature essentiellement fonctionnelle dans l'architecture grecque. Comme les architectes romains, il la croit simplement destinée à orner le mur qui porte la charge.

Ses deux premières œuvres furent le palais des Rucellai à Florence et l'église par laquelle Sigismond Malatesta entendait immortaliser son nom. L'ordre chronologique voudrait que nous commencions par le Rucellai. Nous en réserverons pourtant l'étude au chapitre suivant, consacré aux palais florentins du XVe siècle. Quant à l'église de Rimini, primitivement dédiée à saint François, elle porte aujourd'hui le nom de Tempio Malatestiano, du nom du tyran qui la fit rebâtir, à partir *27*
de 1446. La gloire de Dieu ne jouant dans son esprit qu'un rôle secondaire, il souhaitait surtout célébrer la gloire de son épouse Isotta, des membres de leur cour, et de sa propre personne. Toujours est-il qu'Alberti, pour la première fois dans l'histoire de l'architecture moderne, apporta une solution de type classique au problème posé

par la face ouest des églises chrétiennes. Normalement, une église comporte une haute nef centrale flanquée de bas-côtés couverts de toits en pente. Solution maladroite à un problème ignoré des Anciens, puisque le temple gréco-romain ne comportait pas de bas-côtés. En Angleterre comme en France, les architectes gothiques avaient choisi de coiffer le bas-côté occidental d'une tour. Mais ce dispositif convenait mal aux Italiens. Alberti n'avait donc pas d'exemple immédiat dont il pût s'inspirer. Il profita de ce que le Malatestiano était ostensiblement voué à la gloire d'un prince de ce monde pour le doter à l'ouest d'un arc triomphal, symbole de la défaite de la mort.

Les arcs de triomphe comportent, soit une arche flanquée de colonnes, comme celui d'Auguste à Rimini, soit trois arches, la grande arche centrale étant séparée des arches mineures par des colonnes. Alberti ne pouvait ignorer le plus célèbre d'entre eux, celui de Constantin à Rome. Il s'en inspira, sans s'interdire d'emprunter de nombreux détails à celui d'Auguste. Le problème de la dénivellation entre la nef et les bas-côtés se trouvait ainsi résolu. Mais celui de la hauteur de la nef restait entier: les arcs de triomphe ne comportent qu'un étage, parfois surmonté d'un attique. Il lui fallait trouver autre chose pour la partie supérieure. Le Malatestiano est inachevé et, pour l'essentiel, de style gothique. Certains fragments de l'intérieur de l'église et la médaille commémorative fondue vers 1450 par son bras droit, Matteo de' Pasti, permettent néanmoins de reconstituer ses intentions. Dans une lettre du 18 novembre 1454, Alberti donne à Matteo, chargé sur place de la réalisation du projet, des précisions que confirme la médaille, notamment pour ce qui est de l'étage supérieur. Il envisageait d'y bâtir un vaste hémisphère analogue à celui du Panthéon, mais doté de nervures à la Brunelleschi. La partie supérieure de la façade répéterait la grande arche du portique. On aurait donc abouti à une fenêtre flanquée de colonnes, ou plutôt de pilastres, dont les socles sont d'ailleurs visibles sur la partie construite. La toiture des bas-côtés aurait été masquée par des pans de murs ornés de motifs décoratifs. L'architecture religieuse occidentale allait adopter cette division du centre de l'édifice en deux niveaux. Alberti s'en explique:

27 Rimini, Tempio Malatestiano. Façade d'Alberti, 1446 et années suivantes.

«N'oubliez pas que sur notre maquette, j'ai disposé le long de la rive du toit un élément décoratif de ce genre (*ici l'esquisse du détail en question*). Je vous ai dit qu'il a pour but de cacher la partie du toit qui déborde à l'intérieur de l'église, puisque la façade ne nous permet pas de faire moins large et que notre but doit être d'améliorer ce qui est construit sans gâcher ce qui reste à bâtir. Ainsi s'expliquent la forme et les dimensions des pilastres: modifiez quoi que ce soit et vous gâterez l'harmonie de l'ensemble.»

Dans la même lettre, il réaffirme sa foi dans l'architecture rationaliste et son admiration pour l'Antiquité:

«Les propos de Manetto dont vous vous faites l'écho, suivant lesquels une coupole doit être deux fois plus haute que large, m'inspirent la réponse suivante: je place ma confiance en ceux qui bâtirent les Thermes, le Panthéon et tant de nobles édifices plutôt qu'en sa misérable personne. Et plus qu'à quiconque, c'est à la Raison que je me fie.»

Pour classiques qu'aient été ses intentions, les détails de son temple évoquent plus le gothique vénitien que l'Antiquité romaine. Sans doute se contenta-t-il de prodiguer ses conseils à Matteo et aux maîtres maçons sans parvenir à leur faire abandonner les formes décoratives du Nord auxquelles ils étaient accoutumés.

La petite chapelle des Rucellai à Florence est d'un classicisme plus marqué, surtout dans les détails: elle fut achevée en 1467. Brunelleschi avait déjà initié les maçons de Florence aux formes classiques. Aussi
28 est-on surpris d'apprendre que la façade de Santa Maria Novella, entreprise en 1458 sur demande des Rucellai, porte la date de 1470. Comme pour le Malatestiano, le plan était plus ou moins dicté par une construction préexistante. Alberti conserva délibérément certains traits gothiques de la vieille église dans l'espoir d'instaurer un compromis entre les deux styles. Peut-être même décida-t-il de rebâtir à l'ancienne. En tout cas, la façade innove si peu que ses successeurs, trop heureux de plaquer des façades à l'antique sur des églises gothiques, s'empressèrent de la copier. Il prit soin d'inscrire l'ensemble de l'édifice à l'intérieur d'un vaste carré, divisé en deux par l'embase des rouleaux qui masquent les bas-côtés. La partie inférieure coupée par le porche forme donc deux carrés dont chacun représente un quart de la surface du carré principal. Les dimensions de l'étage supérieur couronné d'un fronton triangulaire classique reproduisent exactement celles des deux carrés inférieurs. On retrouve dans ce jeu de proportions (1/1, 1/2, 1/4) l'extrême simplicité qui lui était chère. En fait, il partage avec Brunelleschi ce goût de la proportion arithmétique. Son traité

28 Florence, Santa Maria Novella. Façade d'Alberti, commencée en 1458.

souligne à plusieurs reprises les vertus de la simplicité en cette matière. N'est-ce pas le sens de sa formule « modifiez quoi que ce soit et vous gâterez l'harmonie de l'ensemble » ?

Enfin, Alberti vieillissant conçut à Mantoue, sur des sites entièrement dégagés, deux églises dont le rôle allait être décisif dans l'histoire de l'architecture italienne puisqu'elles constituent la version renaissante de l'église à croix grecque d'une part, de l'église à croix 30, 32
latine d'autre part. Il laissa San Sebastiano, commencée en 1460, inachevée à sa mort (1472). L'édifice actuel est le fruit d'une restauration mal avisée, comme le prouve (*ill. 29*) le projet de reconstruction du professeur Wittkower[7], qui répond à presque toutes les exigences

théoriques du traité d'Alberti. On s'étonnera de la présence des marches. Mais Alberti estimait nécessaire de surélever les églises pour manifester leur détachement face au monde extérieur. Six pilastres (et non quatre comme à l'heure actuelle) étaient prévus sous l'entablement. La façade est une reprise du temple classique sans bas-côtés. Mais c'est le plan de l'ensemble qui devait jouer un rôle décisif: San Sebastiano inaugure la longue série des églises en croix grecque des XVe et XVIe siècles. Du point de vue théorique, Alberti considérait l'église à plan central (dont l'église en croix grecque est un bon exemple) comme une forme parfaite en soi, donc symbolique de la perfection divine. Il faut sans doute y voir aussi l'influence des *martyria* des débuts du christianisme. Ravenne, ville voisine de Mantoue, en fournissait au moins deux prototypes datés du milieu du Ve siècle, le mausolée de Galla Placidia et l'église Santa Croce[8]. Le succès fut mitigé: ce type d'église ne permet pas d'accueillir grand monde. Aussi, ses successeurs
31-33 s'inspirèrent-ils surtout de Sant'Andrea, dont Alberti conçut le plan deux ans avant sa mort.

Un de ses assistants se chargea de la construire. Mais elle ne fut achevée qu'au XVIIIe siècle. Seul le bas de l'église, jusqu'au fronton, correspond aux intentions d'Alberti qui, reprenant la croix latine traditionnelle utilisée par Brunelleschi à Florence, y introduisit une

différence essentielle. Chez Brunelleschi, les bas-côtés sont séparés des nefs par une série de frêles colonnes: de la nef ou du bas-côté, tout s'oriente vers l'autel. A Sant'Andrea, les bas-côtés sont remplacés par une série d'espaces où alternent les petites travées simples et les chapelles, plus spacieuses. Depuis la nef, le regard porte donc sur deux axes: l'axe transversal que souligne l'alternance des travées et des chapelles; l'axe longitudinal de la nef en tunnel orientée vers le chœur.

Cet écart fondamental par rapport à Brunelleschi vient de ce qu'Alberti a délibérément modelé l'intérieur de ses églises sur des modèles romains. La nef déjà sombre de Sant'Andrea est coiffée d'une voûte en arceau à coffrages peints de dix-sept mètres, la plus large et la plus lourde depuis l'Antiquité. Jamais les colonnes de Brunelleschi n'auraient pu soutenir pareil poids. Aux thermes de Dioclétien et dans la basilique de Constantin, le poids portait sur des piliers si larges qu'on avait dû percer d'autres entrées. Alberti procéda de manière analogue, en situant travées et chapelles sur l'axe transversal pour ne pas réduire la résistance des piliers à la poussée de la voûte. La croix latine, l'alter- 148
nance rythmique des chapelles et l'usage de la voûte de pierre furent inlassablement repris par ses successeurs dès la fin du XVIe siècle, et plus encore au XVIIe siècle, sous l'influence notamment de Vignole et des jésuites qui en systématisèrent l'emploi.

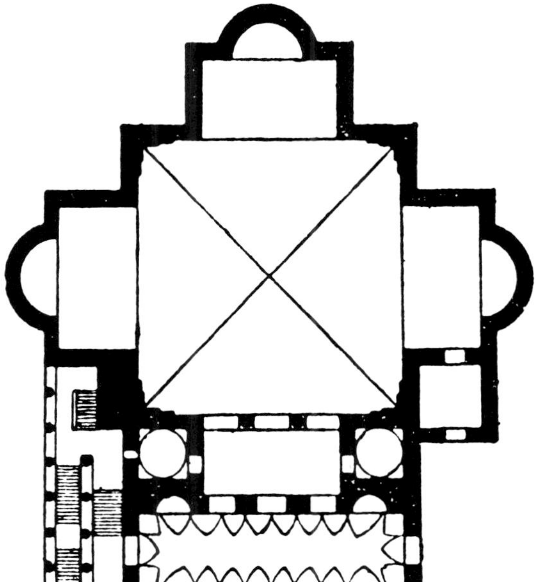

MANTOUE, SAN SEBASTIANO
Alberti,
commencée en 1460 .

29 Reconstitution
de la façade
par le Pr. Wittkower.

30 Plan.

Un coup d'œil sur la façade suffit pour comprendre comment Alberti parvint à modifier à la fois la structure interne et l'apparence extérieure de son église à l'aide du fronton classique déjà utilisé à San Sebastiano. Ici, il mêle un fronton de temple classique et une arche triomphale à l'ancienne. Le fronton triangulaire de faible hauteur repose sur quatre pilastres montés sur d'épaisses embases. Sous ce fronton s'ouvre une grande arche cintrée flanquée de pilastres que surplombe un entablement autonome qui se glisse sous les pilastres du fronton. On a donc, au niveau du sol, un petit porche à deux pilastres suivi d'une grande arche cintrée qui débouche sur une ouverture dont les proportions reprennent celles du porche. Le même rythme fait l'originalité des chapelles intérieures. Alberti l'a emprunté à l'arc de Septime Sévère, à Rome.

Ainsi, il parvint, dans sa dernière période, à imiter sans servilité ses

MANTOUE, SANT'ANDREA Alberti, conçue en 1470.

31 Façade.

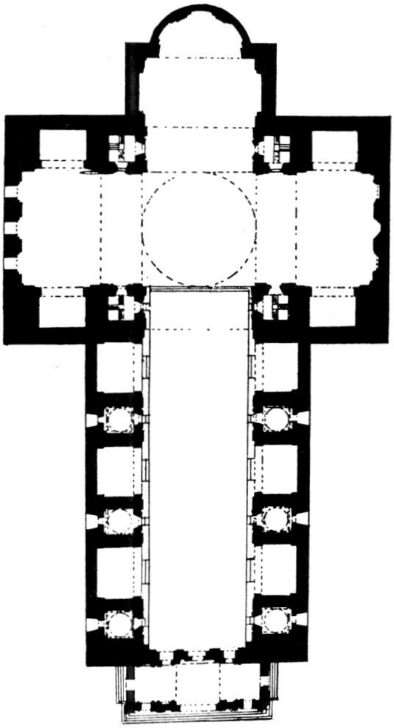

32 Plan.

33 Nef.

modèles romains et à mettre en pratique le mélange d'autonomie et de fidélité qu'il avait prôné dans son traité. Jamais il ne douta de la supériorité de l'architecture romaine sur les innovations de la génération précédente. Il n'en était pas moins convaincu que des hommes comme Brunelleschi et lui-même étaient de taille à déduire de l'architecture classique des règles qu'il était juste d'adapter à des objectifs différents sans s'y soumettre en tous points. Alberti ne fut d'ailleurs pas le seul grand «archéologue» de son temps. Son mécène, Louis Gonzague de Mantoue, n'avait-il pas choisi pour peintre Mantegna dont *l'Adoration* (actuellement aux Offices) et les décorations de la Chambre des Époux (au palais Gonzague) sont contemporaines de ses propres églises?

CHAPITRE QUATRE

Palais de Florence, de Venise et d'ailleurs

Au XVe siècle, l'Italie ne ressemble guère au reste de l'Europe. Dans l'ensemble ou presque du monde civilisé, pendant deux siècles, le pouvoir féodal était resté entre les mains de seigneurs, forts des petites armées privées qu'ils entretenaient aux alentours de leurs châteaux isolés en pleine campagne. Au contraire, la société italienne vivait sous la prépondérance de l'Eglise et de la Cité. Les cités fondées par les Romains n'avaient pas déchu et plus d'une bourgade se flatte encore d'avoir connu deux mille ans d'autonomie. L'essor de la bourgeoisie fut particulièrement vif dans des villes comme Florence qui, dès le XVe siècle, prirent en main le destin économique du pays. D'où l'incroyable complexité de la politique italienne déchirée par l'affrontement de deux partis, les guelfes et les gibelins. Guelfes noirs et guelfes blancs s'unissaient pour soutenir le pouvoir temporel de la papauté face aux prétentions de ce qu'on appelait encore le Saint Empire romain. Les gibelins étaient partisans de la suprématie de l'empereur dans le domaine temporel. Mais ces positions théoriques se prêtaient à d'innombrables variations. C'est ainsi que Florence la guelfe renâclait souvent devant l'autorité du pape, alors que sa traditionnelle rivale gibeline, Sienne, se rapprochait des positions cléricales. Très sommairement, on peut dire que les gibelins de Sienne rêvaient d'une aristocratie semi-féodale, alors que Florence, assoiffée de commerce, prônait une véritable oligarchie mercantile.

En 1250, Florence proclama la Nouvelle République. En 1293, elle se donna une «constitution», les Ordonnances de Justice. Le pouvoir politique restait officiellement entre les mains des vingt et une grandes corporations, les guildes ou «arts». Mais, en fait, les quatorze «arts mineurs» servaient surtout de contrepoids aux sept «arts majeurs» qui détenaient la réalité du pouvoir: les arts majeurs rassemblaient les hommes de loi (Giudici e Notai), les tisserands (Lana), les finisseurs de tissus (Calimala), les décreuseurs de soie (Seta), les banquiers et changeurs (Cambio), les pelletiers (Pellicciai) et les médecins et apothicaires (Medici e Speziali). Les peintres appartenaient à la guilde des Medici e Speziali : les couleurs faisaient partie des onguents d'importation dont les apothicaires avaient le monopole. A chaque guilde étaient incorporés les artisans des professions voisines[9]. Les orfèvres, eux, étaient rattachés à l'art de la Soie. Les effectifs des guildes majeures étaient donc particulièrement importants. Les quatre plus grandes, (Giudici e Notai, Lana, Calimala et Cambio) contrôlaient tout, puisque le sort de la ville dépendait à la fois du commerce des tissus et de la finance internationale dont les Florentins, inventeurs de la comptabilité à double entrée, furent les pionniers en Europe. La concentration du pouvoir était d'autant plus marquée que les arts majeurs étaient presque entièrement sous la coupe de quelques grandes familles aux étonnantes ramifications.

Ces grandes familles, qui avaient essaimé leurs agents en Italie, à Bruges ou à Londres, rencontraient fréquemment l'opposition d'une large partie de la population, le *popolo minuto*, privée de tout pouvoir politique. L'absence de roi et d'aristocratie ne suffit pas à faire une démocratie moderne. Le mécontentement de la majorité s'exprimait par des émeutes. La plus célèbre est la révolte des *Ciompi*, les travailleurs de la laine non qualifiés, qui, en 1378, s'insurgèrent contre leurs conditions de travail. En raison des accès de violence qui secouaient périodiquement la ville, les riches demeuraient dans des palais semifortifiés, d'autant qu'à l'époque, la famille vivait presque toujours au-dessus de la « boutique ». Au château nobiliaire s'oppose ainsi la maison de négoce du marchand florentin, le *palazzo*, qui servait aussi de bureau et d'entrepôt, suivant une formule architecturale héritée de la Rome antique.

A la fin du XIVe siècle et au début du XVe, on vit naître à Florence un type d'architecture qui allait se répandre, presque sans modification, dans toute la péninsule. Les municipalités avaient ouvert la voie dès la fin du XIIIe siècle, mais il s'agissait d'édifices publics. Citons, à Florence, le Palazzo Vecchio (ou Palazzo della Signoria) et le Bargello. Le palais de la Seigneurie, comme son nom l'indique, servait d'hôtel de ville. Bâti entre 1298 et 1340 (compte non tenu des transformations ultérieures), il aurait été dessiné par Arnolfo di Cambio. Le Bargello, commencé en 1255, servait de résidence officielle au *podestà*. Une sage tradition voulait que le podestat n'appartînt pas à l'une des grandes familles. On faisait généralement appel à des étrangers dont la résidence officielle servait aussi de palais de justice et de prison. Vus de la rue, le Bargello et le Vieux Palais se présentent donc comme des bâtisses hautement fortifiées pourvues d'un beffroi : le tocsin permettait de donner l'alarme ou de convoquer d'urgence les citoyens. Le plan en est d'une extrême simplicité : de grands murs de pierre rustiquée, percés de nombreuses fenêtres (deux ouvertures en arche brisée séparées par une colonnette). Un simple bandeau marquait la différence entre les étages. Les fenêtres du rez-de-chaussée sont évidemment petites et haut perchées. L'ensemble dessine un rectangle autour d'une cour centrale au plan presque carré, qui assure l'éclairage et l'aération du bâtiment. Un puits garantissait pour les jours d'émeute l'approvisionnement en eau. Les fenêtres extérieures pouvaient aisément se barricader.

La plupart des grands palais civils s'inspirent de ce plan. Un excellent exemple nous en est fourni par l'actuel musée du Meuble et de la Décoration, le palais Davanzati, qui date de la fin du XIVe siècle. 34
L'inspiration romaine est évidente, puisqu'il comporte un vaste rez-de-chaussée destiné à la boutique et aux entrepôts. Les appartements sont juste au-dessus. Mais, faute de place, il ne possède qu'une courette encombrée d'un escalier. Sous le toit, une immense loggia permettait néanmoins à la famille de prendre le frais les soirs d'été. Loggia comprise, le bâtiment comporte cinq étages en dégradé, le rez-de-chaussée se signalant non seulement par ses dimensions, mais aussi par l'utilisation de la pierre rustiquée qui en accentue le caractère imposant. Les trois grands porches symétriques de l'entrepôt sont coiffés d'arches légèrement aplaties surmontées de minuscules fenêtres en mezzanine. Les trois autres étages ont chacun cinq fenêtres symétriquement réparties au-dessus des porches. Là vivait la famille. Le premier étage était, non seulement le mieux protégé du bruit et de la poussière, mais aussi le plus frais, d'où son appellation d'étage

noble, *piano nobile*. Il abritait les salons et les appartements privés du chef de famille. Le second étage était généralement occupé par les enfants et le reste de la maisonnée. Le dernier étage, torride en été, glacial en hiver, était abandonné aux serviteurs. Cela faisait près de quatorze cents ans que l'Italie pratiquait cette répartition, calquée presque point pour point sur la cité romaine, comme on le voit à Ostie. On la retrouve d'ailleurs dans plus d'un bâtiment moderne. L'architecte à qui l'on demandait de bâtir cette sorte de palais ne se heurtait à aucun problème fonctionnel. Il suffisait de varier le dessin. C'est dans ce domaine que le XVe siècle allait le plus innover.

Brunelleschi semble n'avoir travaillé que pour des institutions. Alberti ne conçut qu'un seul «palais» familial. C'est pourtant sous leur influence que s'effectua la rénovation de ce type d'architecture, d'abord à Florence, puis dans le reste de l'Italie.

En 1433, une crise plus violente que les autres aboutit à l'expulsion de Cosme de Médicis et de sa famille. Cosme émigra à Venise dont il fit le siège de sa banque. La fuite des capitaux fut telle que, moins d'un an après, la cité revint sur sa décision. En 1434, Cosme regagna Florence où il allait régner plus de trente ans sans jamais y «prendre le pouvoir». Resté «simple citoyen», il joua de l'opposition entre les arts majeurs et les arts mineurs: ayant compris que les grandes guildes foisonnaient d'envieux comme les Albizzi, il manifesta son désir de ne pas en assumer la direction et se contenta d'y placer aux postes-clés des membres de sa famille, à commencer par ses nombreux gendres. C'est ainsi que la guilde des aubergistes, croyant avoir trouvé un puissant allié contre l'oppression des arts majeurs, passa dans son camp. Cosme tira d'autant plus facilement parti du ralliement des arts mineurs que la plupart des grandes guildes avaient décidé de surmonter la haine qu'elles lui vouaient, au nom de la stabilité politique dont dépendait l'essor économique de la cité. Sa seconde arme, moins défendable sur le plan moral, n'était pas moins subtile. Il fit instaurer une sorte d'impôt sur le revenu dont on ne tarda pas à s'apercevoir qu'il variait considérablement suivant la position politique des intéressés. Pourquoi faire tomber des têtes quand on peut organiser des banqueroutes?

34 Florence, palais Davanzati.
Fin XIVe siècle.

Résultat de ce règne sans pouvoir (transmis à son fils puis à son petit-fils jusqu'à la fin du siècle), à partir de 1434, les grandes familles purent consacrer au raffinement de leurs «palais» l'énergie et l'argent naguère gaspillés en activités politiques. Bien entendu, le palais Médicis est le meilleur exemple de ce nouveau type d'architecture privée. La légende veut que Cosme, ami personnel de Brunelleschi, lui ait

demandé d'en assurer la conception. Ravi, Brunelleschi lui soumit
la maquette détaillée d'un admirable palais. Cosme, dès le premier
coup d'œil, en condamna l'ostentation : « L'envie est une plante que
le sage n'arrose pas. » La même légende veut que, furieux, Brunelles-
chi ait aussitôt démoli sa maquette. Il est en tout cas certain que Miche-
lozzo Michelozzi (1396-1472), et non Brunelleschi, était l'architecte
des Médicis. Bifurquant vers l'architecture, l'ancien associé de Dona-
35-37 tello se rallia aux principes de Brunelleschi. Commencé en 1444, le
palais fut achevé en moins de vingt ans. L'inauguration de la cha-
pelle eut lieu vers 1459. Au début du XVIe siècle, on mura les arches
35 angulaires des fenêtres conçues par Michel-Ange. Au XVIIIe siècle, les
Riccardi rachetèrent le palais et l'agrandirent du côté de la via Larga.
La comparaison avec le palais Davanzati montre que l'application
des nouveaux principes (la symétrie et l'ordonnance mathématique)
n'entraîna aucune innovation surprenante.

Il n'en subsiste que trois étages. Une énorme corniche projette son ombre jusqu'au pied des murs, fonction que l'avancée des auvents remplit à moindres frais au palais Davanzati. La grande corniche de pierre du palais Médicis est de forme classique. Elle s'appuie sur un entablement proportionnel à la hauteur du palais (dans le rapport 1/9). Michelozzo, pour équilibrer cette corniche monstrueuse, dut l'encastrer dans le mur, opération complexe et coûteuse qui aboutit à un véritable solécisme architectural : une corniche sans architrave, sans frise et sans colonne. L'effet est d'autant plus malheureux que les proportions de la corniche ont été calculées en fonction de la hauteur globale du palais. Le dernier étage semble donc laminé. Le dispositif de chacun des étages confirme d'ailleurs cette impression. Au rez-de-chaussée, des arches cintrées à voussoirs fortement marqués évitent l'allusion à l'ogive du palais Davanzati. Les baies sont réparties de manière symétrique sur le mur en pierre rustiquée d'allure particulièrement rugueuse. Entre le rez-de-chaussée et le *piano nobile* court une petite corniche à modillon classique, qui sert aussi de rebord aux fenêtres. Lesquelles sont symétriques, mais suivant un axe différent, ce qui a pour effet de relever le centre de l'étage noble dont les fenêtres ne sont pas alignées sur les baies qu'elles surplombent.

C'est cette maladresse que vise à gommer l'analogie entre les deux séries de voussoirs. Les baies des fenêtres sont coupées par une colonnette surmontée d'une petite arche cintrée. Il s'agit donc d'une version encore plus classique de la fenêtre à deux vantaux du Bargello et du Palazzo Vecchio.

L'étage noble, plus petit que le rez-de-chaussée, s'en distingue nettement par l'aspect des moellons à anglets sans bossage. L'étage supérieur est identique au *piano nobile* mais en pierre lissée. Cette différence de traitement de la pierre d'un étage à l'autre explique que l'édifice paraît plus haut qu'il n'est.

De type tout aussi traditionnel que l'extérieur, l'agencement intérieur se signale par la rigueur de ses proportions et de sa symétrie: au cœur d'un grand carré, la cour, ornée d'une arcade couverte, comme dans un cloître, rappelle le Bargello et d'autres palais plus anciens. Mais les différences, apparemment mineures, entre le palais Médicis 36
et ses prédecesseurs sont significatives. Le plan est presque symétrique. Le porche central de la façade originale ouvre sur un long couloir situé dans l'axe de la cour. Mais certaines dissymétries sont manifestes: le fond de la cour est plus large que les trois autres côtés et les pièces ne sont pas réparties de manière symétrique par rapport aux axes. L'escalier principal, relativement discret, part de l'arcade couverte au lieu d'être à découvert comme dans nombre de palais antérieurs. En fait, ce n'est qu'au XVIe siècle que se répandra l'usage du grand escalier cérémoniel.

L'influence de Brunelleschi se discerne surtout dans la disposition de la cour. On est frappé par le manque d'imagination et de sensibilité de Michelozzo qui s'est contenté de reprendre, en carré, la façade de l'hôpital des Innocents — comme le prouve la confrontation des illustrations 16 et 37. Une série d'arches cintrées repose sur une colonnade surmontée d'une large frise que coiffe une corniche servant d'appui aux fenêtres du premier étage. Michelozzo ne semble pas avoir compris qu'incurver la façade des Innocents, c'était créer un problème insoluble à chacun des angles. Il a d'ailleurs cru bon de faire l'économie des gros pilastres qui, aux extrémités de l'hôpital des Innocents, semblent soutenir l'entablement. L'absence de ces pilastres prive

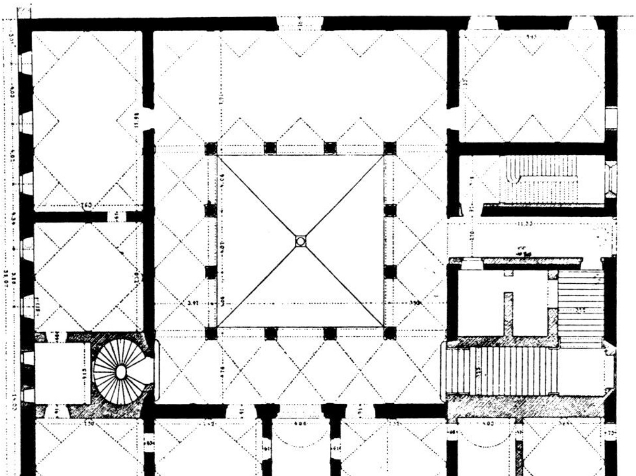

FLORENCE,
PALAIS MEDICIS
Michelozzo, commencé en 1444.

35 Façade principale.

36 Plan.

37 Cour.

le plan originel d'une partie de son efficacité visuelle: les murs se rejoignent sur une colonne que rien ne distingue des autres. Les pilastres de Brunelleschi étaient surtout chargés de retenir l'attention sur les extrémités de la façade, lesquelles passent inaperçues chez Michelozzo. Enfin, l'ordonnance des fenêtres est d'une maladresse insigne. Au premier étage, Michelozzo a disposé des fenêtres dont la forme et les proportions rappellent les arches qu'elles dominent. Suivant l'exemple de Brunelleschi, il a aligné arches et fenêtres de façon à répartir les vides sans briser la symétrie. Malheureusement, aux quatre coins, les fenêtres se rapprochent, ce qui brise la symétrie et accentue la gaucherie de la colonne d'angle. Les baies se bousculent et l'ensemble respire mal. L'épaisseur de la corniche d'entablement entre le haut des arches et l'embase des fenêtres vient encore aggraver les choses.

Les rondeaux placés sous les fenêtres confirment l'impression qu'elles sont trop rapprochées aux angles et trop espacées au centre. Ce problème allait attendre longtemps sa solution, puisque c'est de Michelozzo que devaient s'inspirer, pendant plus d'un siècle, les architectes de la plupart des grands palais florentins. La solution devait venir de Rome et, plus particulièrement, d'Urbin.

Passons à l'autre type de palais florentin, celui que représente
38 le Rucellai d'Alberti. Moins ambitieux que le Médicis dont il est quasi contemporain (les travaux commencèrent après 1452), il rappelle par certains détails, comme les colonnettes des fenêtres, celui de Michelozzo. Mais il représente la première tentative cohérente d'application des ordres classiques à ce genre de façade. L'ensemble se veut à la fois plus classique et plus raffiné, non seulement par la variété des matériaux, mais aussi par l'accent subtilement mis sur les baies principales. Le palais Médicis ne disposait que d'un porche central. Le palais Rucellai en a deux. La façade se lit donc A A B A A B A A (en fait la dernière baie ne fut jamais construite mais les travaux furent visiblement commencés; le dessin de la façade originale ne portait que sur les cinq premières baies en partant de la gauche). Les travaux commencèrent probablement vers 1455. On a la preuve que les maisons voisines furent rachetées en 1458 pour permettre l'extension de la façade. Les baies centrales, légèrement plus larges que les autres, se signalent par la présence de blasons qui surplombent les fenêtres du premier étage. L'alternance rythmique est plus complexe qu'au palais Médicis, d'autant que les ordres scandent, horizontalement et verticalement, la surface de l'ensemble. La séparation horizontale est effectuée par des entablements qu'ornent, non pas les motifs formels des ordres traditionnels mais les armes des Rucellai. De même qu'au palais Médicis, les corniches servent aussi de rebords de fenêtres. Ces démarcations horizontales reposent sur des pilastres aux proportions classiques. L'ensemble s'inspire visiblement du Colisée.

On sait que Vitruve distinguait quatre ordres; le cinquième, l'ordre composite, ne fut inventé qu'après sa mort. Mais Alberti en avait vu des exemples à Rome. Son traité, en introduisant la distinction

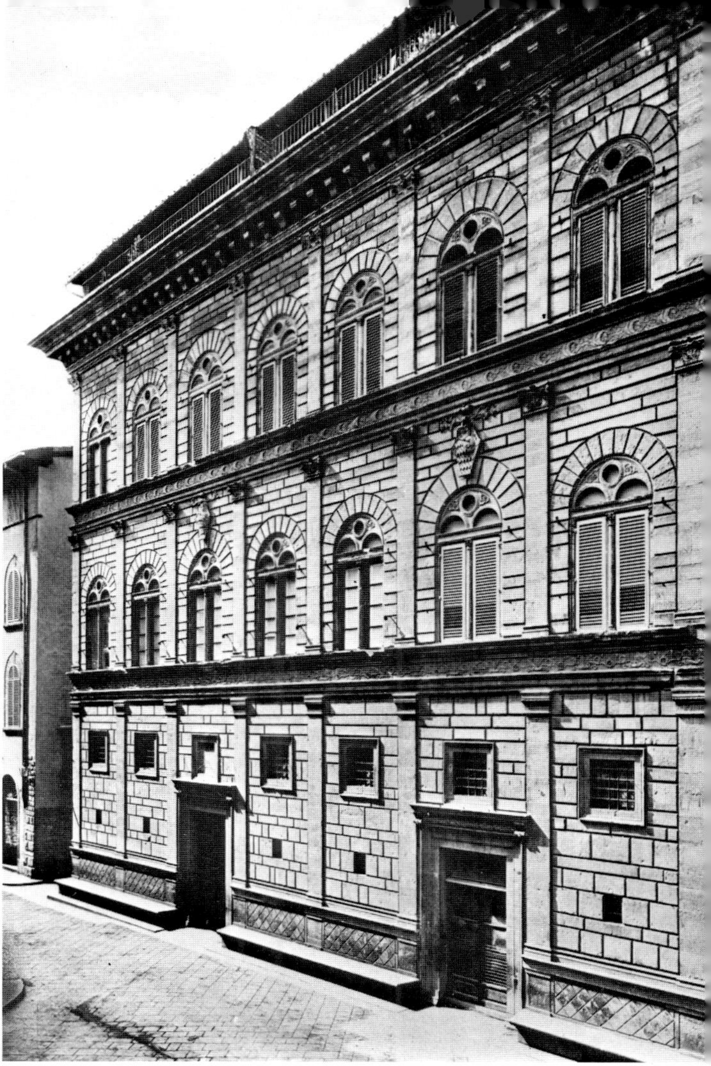

38 Alberti, Florence, palais Rucellai, commencé après 1452.

entre le composite et le corinthien, avait inauguré la tradition des cinq ordres. C'est en fait du Colisée, où les deux étages supérieurs sont dotés de colonnes corinthiennes suivies de pilastres corinthiens, qu'il s'était inspiré.

Dans le cas du palais Rucellai, il utilisa au rez-de-chaussée des pilastres toscans, au *piano nobile* du corinthien orné et, à l'étage supérieur, le corinthien classique. Sans doute pensait-il que le corinthien orné donnerait plus de distinction au *piano nobile*. Mais cette infraction à la règle témoigne aussi de la difficulté que même le plus classique des architectes de l'époque avait à opérer la distinction entre les ordres.

La règle voulait que la hauteur des étages soit déterminée par celle des pilastres, elle-même conditionnée par l'harmonie des ordres. Au palais Rucellai, pour que le rez-de-chaussée ait la hauteur nécessaire, les pilastres toscans, plus trapus que les autres, ont été placés sur une sorte de banc dont le dossier de pierre s'orne d'un bossage en diamant qui rappelle l'*opus reticulatum* des Romains. Ce détail apparemment secondaire en dit long sur la position d'Alberti à l'égard de l'architecture classique. L'usage des pilastres sur toute la façade lui interdisait, bien entendu, le contraste de texture si remarquablement exploité par Michelozzo au palais Médicis. Le palais Rucellai joue élégamment de l'opposition entre les cannelures des surfaces principales, la pierre rustiquée des fenêtres cintrées et le poli des pierres ou de l'*opus reticulatum*.

Il est donc manifeste qu'Alberti s'est autorisé de l'exemple de la Rome antique en utilisant ce motif en diamant, de manière à parfaire le contraste de textures à l'endroit où le soubassement lui était nécessaire. Mais, pour les Romains, l'*opus reticulatum* n'avait rien d'un artifice décoratif : c'était, en quelque sorte, chez leurs architectes, l'équivalent de notre actuel béton armé. Ils avaient découvert qu'on pouvait renforcer le ciment en l'armant d'une matière dure qui, maintenant l'ensemble au bon moment, en consoliderait la prise et, par la suite, servirait de noyau à la masse construite. La technique consistait à enfoncer horizontalement des coins de pierre dans le ciment encore mou, ces coins assurant l'homogénéité de la masse. En surface, la base de ces formes pyramidales constitue, une fois le ciment pris, une sorte de filet, l'*opus reticulatum*.

Alberti semble n'avoir pas compris que cet effet décoratif masquait une technique de construction. Il fit donc sculpter un filet analogue dont l'objectif était, cette fois, purement visuel et sans aucun rapport avec les visées premières des inventeurs de la technique. Sans doute aurait-il argué du caractère antique de l'effet produit. La corniche supérieure prouve d'ailleurs qu'il gardait en tête des modèles romains tout à fait précis. Il fut confronté, pour cette corniche, à d'énormes difficultés. Alors que l'immense surplomb de Michelozzo respectait, non seulement les proportions de l'étage supérieur, mais aussi celles de l'ensemble, Alberti, limité par le fait que les étages inférieurs disposaient d'entablements dont les proportions découlaient de celles des pilastres, aligna les proportions de la haute corniche sur celles de l'ordre supérieur. Ce qui la privait de sa fonction la plus évidente : protéger de la chaleur et du soleil. Alberti opta donc pour une corniche aussi haute que possible — il fallait tout de même que sa hauteur restât en rapport avec la taille de l'ordre supérieur —, et la dota d'un généreux larmier soutenu par des encorbellements classiques insérés dans la frise. Si bien que, pour le spectateur qui la contemple depuis la rue, elle surplombe à la fois l'étage supérieur et l'ensemble du bâtiment. Ce procédé repris du Colisée, comme la juxtaposition des ordres, prouve qu'Alberti, dans ce qui est probablement sa première réalisation, avait déjà déterminé sa position face à l'Antiquité classique et considérait l'architecture romaine comme la norme de l'architecture moderne.

Grande fut son autorité d'architecte et d'écrivain. Pourtant, les imitations du palais Rucellai sont rares. La plupart des architectes florentins des XVe et XVIe siècles adoptèrent un style plus libre
qu'illustrent, sous diverses formes, le palais Pitti, le palais Pazzi- 39, 40
Quaratesi et l'immense palais Strozzi qui date des toutes dernières 42
années du siècle.

Le Pitti soulève de nombreux problèmes. Ce qu'on en voit aujourd'hui date essentiellement des XVIe et XVIIe siècles. Mais les tableaux et documents d'époque montrent que son gigantisme est d'origine, même si l'avenir devait encore l'accentuer. Il semble avoir été bâti pour Luca Pitti dans les années 1450. Au départ, il comportait sept baies (les sept baies centrales de la façade actuelle). Un ancien assistant d'Alberti, Luca Fancelli, se chargea sans doute d'une partie des travaux, mais c'est à Brunelleschi et à Alberti qu'on attribue la conception d'ensemble. Le plan est d'une telle envergure que c'est à Brunelleschi qu'on songe immédiatement, même si aucun document du XVe siècle ne le lui attribue et même si les sources du début du XVIe siècle incitent à penser que les travaux ne commencèrent qu'en 1458, soit douze ans après sa mort.

Luca Pitti, le grand rival de Cosme de Médicis, était un vieillard stupide et vaniteux qui rêvait d'un palais dont la majesté serait humiliante pour son ennemi. D'où l'hypothèse qu'il partit du projet «trop somptueux» de Brunelleschi pour les Médicis. L'attribution à Alberti semble peu vraisemblable: malgré sa démesure, le palais ne s'inspire pas directement d'un prototype romain. Certes, la taille de l'édifice (les étages ont plus de douze mètres de haut) traduit une intelligence de l'architecture romaine dont il était capable, mais le colossal n'était pas dans ses goûts. Même l'énorme voûte de Sant'Andrea de Mantoue n'a pas la rugueuse simplicité du Pitti et aucune de ses œuvres ne témoigne d'une telle assurance dans le maniement des grands espaces vides.

L'homme qui conçut le Pitti semble n'avoir rien construit d'autre. Tous les autres palais florentins de la fin du XVe siècle et du début du XVIe s'inspirent presque servilement du palais Médicis et apportent rarement des solutions nouvelles. Le Pazzi-Quaratesi et le Gondi
40, 41 illustrent l'évolution vers un maniérisme dont le raffinement s'inscrit aux antipodes de l'austérité rugueuse et héroïque d'un Masaccio, d'un Donatello ou d'un Brunelleschi. C'est pourtant à ce dernier qu'on l'attribue le plus souvent, parce que la pierre rustiquée du rez-de-chaussée et la conception d'ensemble rappellent grosso modo son style. Mais l'essentiel de l'ouvrage semble dater de 1462/1470 et les sculptures décoratives, attribuées à Giuliano et Benedetto da Maiano, ne sauraient dater d'avant 1450, tant elles respirent le charme et la liberté caractéristiques de la fin du siècle.

Le palais Gondi, commencé vers 1490, habité dès 1498, est l'œuvre du plus important des disciples tardifs de Brunelleschi, Giuliano da Sangallo, doyen de la plus importante dynastie d'architectes florentins

39 Florence, palais Pitti. Façade. La partie centrale (commencée en 1458) est d'un architecte inconnu.

de la fin du siècle. Né vers 1443, mort en 1516, Giuliano vint trop tard pour entretenir des relations directes avec la génération de Brunelleschi et de Michelozzo. Pourtant, son petit palais tout simple est étonnamment proche du palais Médicis et de son descendant direct, le palais Strozzi. La façade du rez-de-chaussée est remarquable: au lieu des énormes amas de maçonnerie sommairement taillés du Médicis, on se trouve face à des blocs lisses, régulièrement espacés et plus ou moins de la même taille. Le souci d'adoucir la pierre est d'autant plus manifeste que la surface du premier étage est travaillée en petites croix et que même les voussoirs des porches composent de véritables motifs.

40 Florence, palais Pazzi-Quaratesi, 1462/1470.

41 Florence, palais Gondi.
Commencé *ca* 1490 par Giuliano da Sangallo.

Le palais Strozzi mérite d'être cité, ne serait-ce qu'en raison de son 42
gigantisme. Ses meilleurs aspects viennent du palais Médicis dont il ne diffère que sur des points mineurs. Par exemple, il utilise le même moellon arrondi que le palais Gondi, mais jusqu'au sommet de la façade. Les travaux commencèrent en 1489. La corniche monumentale d'Il Cronaca date au plus tard de 1504, même si l'ensemble du palais ne fut sans doute pas achevé avant 1536. On a trace des sommes versées à Giuliano da Sangallo pour la maquette en bois qui s'y trouve encore, mais elles ne correspondent, pense-t-on, qu'à son exécution. En fait, la conception de l'ensemble revient sans doute à Benedetto da Maiano.

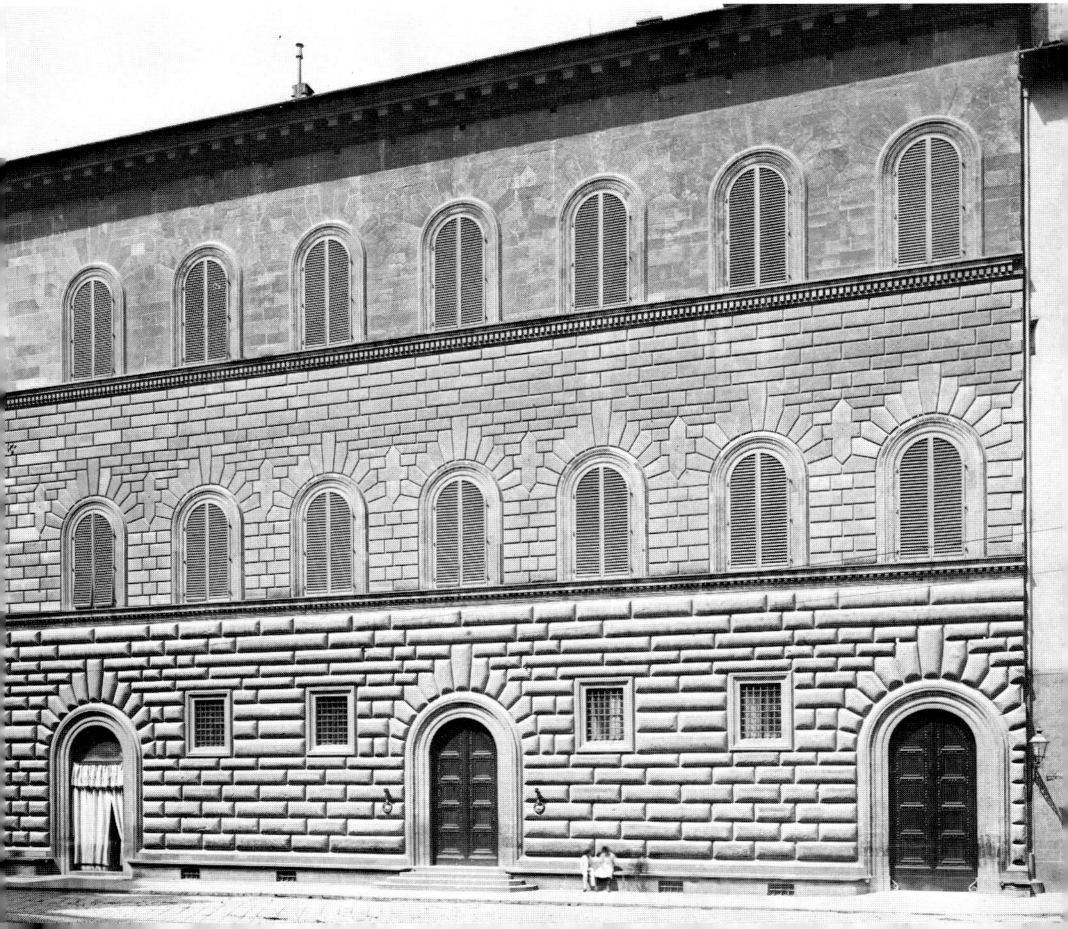

42 Florence, palais Strozzi, commencé en 1489.

L'Italie s'empressa d'imiter les grands palais florentins. Presque toutes les villes italiennes se flattent d'avoir plusieurs de ces demeures confortables qui, parfois, ne méritent guère le nom de palais. Certaines, parmi celles qui datent du XVe siècle, marquent quelques progrès par rapport au type florentin. Les plus célèbres se trouvent à Pienza, à Rome et à Urbin.

Lorsqu'en 1458, l'humaniste Aeneas Silvius Piccolomini accéda au trône pontifical sous le nom de Pie II, son premier geste fut d'entamer la reconstruction de son village natal, rebaptisé Pienza en son honneur. Cette petite bourgade à mi-chemin de Sienne et de Pérouse,

n'a guère subi de changement depuis sa brève période de gloire à cette époque. Elle compte pourtant dans l'histoire de l'urbanisme. Pie II, ayant décidé de promouvoir son village au rang de cité, le dota non seulement d'une cathédrale et d'un évêché, mais aussi d'un grand palais destiné à sa famille, ainsi que d'un petit hôtel de ville. Conscient que l'essentiel devait être achevé de son vivant, il s'y attaqua dès 1459. En 1464, date de sa mort, il avait déjà réalisé un remarquable exemple d'urbanisation. Il supervisa personnellement le plan d'ensemble qu'il fit exécuter par un ancien collaborateur d'Alberti au palais Rucellai, l'architecte florentin Bernardo Rossellino. Plusieurs pages de la longue et franche autobiographie de ce pape insolite[10] sont consacrées à Pienza et au type d'édifices qu'il entendait y créer. Son désir — et ce fut là un élément capital de la conception du projet —, était d'organiser le centre ville comme un ensemble homogène autour de
la cathédrale, située sur l'axe principal d'une piazza, avec l'hôtel de 43
ville au nord, le palais à l'ouest, l'évêché à l'est (le sud était bloqué par une sorte d'à-pic). La cathédrale, presque unique en son genre, s'inspire d'une église autrichienne entrevue au cours d'un des périples qui l'avaient mené jusqu'en Ecosse. Visiblement décidé à imposer un nouveau style d'architecture, il laissa des instructions pour qu'aucune transformation n'affecte après sa mort la structure ou la décoration de sa cathédrale[11].

Le palais comporte certaines innovations. D'abord, parce qu'il est relié à la cathédrale. Ensuite, parce que le jardin, orienté au sud, débouche sur une vue magnifique du mont Amiata. Ne nous étonnons pas s'il constitue une copie presque littérale du Rucellai d'Alberti, dont Rossellino avait dirigé l'édification. Pie II, qui avait d'ailleurs su imposer ses préférences architecturales, se rabattit, pour son propre palais, sur le classicisme et la rigueur symétrique de son confrère en humanisme, Alberti. A une entorse près: le flanc sud est composé de trois portiques superposés qui, par-delà le jardin, n'ont d'autre objectif, précise Pie II, que d'ouvrir sur la montagne. C'est ainsi que la petite ville de Pienza contient l'un des tout premiers exemples d'urbanisation planifiée des temps modernes, compte non tenu d'une ou deux versions médiévales de ces «forums à la romaine» dont il existait il existait encore quelques exemples. Elle possède aussi le premier palais d'habitation conçu dès le départ pour donner sur un vaste panorama. On prétend que Pétrarque fut le premier moderne à escalader une montagne pour jouir de la vue. Pie II semble avoir été le premier à dépenser tant d'argent pour avoir vue sur le paysage de son choix.

Pie II s'est plaint que Bernardo Rossellino ait largement dépassé son budget: plus de 50000 ducats au lieu des 18000 prévus. On comprend les appréhensions de l'architecte lorsqu'il fut convoqué par le pape: «Il arriva quelques jours plus tard et la crainte était dans son cœur, car il savait que de nombreuses accusations pesaient sur lui. Mais (précise l'autobiographie) Pie II lui dit: "Tu fis bien, Bernardo, de nous mentir sur le coût de l'ouvrage. Si tu nous avais dit la vérité, jamais nous ne nous serions laissé convaincre de dépenser pareille somme. Ni ce splendide palais, ni cette église, la plus belle d'Italie, n'auraient vu le jour. Ta ruse a érigé ces glorieux édifices dont seule l'infime minorité de ceux que dévore l'envie se refuse à faire l'éloge. Sois en remercié. Tu es le plus honorable des architectes de ce temps." Sur quoi, il donna ordre de lui régler sa note, avec en prime cent ducats et une cape écarlate. Bernardo ne put contenir ses larmes de joie.»

Le prédécesseur de Pie II, Nicolas V, mort en 1455, avait soumis à Alberti certains de ses projets pour la ville de Rome, le plus important étant la transformation de Saint-Pierre. La basilique devait en sortir profondément modifiée, à peu près dans l'état où nous la connaissons. A l'époque, Rome jouait un rôle politique et artistique secondaire: dans la première partie du XVe siècle, les papes en étaient absents. Nicolas et Alberti tentèrent sans grand succès d'améliorer la situation. Le XVe siècle ne nous a laissé que deux grands bâtiments civils: le palais
45, 44 dit de la Chancellerie et le palais Venezia.

Dans les deux cas, l'influence d'Alberti est très marquée, même s'il est peu vraisemblable qu'il ait mis la main à la pâte. La cour inachevée du palais Venezia date de 1467/1471. La construction civile à Rome sortait à peine de son sommeil. Le plan n'est pas d'Alberti, mais il apporte une solution selon son cœur au problème des angles de la cour, problème qui, nous l'avons vu, s'était déjà posé pour des bâtiments comme le palais Médicis de Florence. L'influence classique, en l'occurrence celle du Colisée ou du théâtre antique de Marcellus qui fait face au palais Venezia est évidente. Au contraire du palais Médicis, il s'agit d'une série d'arches posées non pas sur des colonnes simples mais sur des piliers. A ces piliers s'adossent des demi-colonnes, montées sur un soubassement, dont la fonction est plus décorative que structurelle, comme dans les deux exemples romains que nous avons cités. Du point de vue architectural, l'avantage de la solution romaine est que les angles semblent plus solides grâce aux pieds-droits en L et au meilleur espacement des colonnes harmonisées à leur soubassement. L'idée vient sans doute d'Alberti qui, s'inspirant du Colisée, l'utilisa pour le portique de la Bénédiction du Vieux Saint-Pierre. Ce portique ne nous est connu que par les dessins d'époque : ils nous indiquent qu'il menait du Colisée au palais Venezia. Aussi

43 Pienza, reconstruction par Pie II, à partir de 1458.

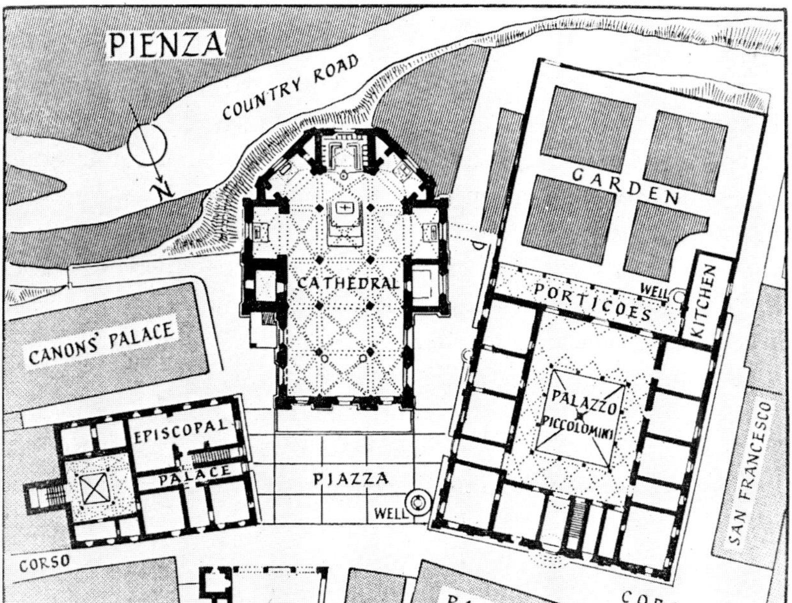

44 Rome,
palais Venezia.
Cour. 1467/1471.

45 Rome, palais de
la Chancellerie. Cour.
1486-1496.

est-ce à Alberti que nous attribuerons le mérite de cette innovation.

45, 46 Le gigantesque palais de la Chancellerie, primitivement destiné au cardinal Riario, fut bientôt affecté à la chancellerie du pape, d'où son nom. C'est un des grands mystères de l'architecture italienne. On a la quasi-certitude qu'il fut conçu et bâti, pour l'essentiel, entre 1486 et 1496. De même que le palais Pitti de Florence, il est gigantesque et

illustre l'influence d'Alberti. Lequel ne peut l'avoir réalisé puisqu'il mourut longtemps avant le début des travaux. On l'a longtemps attribué à Bramante en raison de son élégance, mais, pour autant qu'on sache, le premier séjour de Bramante à Rome date de l'hiver 1499-1500, à une époque où les grands traits de la Chancellerie étaient déjà fixés depuis longtemps.

L'énorme façade est constituée d'un podium surélevé, coiffé de deux
38 étages dotés de pilastres. L'analogie avec le Rucellai saute aux yeux, mais la subtilité des proportions est en net progrès par rapport à la copie peu convaincante de Rossellino à Pienza. L'omission des pilastres du rez-de-chaussée rend la division tripartite horizontale plus simple et plus claire. Le bossage et les petites fenêtres du rez-de-chaussée dessinent ainsi un vaste socle sur lequel reposent les deux étages supérieurs, eux aussi traités en bossage. Le *piano nobile* est pourvu de fenêtres plus ambitieuses et l'attique possède deux ouvertures par baie au lieu d'une seule grande fenêtre. La surface du mur est brisée, tant verticalement qu'horizontalement, par des avancées en bout de façade dont la saillie n'est pas suffisante pour affecter l'aspect de l'ensemble. L'articulation horizontale y gagne en fermeté comme en subtilité. Pour le Rucellai, Alberti avait choisi un rythme très simple: des baies identiques, séparées par de simples pilastres, chacun de ces pilastres reposant sur la corniche du pilastre inférieur, la corniche servant donc à la fois de rebord et de socle.

Le rythme est ici plus complexe. Deux pilastres encadrent une étroite baie aveugle suivie d'une baie plus large où se situe la fenêtre. Au lieu du schéma A A B A A B du palais Rucellai, nous avons le schéma A B A B A B. Les rebords de fenêtre et les socles de pilastre sont désormais distincts de la corniche de l'ordre du dessous. Cette nouvelle alternance de baies étroites et larges entraîne un bouleversement du système de proportions. Au lieu des rapports simples de ses prédécesseurs (1/2 ou 2/3), la Chancellerie utilise la proportion irrationnelle connue sous le nom de nombre d'or. Le nombre d'or régit ici à la fois l'espace déterminé par les couples de pilastres, la dimension des fenêtres de l'étage noble et la différence de largeur entre les grandes et les petites travées. On voit que l'architecte de la Chancellerie connaissait les arcanes de la théorie d'Alberti, en avait étudié les résultats et qu'il était homme à faire franchir à l'architecture un pas considérable.

A certains égards, la façade de la cour rappelle encore plus étroitement le palais Rucellai, par son élévation directement inspirée du Colisée: des colonnes aux étages inférieurs, des pilastres au dernier étage.

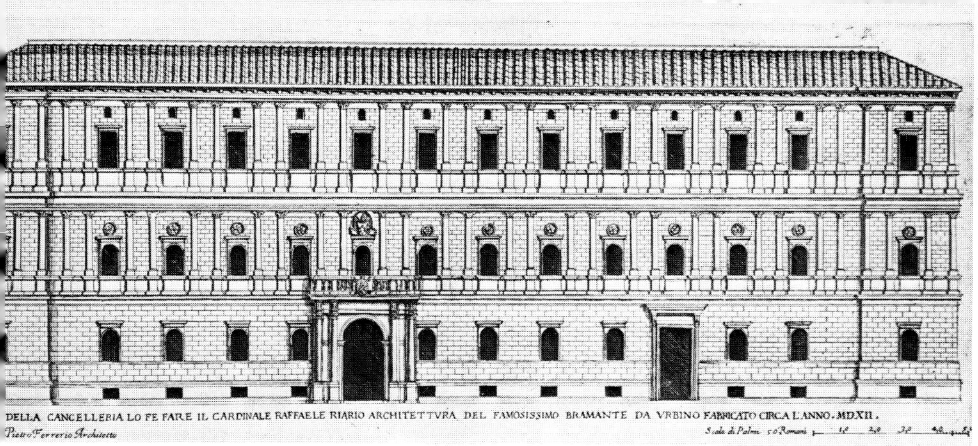

46 Rome, palais de la Chancellerie. Elévation.

Les deux étages inférieurs comportent d'assez larges arches posées sur des colonnes, comme à l'hôpital des Innocents. L'étage supérieur offre une autre variante: les pilastres, géminés sur la façade, sont remplacés par des pilastres uniques, sur le rythme A A A. Mais c'est aux étages inférieurs qu'intervient la différence essentielle par rapport au palais Médicis et à la cour du palais Venezia. Il s'agit du traitement des angles. Les arches reposent sur des colonnes uniques, mais le problème de l'angle est ici résolu par le recours à des pieds-droits en L comme au palais Venezia. De ces subtilités, on a déduit que si Bramante mit la main à la construction du palais, ce fut sans doute dans cette partie-là, hypothèse confortée par le fait qu'il était originaire d'Urbin, où se trouve le premier exemple connu de cet usage du pied-droit.

Le palais ducal d'Urbin, le troisième des grands édifices non- 47, 50
florentins de la seconde moitié du XVe siècle, fut bâti, pour l'essentiel, dans les années 1460, à l'intention du plus grand condottiere de l'époque, Frédéric, duc de Montefeltre, dont la cour constituait alors un des hauts-lieux de la civilisation européenne.

Ce palais pose lui aussi des problèmes d'attribution et de datation. Pour résumer, il est sans doute l'œuvre du mystérieux architecte dalmate Luciano Laurana, dont on ignore presque tout. On sait seulement qu'il se trouvait à Urbin en 1465/1466 (un document de 1468 le décrit comme le maître d'œuvre du palais) et qu'il mourut à Pesaro en 1479. On est presque sûr que la fameuse cour, le plus grand titre de gloire de l'édifice, date de la période allant de 1465 à 1479. On peut donc raisonnablement supposer qu'elle est de lui, comme la façade principale. Mais il y avait foison d'artistes à Urbin et les travaux avaient débuté avant son arrivée. Ils furent probablement achevés par le Siennois Francesco di Giorgio. Le débat reste ouvert sur le rôle de Laurana et de Francesco di Giorgio pour la décoration intérieure. Le duc, sorti du rang, avait fini par commander les forces papales et s'était lié d'amitié avec la majorité des grands artistes du temps. Piero della Francesca, Mantegna et Alberti le fréquentaient assidûment. C'est à Urbin qu'était né Bramante en 1444. Raphaël devait y naître trente-neuf ans plus tard. On a tenté d'attribuer le mérite de l'eurythmie de la cour et de la grande façade du palais à Piero della Francesca, mais rien ne nous autorise à mettre en doute l'éloge dithyrambique de «l'Architecte en Chef Luciano Laurana» qui figure dans le document de 1468 dont nous avons parlé [12].

Le palais est perché sur une crête dont les parois plongent sur la plaine, sauf du côté de la grande façade qui donne sur la piazza et la cathédrale. Comme à Pienza, tout a été pensé en fonction du superbe panorama: sur l'abrupt, deux hautes tours rondes encadrent les trois étages de la façade, percés chacun d'une large ouverture cintrée donnant sur les montagnes alentour. Ce dispositif est à rapprocher de l'arc triomphal d'Alphonse d'Aragon à Naples, où l'on pense que Laurana fit ses débuts. La cour et la façade constituent néanmoins la partie la plus remarquable — même si l'intérieur est éblouissant, avec ses vastes pièces nues, ses magnifiques cheminées sculptées et ses portes ornées des plus belles intarses du monde. Le palais abrite aujourd'hui le Musée national des Marches et une collection de peintures digne de ce cadre.

47 Comme dans bien des palais italiens, vue de la piazza, la façade ne paie pas de mine. Grêlée d'opes (trous laissés par les échafaudages), elle est visiblement inachevée. Plusieurs des fenêtres principales sont

murées et quelques-unes des portes partiellement bouchées. A l'examen, pourtant, ses beautés se dévoilent. On est frappé par la différence de taille et de disposition entre la façade cérémonielle (trois portes et quatre fenêtres) et la façade mineure à baies cintrées, dont certaines sont géminées, comme dans les palais florentins. Sachant qu'une partie du palais fut achevée en 1447, on peut supposer que les fenêtres à la florentine datent de cette période. La façade principale est d'une merveilleuse habileté: le rez-de-chaussée à bossage doté de pilastres d'angles possède trois portes rectangulaires séparées par de petites fenêtres également rectangulaires. Le *piano nobile* leur répond avec quatre fenêtres à pilastres surmontées d'un fort entablement qui leur sert de larmier. L'architecte devait avoir prévu au moins un attique, dont on ne sait pas grand-chose[13]. La disposition insolite des quatre grandes baies et des trois grandes portes produit une sorte de zigzag: les ouvertures des fenêtres sont à la verticale des travées en bossage du rez-de-chaussée. Aucun architecte florentin du milieu du XVe siècle n'aurait appelé cela une façade. Le fait que les baies rectangulaires se démarquent elles aussi des normes florentines nous ramène à l'hypothèse que Laurana en fut l'architecte et qu'il quitta Urbin avant l'achèvement de la façade.

Par le dernier des trois portails, on gagne la cour du palais. Ici encore, 49
des éléments de type florentin font référence au palais Médicis mais avec un raffinement et une habileté que les Florentins des années 1460 ou 1470 étaient loin de posséder. Dans les deux cas, le rez-de-chaussée est doté d'une arcade à voûte d'arête et colonnes uniques. Juste audessus se trouve un *piano nobile* fermé dont les fenêtres correspondent aux arches du rez-de-chaussée. Ici se manifeste la supériorité de la cour du palais d'Urbin. Au palais Médicis, la difficulté se situait principalement au niveau des angles de la cour: comment faire se rencontrer à angle droit deux arches sur une seule colonne? Nous avons
vu la solution ébauchée dans la cour du palais Venezia à Rome, sous 44
l'influence, très probablement, d'Alberti. A peu près à la même date, Laurana imagina de recourir à un pied-droit en L sur lequel est plaquée à chaque angle une demi-colonne qui soutient la voûte du rez-de-chaussée. En outre, des pilastres d'angle portent un entablement

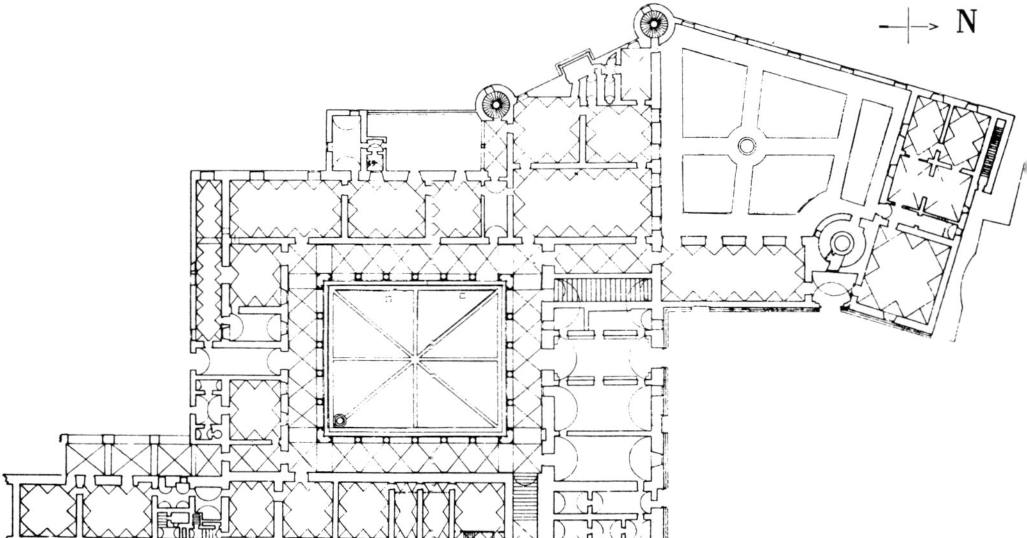
N

URBIN, PALAIS DUCAL
Laurana (?),
conçu avant 1468.

47 Façade.

48 Plan.

49 Cour.

50 Porte.

orné d'une inscription latine à la gloire de Frédéric[14]. Visiblement, ce dispositif, qui revient à placer l'entablement au-dessus du niveau de l'arcade, s'inspire de l'hôpital des Innocents dont Laurana a su adapter le procédé suivant des voies que les Florentins eux-mêmes n'avaient pas imaginées. Plus décisif encore, ce dispositif permet aux fenêtres du *piano nobile* de se trouver à l'aplomb des arches sans donner l'impression d'être trop rapprochées au niveau des angles. Laurana y gagna même assez d'espace pour y placer une série de pilastres correspondant aux colonnes du rez-de-chaussée. Ce qui nous donne deux horizontales, soulignées par l'entablement du haut et celui du bas, les baies des deux étages étant clairement démarquées par l'usage cohérent des pilastres et des colonnes. Le rapport harmonieux entre les croisées et l'espace qui sépare les pilastres constitue un excellent exemple de l'extrême délicatesse de perception de cet architecte. En comparaison, la cour de Michelozzo paraît d'une balourdise évidente. Que l'architecte de la cour d'Urbin ait également dessiné la grande façade paraît indubitable et ce n'était visiblement pas un Florentin, même s'il était parfaitement informé de l'évolution stylistique récente de Florence, de Rome et de Naples.

Sachant que Laurana était l'architecte en chef du duc Frédéric en 1468, n'hésitons pas à voir en lui le génial auteur de ce chef-d'œuvre qui devait à son tour inspirer le plus grand architecte de la génération suivante, Bramante.

Parmi les artistes de valeur qui travaillèrent à Urbin, il faut aussi citer le peintre et architecte siennois Francesco di Giorgio. Il est vraisemblable qu'il s'occupa surtout de la décoration de certaines pièces, puisque le seul ouvrage d'architecture qu'on puisse lui attribuer avec
61 certitude, la petite église des environs de Cortone, qui date de la fin du siècle, est loin d'avoir la perfection du palais d'Urbin, où on lui attribue également l'église San Bernardino.

*

Le palais vénitien diffère fondamentalement des autres palais italiens. L'évolution stylistique fut d'ailleurs bien plus lente à Venise qu'ailleurs. Comme nous l'avons vu, la forme du palais à la florentine était déterminée par un certain nombre de facteurs socio-économiques ou climatiques. Le palais vénitien se heurtait à des obstacles supplémentaires. D'abord, le manque de terrain. Presque tous les grands palais de Venise sont construits sur pilotis et manquent donc d'espace pour une cour ouverte. La stabilité économique et politique de la cité dispensait par ailleurs les Vénitiens de fortifier leurs palais et d'avoir à y installer un puits de lumière central. Leurs palais se présentent donc comme des blocs dont le style doit beaucoup aux nécessités du commerce. Depuis le Moyen Age, les Vénitiens entretenaient d'étroites relations avec la Méditerranée orientale, et particulièrement avec l'Empire romain d'Orient, jusqu'à la prise de Constantinople par les Turcs en 1453. D'où l'influence de l'art byzantin, sensible à Venise des générations après sa disparition du reste de l'Italie. Le commerce avec l'Europe septentrionale favorisa, par ailleurs, l'adoption du gothique.

Les deux édifices qui symbolisent le mieux la puissance et la fortune de la République sont la basilique Saint-Marc et le palais des Doges. La basilique Saint-Marc, qui remonte à 829, fut reconstruite en 1063 et consacrée en 1094. Une bonne partie de la façade date du début du XVe siècle. Le palais des Doges date du XIVe siècle mais le côté qui donne sur la Piazzetta, c'est-à-dire le flanc parallèle à la façade de Saint-Marc, date de 1424-1442. Ces deux édifices, surtout
le palais des Doges, constituent les prototypes immuables de l'archi- 51
tecture vénitienne, comme on le voit à l'étude de la Ca' d'Oro 52
(1427/1436) ou du palais Pisani (milieu du XVe siècle). Là, l'influence du palais des Doges se manifeste surtout dans la forme et la taille des fenêtres du premier étage. La Ca' d'Oro, elle, utilise la technique étrange, mais très réussie, de la superposition des arcades. L'arcade à larges ouvertures du rez-de-chaussée est surmontée d'arcades plus étroites aux étages. Mais, contrairement au palais des Doges, la Ca' d'Oro se situe sur et en partie dans le Grand Canal, d'où non

seulement l'absence de cour centrale, mais aussi la raréfaction des pièces d'habitation au rez-de-chaussée. Côté lagune ou canal, le palais vénitien dispose généralement d'un vaste porche pourvu d'un escalier donnant accès au vestibule; le reste du rez-de-chaussée est occupé par les dépenses. Le *piano nobile* joue donc ici un rôle encore plus important que dans les autres palais italiens. D'où le découpage caractéristique de la façade en trois éléments verticaux. Au premier, où le *gran salone* couvre tout le centre de la façade, les pièces adjacentes ne se signalent, à l'extérieur, que par des fenêtres de taille réduite. Au contraire, les baies du grand salon doivent être aussi larges que possible: vu l'absence d'éclairage latéral et de cour intérieure, la pièce puise

51 Venise, palais des Doges, XIVe et XVe siècles.

52 Venise, Ca'd'Oro, 1427/1436.

sa lumière en façade et sur l'arrière du bâtiment. D'où l'aspect caractéristique du palais vénitien, avec ses fenêtres groupées au centre de la façade.

Par simple conservatisme, ce modèle s'est reproduit sans changement ou presque pendant trois siècles. Les seuls remaniements importants des XVe et XVIe siècles viseront à systématiser peu à peu la façade dans le sens de la symétrie, à l'aide d'ouvertures plus ou moins régulières. La plupart des palais de cette période sont dus à l'un ou à l'autre des Lombardi ou à leur parent, Mauro Codussi, auteur notamment
du palais Corner-Spinelli (commencé aux alentours de 1480) et du 53
palais Vendramin-Calergi (commencé vers 1500, achevé en 1509). Dans 54
les deux cas, le regroupement des fenêtres au centre a été préservé, mais les fenêtres des baies latérales sont désormais symétriques, de

53 Venise, palais Corner-Spinelli, commencé *ca* 1480.

même taille et de même forme que les fenêtres centrales. La façade du palais Corner-Spinelli s'ordonne suivant le rythme A B B A. Pour le palais Vendramin-Calergi, où le classicisme est manié avec un peu plus d'assurance et d'habileté (dans la disposition rythmique des colonnes, par exemple), le schéma passe à A B B B A. L'ordonnance traditionnelle des fenêtres est mise en valeur par le fait que les travées latérales sont occupées par une fenêtre encadrée par deux paires de

54 Venise, palais Vendramin-Calergi, commencé *ca* 1500-1509.

colonnes, alors que les trois grandes fenêtres du grand salon ne sont séparées que par des colonnes simples. Pourtant, comparé à ce qui se faisait dans le reste de l'Italie vers 1509, le palais Vendramin-Calergi semble presque démodé. Les formes de la haute Renaissance semble-t-il, ne devaient s'imposer à Venise qu'à l'arrivée du réfugié florentin Jacopo Sansovino qui, en 1537, entreprit la construction de l'admirable palais destiné à la famille Cornaro.

Signalons un autre trait spécifique de l'architecture vénitienne, dû à l'influence des *scuole*. Ces fraternités religieuses rassemblaient généralement des hommes d'un même métier qui, sous le patronage de leur saint, s'engageaient à faire œuvre de charité et d'éducation. Leurs bâtiments servaient à la fois d'hôpital, d'école et de lieu de réunions. Les plus célèbres, sur le plan architectural, sont la Scuola di San Marco et surtout la Scuola di San Rocco qui date de 1517-1560 et illustre le conservatisme sans concession des architectes vénitiens ainsi que l'influence persistante de la basilique Saint-Marc sur toute l'architecture religieuse de Venise.

Cette influence explique presque toutes les églises des terres vénitiennes de cette période. On la retrouve dans des édifices tels que Santa Maria de' Miracoli ou San Zaccaria qui datent de la seconde moitié du XVe siècle et que l'on doit à Mauro Codussi et aux Lombardi. Seules deux églises vénitiennes de cette période méritent une
55 mention particulière: San Michele in Isola, le premier ouvrage de Codussi à Venise, commencé en 1469 et achevée vers 1479, et San Salvatore, qui est bien plus tardive. On est tenté de voir en San Michele in Isola son chef-d'œuvre, parce qu'il n'y a pas cédé à la passion vénitienne pour la surcharge décorative. Située sur la petite île qui sert de cimetière à Venise, c'est plus une chapelle mortuaire qu'une église paroissiale. D'où peut-être cette austérité qui fait songer aux premières réalisations d'Alberti. Les ressemblances entre San Michele et le Tempio Malatestiano ne sauraient en effet relever de la coïncidence. San Michele contribua très certainement à relancer le classicisme à Venise.

56 San Salvatore (bâtie entre 1507 et 1534) nous intéresse surtout par la façon dont elle intègre au plan à croix latine des éléments empruntés à Saint-Marc: sa longue nef combine trois sections à plan central dont chacune est coiffée d'un dôme entouré de quatre petits dômes. Ce dispositif emprunte à la fois à Saint-Marc et aux églises milanaises de Filarète et de Léonard (*cf. pp. 107-112*). La croix latine est obtenue par l'addition de bras de transept et d'absides. Le plan dû vraisemblablement à Giorgio Spavento fut mis en œuvre par un des frères Lombardi et Jacopo Sansovino.

55 Venise, San Michele in Isola. Codussi, 1469-*ca* 1479.

L'Italie du Nord fournit bien des exemples du style hybride issu du mélange de la tradition décorative lombarde et des principes clas-
57 siques chers aux architectes toscans. Signalons la chapelle Colleone de Bergame, due à l'industrieux Giovanni Antonio Amadeo, futur collaborateur de Bramante à Milan. Bâtie au cours de la première moitié des années 1470, elle entretient d'étroites ressemblances avec l'œuvre de Filarète, dans la mesure où on y trouve un haut tambour octogonal coiffé d'un dôme et d'une lanterne visiblement inspirés de la cathédrale de Florence. Pourtant, l'ensemble de la façade illustre la prédominance des éléments décoratifs sur les principes mathématiques, même chez Amadeo qui se définissait sans doute comme un architecte classique. Plus aboutie, la cathédrale de Côme date de la fin du siècle. Plus fameuse, bien que moins réussie, est la Grande Chartreuse de Pavie, conçue vers 1481, mais dont la réalisation s'étala sur près d'un siècle et demi. Amadeo participa probablement à l'élaboration du projet pour lequel les plus grands architectes, peintres et sculpteurs

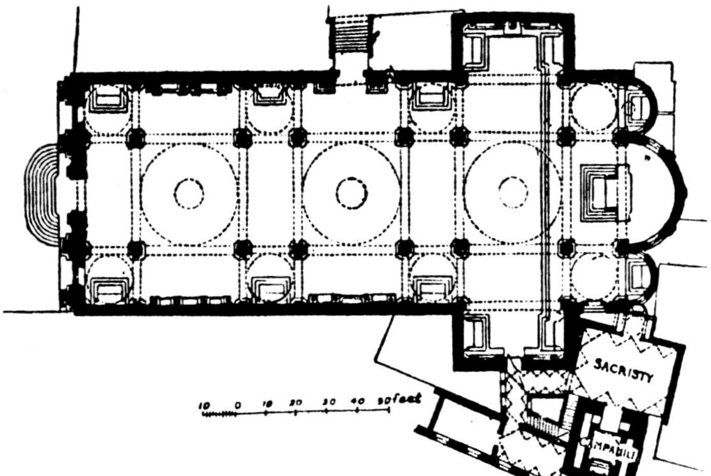

56 Venise, San Salvatore. Plan de G. Spavento, *ca* 1507.

57 Bergame, chapelle Colleone. Amadeo, début des années 1470.

de Milan unirent leurs efforts. Les sculptures de la façade sont d'une grande finesse mais l'ensemble souffre d'une profusion de polychromies et de sculptures qui témoigne d'un classicisme mal assimilé.

Les seules autres grandes églises des dernières années du XVe siècle sont l'œuvre d'architectes toscans inspirés par Brunelleschi. Santa
58-61 Maria delle Carceri à Prato est signée Giuliano da Sangallo. Santa Maria del Calcinaio, près de Cortone, est de Francesco di Giorgio. Elles rappellent toutes deux les essais d'église à plan central réalisés à Milan par Léonard de Vinci et Bramante. Nous savons que Francesco di Giorgio, qui connaissait personnellement Léonard, rédigea un traité d'architecture.

La famille Sangallo nous a donné trois grands architectes: Giuliano, l'aîné, qui naquit probablement en 1443 et mourut en 1516, son frère Antoine l'Ancien, né en 1455, et leur neveu, Antoine le jeune, né en 1485. Giuliano da Sangallo, menuisier de métier, apprit l'architecture auprès des disciples de Brunelleschi (qui mourut lorsque Giuliano avait trois ans). Ses œuvres les plus importantes sont l'église de Prato, le palais Gondi de Florence et la sacristie qu'il ajouta à l'église Santo Spirito de Brunelleschi. Le point culminant de sa carrière fut sa nomination à la succession de Bramante comme maître d'œuvre de Saint-Pierre en 1514-1515. Incapable, vu son âge, d'assumer une telle entreprise, il se retira à Florence où il mourut en 1516. Les deux églises qu'il a élevées manifestent son attachement à la tradition de Brunelleschi.

La sacristie de Santo Spirito évoque le baptistère de Florence jusque dans les détails, tous empruntés à Brunelleschi. Les travaux de Santa Maria delle Carceri à Prato, commencés en 1485, abandonnés en 1506, n'ont pas été repris depuis. C'est une église à croix grecque traditionnelle inspirée des églises à plan central de Brunelleschi mais aussi, de manière plus directe, de l'église San Sebastiano qu'Alberti avait construite à Mantoue vingt-cinq ans plus tôt. L'intérieur comporte une coupole nervurée posée sur des pendentifs, à l'image de la chapelle Pazzi ou de la Vieille Sacristie de Brunelleschi. L'extérieur, pour lequel Brunelleschi n'avait pas fourni de modèle immédiat, est

PRATO, SANTA MARIA DELLE CARCERI
Giuliano da Sangallo, commencée en 1485.

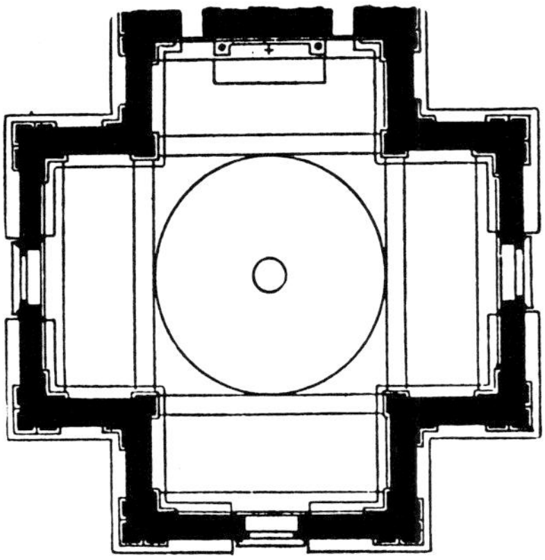

58 Plan.

59 Section.

60 Intérieur.

moins convaincant. Les proportions des deux ordres y sont d'une maladresse consternante. Reste que cette église et Santa Maria del Calcinaio, bâtie à la même époque et sur le même modèle par Francesco di Giorgio, illustrent on ne peut mieux la légèreté et la pureté classique qui définissent l'idéal de la pré-Renaissance italienne. L'étape suivante devait être le fait de Bramante.

61 F. di Giorgio, Cortone, Santa Maria del Calcinaio. Intérieur, fin du XVe siècle.

CHAPITRE CINQ

Milan : Filarète, Léonard de Vinci, Bramante

Milan fut le théâtre d'évolutions décisives pendant la seconde partie du XVe siècle. L'éviction des Visconti en 1450 permit aux Sforza de dominer la scène politique depuis la proclamation de Francesco comme duc de Milan jusqu'au jour de 1499 où Louis XII de France s'empara de la cité. Ludovic le More devait mourir dans le cul de basse fosse de Loches. Les Sforza furent d'admirables mécènes. Pendant vingt ans, Ludovic employa deux des plus grands génies de l'histoire italienne, Léonard de Vinci et Bramante. Sous l'égide de Francesco, l'école florentine s'imposa à Milan. L'influence toscane s'exerça d'autant plus facilement sur la tradition lombarde que Francesco avait fait alliance avec Cosme de Médicis. Un certain nombre d'artistes florentins, dont Brunelleschi, vinrent séjourner à Milan qui se montra particulièrement sensible à l'influence de Michelozzo, de Filarète et de Léonard.

Michelozzo y conçut deux ouvrages à l'intention de ses compatriotes, un palais pour les Médicis, une grande chapelle pour les Portinari. La chapelle Portinari, quoique située derrière le chœur de la basilique Sant' Eustorgio, peut être considérée comme un édifice à 62
part. On n'est pas absolument sûr que Michelozzo l'ait conçue tout entière, ni que les artisans milanais aient scrupuleusement respecté ses indications : épris de couleurs et d'effets décoratifs, ils n'appréciaient guère le dépouillement dont Michelozzo avait appris à goûter les charmes auprès de Brunelleschi. L'architecture milanaise de la fin du XVe et du début du XVIe siècles fera le lent apprentissage de la cohabitation entre la pureté classique florentine et les traditions et prédilections des mécènes et artisans locaux.

Fondamentalement, la chapelle Portinari s'inspire de Brunelleschi : c'est un quadrilatère coiffé d'un dôme sur pendentifs. Mais ce dôme est flanqué aux quatre coins de ces tourettes étrangement semblables à des minarets qui caractérisent le goût lombard en matière de

62 Michelozzo, Milan, San Eustorgio, chapelle Portinari, début des années 1460.

décoration. Ce type d'édifice allait constituer la version spécifiquement lombarde du plan central à la fin du siècle. On le retrouve, en plus sophistiqué, dans les premiers projets de rénovation de Saint-Pierre de Rome.

Du palais que Michelozzo aurait construit pour servir de siège milanais à la banque des Médicis, nous ne connaissons que le porche central (aujourd'hui transféré au château des Sforza) et le croquis de la façade qui figure dans le traité de Filarète. On y retrouve un mélange de formes brunelleschiennes et d'éléments décoratifs gothiques, dont les fenêtres en ogive du dessin de Filarète. La chapelle Portinari et le palais Médicis datent tous deux du début des années

1460 et illustrent la transplantation des idées florentines à Milan au milieu du siècle.

La seconde vague de l'influence florentine est associée au nom de Filarète. Il est significatif que ce sculpteur florentin, né Antonio Averlino (1400?-1469?), ait choisi de se faire appeler le Filarète, «l'amant de la vertu». Sa première œuvre d'importance fut le monumental portail de bronze du Vieux Saint-Pierre, achevé en 1445, un des rares vestiges de l'ancienne basilique préservé dans la basilique actuelle. Visiblement, Filarète espérait rivaliser avec les portes de bronze dont Ghiberti avait orné le baptistère de Florence. Ce fut tout sauf un triomphe. Deux ou trois ans plus tard, il quitta Rome précipitamment pour s'établir peu après en Lombardie où il entreprit, en 1456, la construction de ce qui, jusque vers 1960, est resté, d'altérations en rénovations, le grand hôpital de Milan et qui abrite désormais la faculté de médecine.

Avant de s'y attaquer, il visita, à Florence et à Sienne, l'architecture hospitalière du XVe siècle. Il se proposait de rassembler dans les mêmes murs les innombrables institutions charitables éparpillées dans la ville. L'énorme bâtisse dessine une croix inscrite dans un carré, avec pour centre l'église qui, à la jonction des bras de la croix, observe elle-même les règles du plan central. Comme la chapelle Portinari, elle est pourvue de tours angulaires. Ce qu'il en reste montre qu'à l'instar de Michelozzo, Filarète s'efforça, sans plus de succès que lui d'ailleurs, d'imposer aux artisans coutumiers des formes gothiques, un style plus classique.

Plus que ces rares édifices, c'est son traité, sans doute rédigé entre 1461 et 1464, qui devait jouer un rôle décisif. A peine l'avait-il achevé qu'il encourut la disgrâce de Milan, si bien qu'il en dédia la version de 1465 à un Florentin, Piero de' Medici. Abondamment illustrée, elle prône le retour à l'antique et l'abandon définitif du style «barbare moderne» (le gothique) qui régnait sans partage sur l'Italie du Nord. L'essai comporte vingt-cinq livres disparates, aux divisions insolites. Vient d'abord un traité d'architecture en bonne et due forme fondé sur les théories d'Alberti, mais dont l'expression embrouillée frôle souvent l'incohérence. On se perd ensuite dans un ingénieux

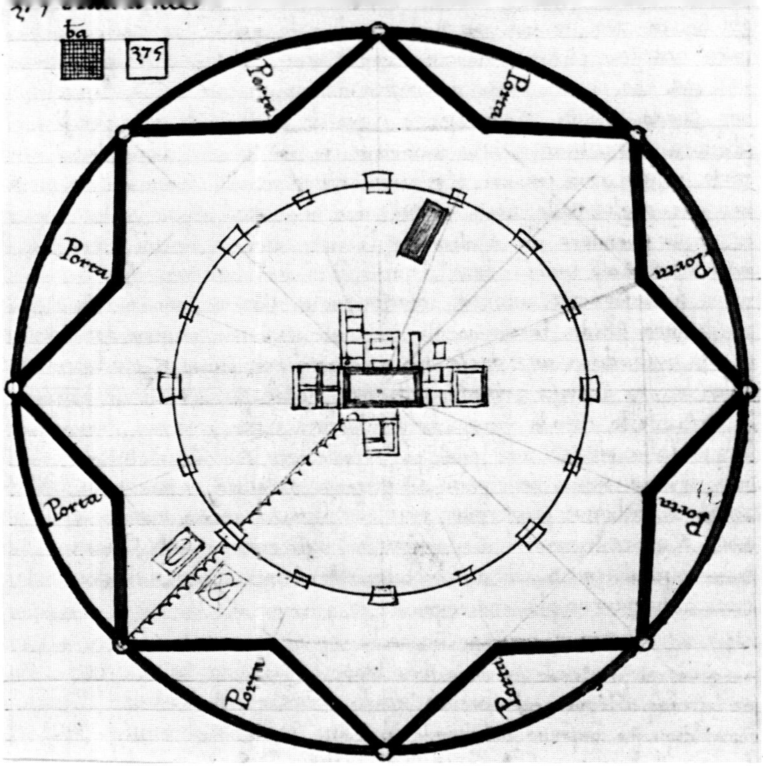

63 Filarète, dessin pour la cité de Sforzinda. Avant 1464.

conte de fées où se trouve longuement décrite une des premières vil-
63 les en étoile, Sforzinda, du nom de ses protecteurs milanais. Filarète en détaille de nombreux bâtiments dont la décoration est minutieusement évoquée. (Rappelons que le début des années 1460 marque la naissance effective de la moins ambitieuse Pienza.) Suit un étonnant fatras de calculs astrologiques dont dépendrait l'harmonie de la cité. Cette digression mène à des réflexions de bon sens sur la relation idéale entre l'architecte et son mécène, ou sur l'art des fortifications. Le livre XI contient la description illustrée de l'hôpital que Filarète avait espéré bâtir à Milan. Le livre XIV nous plonge dans l'atmosphère féerique du Livre d'or prétendûment découvert dans la tombe du « Roi Zogalia » par les terrassiers de Sfordinza. Y figurent plusieurs descriptions d'édifices antiques. De toute évidence, pour Filarète, la magie des ruines romaines auraient dû leur suffire à triompher de la barbarie gothique.

La génération suivante le jugea ridicule. Vasari, vers 1550, l'évoque d'un ton acidulé: «Tout n'y est pas mauvais, mais l'ensemble est risible. Sans doute est-ce le livre le plus stupide qui se soit jamais écrit.» Tel fut le jugement d'une génération rationaliste qui ne reculait pas devant le pédantisme. Mais l'enthousiasme de Filarète est indubitable. Son apologie des bâtiments à plan central devait d'ailleurs jouer un rôle décisif dans l'évolution de la théorie architecturale milanaise. Léonard et Bramante ayant, eux aussi, beaucoup réfléchi à la théorie du plan central entre 1480 et 1500, les conséquences pour l'ensemble de l'Europe n'en sauraient être surestimées.

Le plus vraisemblable est que Léonard de Vinci arriva en 1482 à Milan, où il demeura jusqu'en 1499. A ces dix-sept années vouées à l'approfondissement de ses recherches anatomiques et scientifiques, nous devons la maquette en terre du grand monument des Sforza et *la Cène*. Influencé sans doute par Filarète et Bramante, il entreprit à son tour une série de dessins d'architectures à plan central. Il est possible que son incomparable maîtrise de l'anatomie ait hâté son évolution vers le dessin d'architecture. C'est d'ailleurs à Milan qu'il composa l'essentiel du *Traité d'Anatomie* où il reprend la technique architecturale de la coupe pour dévoiler la structure du corps humain et les différentes étapes de la dissection. Son but était d'illustrer les fonctions des diverses parties du corps. L'anatomie s'enseignait alors à coups de croquis plus symboliques que figuratifs. Après avoir étudié ces croquis, les praticiens passaient à la dissection dont l'objet n'était pas d'explorer la structure du corps humain, mais d'y trouver confirmation des représentations schématiques traditionnelles. La couleur scientifique que Léonard sut donner à ses recherches anatomiques infléchit les nombreux croquis d'architecture qu'il réalisa à la même époque, notamment ceux du manuscrit B, de Paris. 64, 65

Dans son ébauche de traité sur l'architecture à plan central, Léonard élabora des formes de plus en plus complexes, dont beaucoup ne constituent que des exercices d'école manifestement irréalisables. Leur importance vient de ce qu'à travers ces spéculations théoriques, Léonard inventa une nouvelle technique de figuration. Sur la plupart

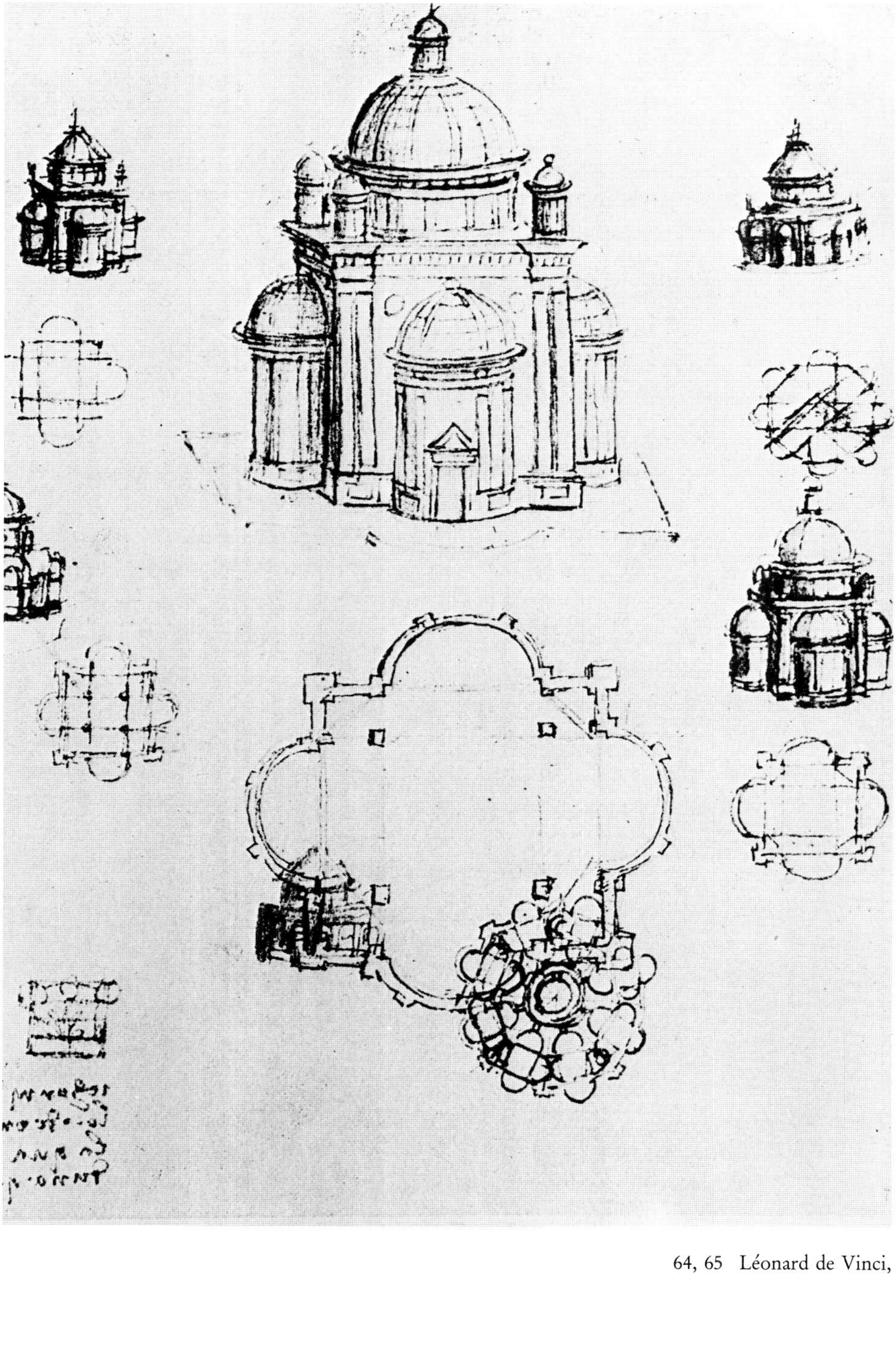

64, 65 Léonard de Vinci,

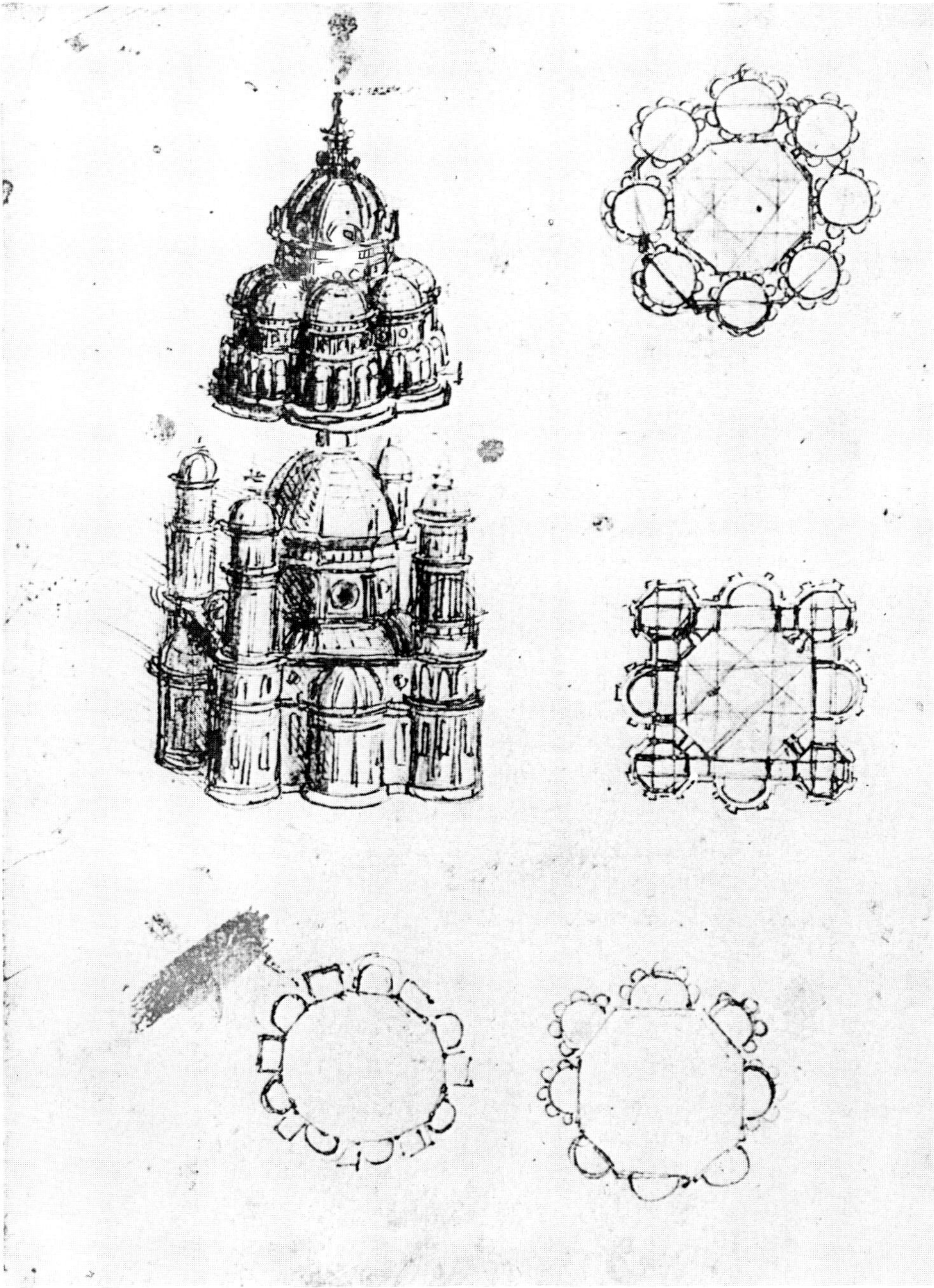

dessins d'architecture du manuscrit B, *ca* 1489 ou plus tard.

de ces croquis, nous trouvons un plan complexe suivi d'une vision du même bâtiment en survol et parfois en section. On obtient ainsi, comme sur ses planches anatomiques, une représentation complète dans les trois dimensions[15]. Pour autant qu'on sache, Léonard ne se hasarda jamais à bâtir. Reste que ses croquis et réflexions devaient exercer une profonde influence sur Bramante et, à travers lui, sur l'ensemble de la pensée architecturale du XVIe siècle. Il y a même lieu de supposer que le premier projet de Bramante pour Saint-Pierre doit beaucoup aux dessins de Léonard. Les édifices les plus anciens de Milan, à commencer par la basilique paléochrétienne de San Lorenzo, les avaient d'ailleurs fortement impressionnés tous les deux.

A Milan, Bramante, qui allait devenir le plus grand architecte de sa génération, séjourna de 1481 au moins jusqu'à la chute de la cité en 1499. Ses débuts restent obscurs. Il naquit sans doute en 1444, à proximité d'Urbin. Mais on ne sait rien de lui jusqu'en 1477 où il peignit, à Bergame, des fresques dont ont survécu quelques fragments. Il ne renonça sans doute que bien plus tard à la peinture. Une de ses gravures, datable de 1481, porte l'inscription «A Milan». Elle constitue la première preuve de l'intérêt qu'il portait à l'architecture, puisqu'elle représente des ruines gothiques de style lombard dont la décoration surchargée traduit une imagination de peintre plus que d'architecte. On a de bonnes raisons de penser qu'il fut, à Urbin, l'élève de Piero della Francesca et de Mantegna. La noblesse sans emphase du palais d'Urbin, l'harmonie picturale de Piero della Francesca et la fascination pour l'Antiquité de Mantegna sont à ranger au nombre de ses influences formatrices. Même si la gravure de 1481 ne le laisse guère prévoir, Bramante allait, au cours du quart de siècle suivant, les transposer dans le domaine architectural et les traiter dans le style classique qui allait devenir la norme durant les siècles suivants.

66-69 Il commença par Santa Maria presso San Satiro, une petite église milanaise du IXe siècle, dont il entreprit probablement la reconstruction, bien que son nom n'apparaisse dans aucun document officiel avant 1482. Deux points méritent ici d'être signalés. Le fond du chœur est décoré de stucs en trompe-l'œil, preuve que Bramante, marqué par son expérience de peintre, et sous l'influence de Piero della

Francesca, continuait de percevoir l'espace en peintre, c'est-à-dire comme une série de pleins et de vides, plutôt que comme un enchaînement de volumes tri-dimensionnels. Cela suffit à le distinguer de Brunelleschi et de la plupart des architectes florentins de sa propre génération. San Satiro ne lui laissait d'ailleurs pas le choix: le site est limité à l'est par une ruelle. Pour sauvegarder l'unité du chœur, de la nef et du transept, Bramante était donc contraint de recourir au trompe-l'œil. La voûte à caissons et la forme des pilastres viennent de Piero della Francesca et des basiliques paléochrétiennes que Bramante avait eu l'occasion d'étudier à Milan même.

La plus importante de ces basiliques anciennes, San Lorenzo Maggiore, qui date du Ve siècle, a subi de nombreuses altérations au XVIe siècle. Bramante avait pris pour idéal les églises milanaises des Ve et VIe siècles (dont la plupart ont disparu ou subi de lourds remaniements). Il y puisa l'essentiel de son classicisme. A San Satiro, l'église du IXe siècle est devenue la petite chapelle qu'on distingue à gauche sur l'illustration 66. Bramante en a remodelé l'extérieur sans toucher au plan en croix grecque inscrit dans un cercle qui caractérise les débuts du christianisme, plan qu'il devait reprendre, avec des variantes, pour le baptistère dont il dota l'église (à droite sur le plan). Le plan du baptistère s'inspire donc directement de l'architecture paléochrétienne. Mais il traduit aussi l'influence de la tradition florentine et de Brunelleschi[16]. Pour simple qu'il soit, il contient en germe le plan original de Bramante pour la reconstruction de Saint-Pierre. En fait, cette minuscule basilique milanaise peut se flatter de compter dans sa descendance bien des églises italiennes des XVIe et XVIIe siècles.

La composante florentine de la première manière de Bramante s'explique, nous l'avons vu, par l'influence de Michelozzo et de Filarète sur le plan pratique, de Filarète et de Léonard sur le plan théorique. L'extérieur de San Satiro en est l'illustration. Pour en respecter 69
le plan à croix grecque circonscrite, Bramante dut prévoir un édifice à trois niveaux. Le niveau inférieur, cylindrique, est creusé de profondes niches flanquées de pilastres alternant avec des pans de mur lisses, comme à Santa Maria degli Angeli (due, comme on sait, à Brunelleschi). Le second niveau est constitué par les quatre bras de

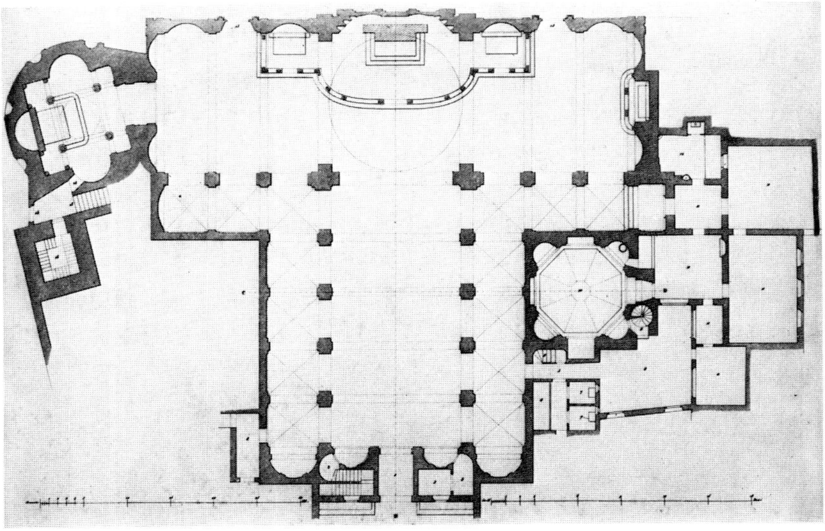

MILAN,
SANTA MARIA PRESSO SAN SATIRO
Bramante, commencée dans les années 1470.

66 Plan avec la chapelle San Satiro à l'extrême gauche et le baptistère à droite.

67 Section.

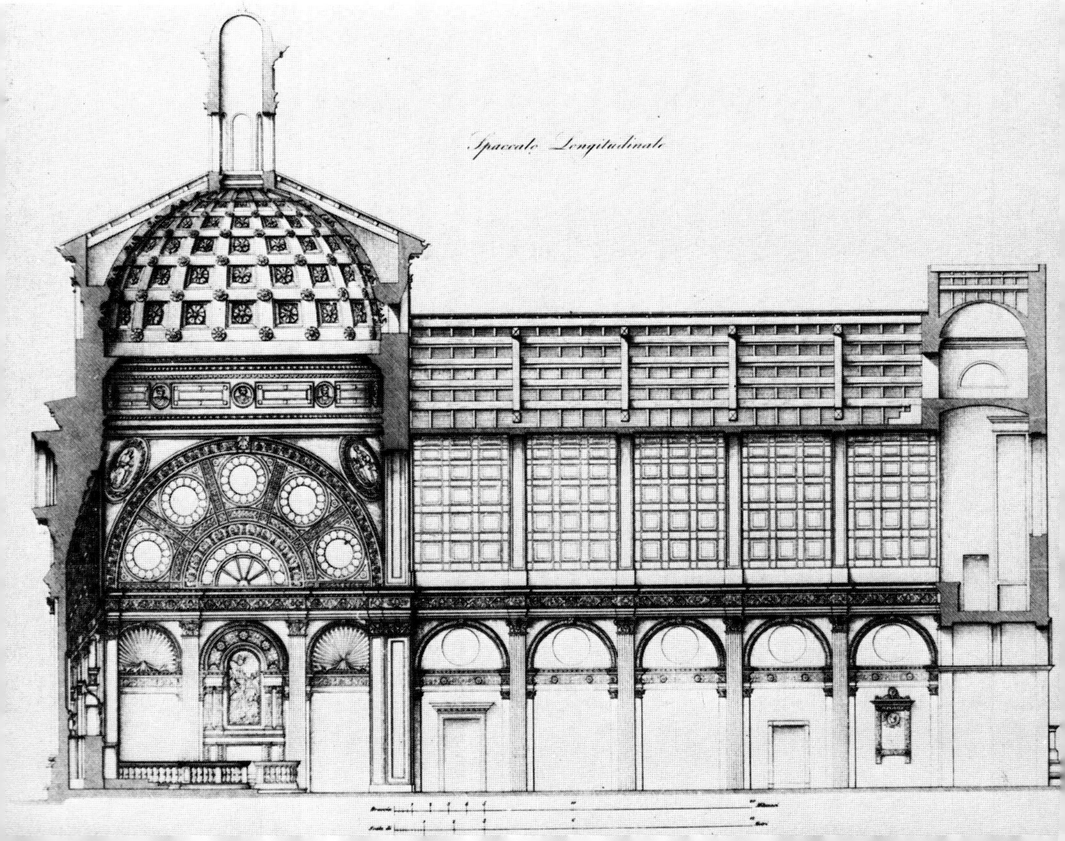

68 Chœur et croisée du transept en fausse perspective.

69 Milan, chapelle de San Satiro (IXe siècle) transformée par Bramante.

la croix grecque qui se détachent du cylindre et mettent le plan central en valeur. A l'extrémité de ces bras, s'ouvre une fenêtre. Les toits sont pourvus de pignons. La jonction entre les pignons constitue un étage intermédiaire à section carrée d'où jaillit un tambour octogonal pourvu de fenêtres séparées par de simples pilastres. Un lanterneau circulaire couronne le tout. Comment ne pas songer à Brunelleschi et aux bâtiments de la tradition florentine comme la chapelle Portinari? Pourtant, les éléments décoratifs de San Satiro sont typiquement lombards et l'ensemble a des allures de baptistère paléochrétien.

En partant pour Rome, Bramante abandonnait un ouvrage de plus grande envergure conçu dans le même esprit, la tribune additionnelle de la basilique Santa Maria delle Grazie. Les travaux, commencés peu avant 1490, s'achevèrent aux alentours de 1500. L'extérieur frappe par sa maladresse : la longue nef plutôt basse et les bas-côtés, qui datent des années 1460, débouchent au niveau de l'abside sur une vaste tribune dont le haut se transforme en tambour polygonal surmonté d'un lanterneau. Les trois côtés libres sont occupés par des saillies absidales dont deux servent de bras de transept, la troisième fermant le chœur. Bramante a en quelque sorte greffé de manière presque désinvolte un édifice à plan central autonome sur une église à longue nef. Cela ne va pas sans une certaine brutalité, perceptible en plan comme en coupe. De l'intérieur, l'effet est plus satisfaisant parce que l'essentiel de la décoration répond aux désirs de Bramante, même si on ne lui laissa sans doute pas le loisir de superviser le travail des maçons locaux, chargés de la partie extérieure. Les thèmes géométriques et les rosaces rappellent vaguement la gravure de 1481, sans briser la transparence du dispositif spatial qui fait de Santa Maria delle Grazie un chef-d'œuvre de clarté et de légèreté. 70-72

A Rome, Bramante semble s'être détourné de ce genre de décoration au profit d'une pesanteur majestueuse plus proche, certes, des monuments de l'Antiquité mais qui fait parfois regretter la délicatesse de forme et la fragilité de Santa Maria delle Grazie ou de ses autres chefs-d'œuvre, les trois cloîtres de Saint-Ambroise et le monastère qui en dépendait. Le premier, le portique de la Canonica, s'appuie au bas-côté gauche de l'église : c'est une simple série d'arches en berceau soutenues par des colonnes. La plus grande, celle du centre, repose sur quatre piliers carrés auxquels s'adossent des pilastres. Bramante opère ainsi la synthèse entre le portique des Innocents et la célèbre colonnade romaine de San Lorenzo à Milan. Le fût de certaines colonnes s'orne d'étranges excroissances : on dirait des troncs d'arbres élagués. Voyons-y une intention de Bramante. Vitruve, évoquant les origines de l'architecture, n'affirmait-il pas que les ordres classiques avaient été modelés à l'image des arbres utilisés comme support vertical ? Ces colonnes prouvent non seulement que Bramante n'avait pas perdu son sens du pittoresque, mais aussi que, pendant son séjour à Milan, il avait lu Vitruve dont l'édition princeps date de 1486 et

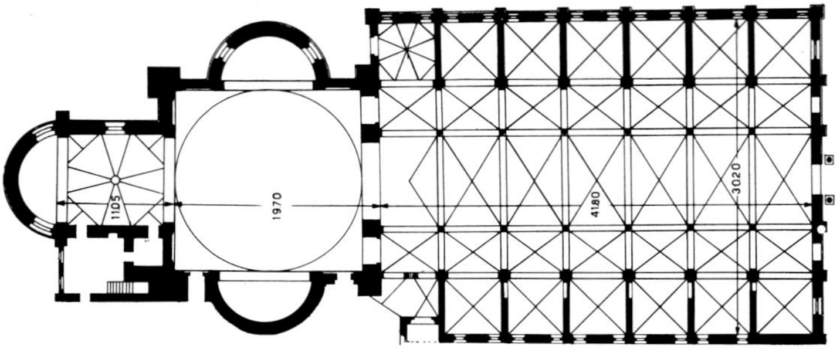

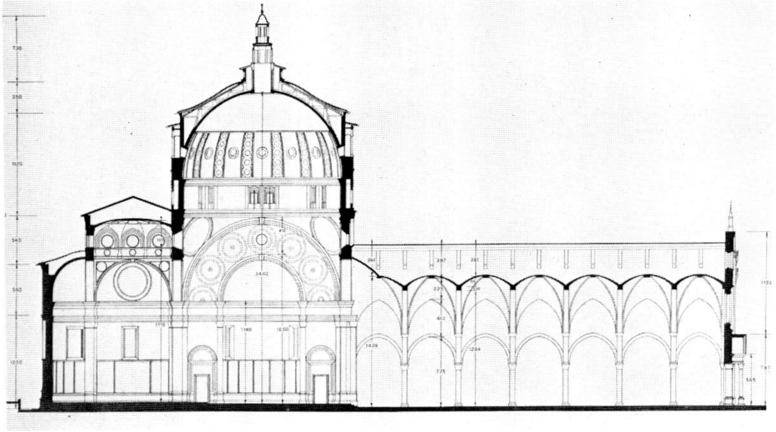

70 Plan.

71 Section.

72 Croisée du transept.

MILAN, SANTA MARIA DELLE GRAZIE Bramante, fin des années 1480, et années 1490.

dont Cesariano, un de ses disciples, avait assuré en 1521 la version italienne.

Des deux autres portiques, l'un est dorique, l'autre ionique. Il les entama avant son départ de Milan, mais ils ne furent achevés que
73 bien plus tard. Ils font partie du vieux monastère Saint-Ambroise qui abrite aujourd'hui l'université catholique de Milan. Le portique dorique est l'une des pièces les plus admirables de sa maturité. On y discerne l'influence directe de la cour du palais d'Urbin et de l'hôpital des Innocents. Les voûtes s'appuient sur des tailloirs. Les colonnes sont reliées par une base ininterrompue. Contrairement à la cour du palais d'Urbin, l'arcade n'est pas renforcée aux angles par un pied-droit, mais pivote sur une colonne comme dans les palais florentins. L'effet est pourtant plus heureux qu'à Florence: Bramante a

particulièrement soigné la relation entre la colonne du rez-de-chaussée et l'étage supérieur, de dimensions plus réduites. A chacune des larges arcades du rez-de-chaussée correspondent au premier des arcades séparées par de petits pilastres. De ce fait, les fenêtres du niveau supérieur ne sont pas centrées sur les arches. Ce rythme étonnant doit beaucoup à la cour du palais d'Urbin. L'extrême précision de ses formes et la subtilité de ses proportions en font un authentique chef-d'œuvre. Les moulures plates et anguleuses des pilastres, les arcades aveugles, les fenêtres rectangulaires! Comme on est loin de l'exubérance décorative de la gravure de 1481! C'est à ces formes qu'on se réfère habituellement lorsqu'on parle de la «manière romaine» ou de la «dernière manière» de Bramante.

73 Milan, Saint-Ambroise, aujourd'hui université catholique. Le cloître dorique. Conçu par Bramante dans les années 1490.

CHAPITRE SIX

Bramante à Rome : Saint-Pierre

A la chute de Ludovic Sforza, Bramante et Léonard de Vinci quittèrent Milan. Léonard devait y revenir travailler pour l'envahisseur français. Bramante gagna Rome où il s'installa définitivement fin 1499. Les années qui séparent son arrivée de l'élection du pape Jules II (1503) comportent des points obscurs, mais deux de ses réalisations illustrent déjà le style de sa maturité. L'un est le petit cloître de l'église Santa Maria della Pace, commencé vers 1500 et achevé en 1504, comme nous l'apprend l'inscription gravée sur la frise. L'autre est la minuscule église dite le Tempietto, dans la cour du monastère de San Pietro in Montorio. L'inscription porte 1502, mais elle se réfère sans doute à la date du projet.

Bramante avait franchi le cap de la cinquantaine lorsqu'il arriva à Rome. Rien ne laissait donc présager le changement de style radical qui fait des œuvres romaines de ses quatorze dernières années l'apothéose de l'architecture de la haute Renaissance. A la fin du siècle, le pontificat de Sixte IV et le déclin de Florence après la mort, en 1492, de Laurent de Médicis permirent à Rome de sortir de son effacement. Cette tendance se renforça sous le pontificat de Jules II (1503-1513), l'un des « commanditaires » les plus éclairés de cet âge d'or du mécénat. Il prit à son service Michel-Ange, Raphaël et Bramante, et sortit Rome de l'ombre en offrant aux artistes la chance de leur vie. Au XVe siècle, des hommes comme Donatello, Alberti et Brunelleschi s'étaient souvent rendus à Rome, dans l'espoir non pas d'y trouver du travail, mais simplement pour tirer les leçons de l'Antiquité. Les ruines de Rome et de ses environs allaient influencer Bramante de manière encore plus décisive ; Vasari nous le montre établissant des relevés cotés des vestiges dont les dimensions et le dépouillement le marquèrent à jamais. San Lorenzo et les églises plus tardives de style romano-lombard qu'il avait étudiées à Milan n'étaient rien à côté de la redoutable et colossale simplicité de la basilique de Constantin ou du Panthéon. Le revêtement de marbre des thermes et des grandes basiliques s'était décomposé, dévoilant les assises de ciment et la maçonnerie. Aussi Bramante fut-il amené à se pencher sur la technique de construction des Romains plutôt que sur leur style d'ornementation. Dès le VIIe siècle, le Panthéon avait été christianisé sous le nom de Santa Maria ad Martyres. De cette vaste basilique à *cella* circulaire qui conservait une bonne partie de sa décoration originale dérivent presque toutes les églises à plan circulaire du XVIe siècle, dont le Tempietto de Bramante constitue le prototype. Non seulement elle était de taille majestueuse, mais sa forme circulaire correspondait à sa vocation: le martyrium est le type même de l'édifice à plan central (*cf. page 124*).

74 La première œuvre de Bramante, le cloître de Santa Maria della Pace, rivalise de simplicité avec celui de Saint-Ambroise à Milan. Il comporte, comme le théâtre de Marcellus, deux étages de hauteur sensiblement égale. Mais les travées supérieures sont divisées en deux par des colonnettes situées à l'aplomb des arches du rez-de-chaussée. Les architectes de la fin du XVIe siècle devaient se scandaliser de cette disposition inusitée car la règle était claire: vide sur vide, plein sur plein. Mais ici la hauteur des bâtiments préexistants déterminait celle des étages. Ne pouvant placer à l'étage supérieur des arches uniques d'une portée égale à celles du rez-de-chaussée, Bramante se rabattit sur le plan déjà utilisé à Milan. Du mur de la galerie supérieure, il ne garda que l'élément central et son pilastre transformé en colonne: sans soutènement, l'entablement aurait cédé sous son propre poids. Ainsi, Bramante parvint à un subtil agencement de proportions qui assure par ailleurs de remarquables jeux d'ombre et de lumière.

75-77 San Pietro in Montorio est un ouvrage infiniment plus complexe, dont le rôle allait se révéler considérable dans l'histoire de l'architecture. Le Tempietto construit à la demande de Ferdinand d'Aragon et d'Isabelle de Castille se dresse à l'endroit même où la tradi-
77 tion situait à tort le martyre de saint Pierre. La gravure de Serlio prouve que Bramante souhaitait réorganiser tout l'espace de la cour. La minuscule église à plan central devait se dresser au centre d'un

74 Bramante, Rome, Santa Maria della Pace, le cloître, achevé en 1504.

petit cloître, à plan central lui aussi, un peu comme à San Satiro. La différence est qu'ici, tout est cercle.

On a vu dans la prédilection des architectes italiens du XVIe siècle pour les églises à plan central un signe de leur «paganisme». On a même vu dans le projet de Bramante pour Saint-Pierre l'apothéose du «paganisme architectural», sous prétexte qu'une église chrétienne se doit d'être cruciforme. En fait, à l'origine, les églises chrétiennes se classaient en deux catégories, le martyrium et la basilique. Le martyrium est presque toujours un petit édifice à plan central bâti sur des sites à forte connotation religieuse, par exemple à l'emplacement d'un martyre, ou bien en Terre sainte[17]. Ce n'étaient pas des églises paroissiales, mais de simples monuments commémoratifs; quant aux fidèles, ils se réunissaient dans ces basiliques dont Brunelleschi

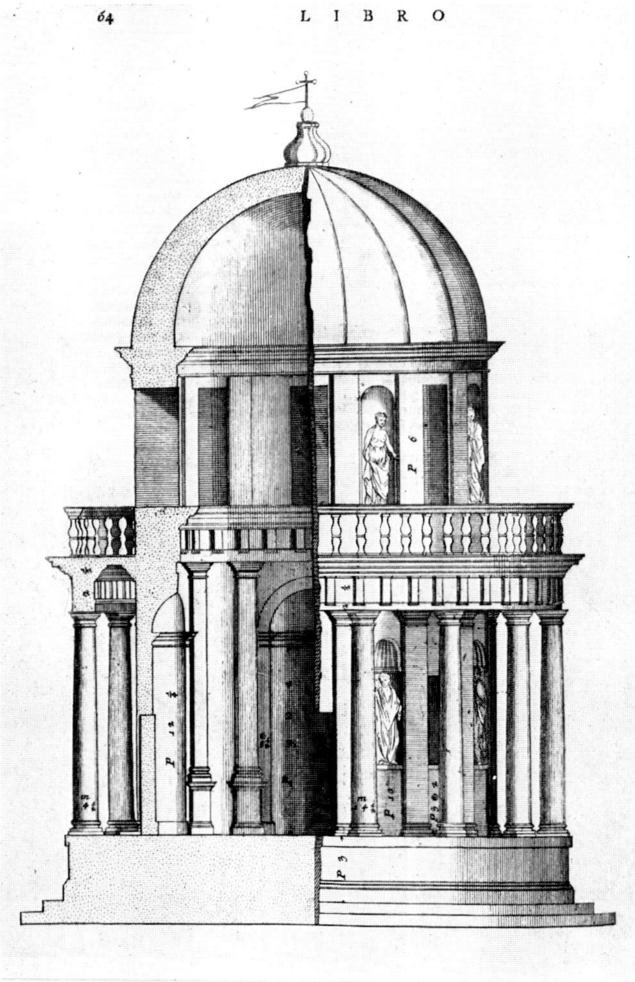

ROME, SAN PIETRO
IN MONTORIO,
IL TEMPIETTO
Bramante, 1502.

75 Section et élévation.

76 Extérieur.

et ses disciples avaient reconstitué le plan en étudiant de vieilles églises paroissiales. Pour un architecte aussi passionné d'archéologie chrétienne et classique que Bramante, le plan central s'imposait dans le cas de cette petite église destinée à marquer l'endroit de la «crucifixion» de saint Pierre. D'où la forme circulaire du Tempietto.
75 Pour le reste, Bramante s'est attaché à placer les formes classiques au service du christianisme de son temps. Avec les fresques du

Vatican de Raphaël, c'est un de ces ouvrages de la haute Renaissance à l'aune duquel se jugent tous les autres. En 1570, Palladio classera un seul édifice moderne au même rang que les grands classiques, le Tempietto.

La cour est inachevée mais on y distingue clairement l'effet géométrique majeur, c'est-à-dire l'emploi simultané de cercles et de cylindres concentriques, en plan comme en élévation. Le Tempietto proprement dit comporte deux cylindres, un large péristyle trapu et une haute *cella* étroite, le diamètre du péristyle étant égal à la hauteur de la *cella*, dôme non inclus. Ce goût de la simplicité des proportions marque tout l'édifice. Tant à l'extérieur qu'à l'intérieur[18], le dôme est hémisphérique, donc proportionnel à la hauteur de la *cella*.

Le Tempietto trouve ses sources dans l'Antiquité : le temple périptère des bords du Tibre (que le XVIe siècle croyait être un temple de Vesta) et le fameux temple de la Sibylle de Tivoli ont en effet des péristyles analogues. La différence est pourtant essentielle. Le temple de Tivoli doit sa célébrité à la richesse de sa frise corinthienne. Au contraire, le Tempietto est le premier édifice moderne à utiliser de manière correcte l'ordre toscan. La règle vitruvienne voulait que l'architecture du temple soit adaptée à sa vocation : le corinthien pour une déesse vierge, le dorique pour Hercule ou pour Mars. Alberti avait repris ce principe, présent à l'esprit de la plupart des architectes de la Renaissance jusqu'à Palladio. Bramante fut le premier à en tirer les conséquences. S'agissant d'un martyrium, l'ordre toscan, version romaine du dorique, lui parut particulièrement adapté au personnage de Pierre.

Il en profita pour modifier le traitement de la frise. Le seul fragment de la frise du temple de Vespasien qui nous soit parvenu porte des bas-reliefs représentant les instruments et symboles du sacrifice païen. Bramante a complété de bases et de chapiteaux de marbre des colonnes antiques toscanes en granit. L'ordre toscan étant une forme de dorique, la frise présente l'habituelle alternance de métopes et de triglyphes. Mais l'examen révèle que les métopes n'ont rien de dorique, sinon que la frise rappelle le temple de Vespasien, puisque y sont figurés les instruments de la liturgie — mais ici, la liturgie est chrétienne. Rien ne pouvait mieux illustrer la position de Bramante: la bonne architecture moderne doit naître de l'architecture ancienne de façon organique, comme la chrétienté surgit du monde antique. Le Tempietto contient donc le germe de ses projets grandioses pour la reconstruction de Saint-Pierre. Il permet de comprendre l'œuvre de Bramante et, à travers elle, l'ensemble de l'architecture italienne.

Le palais connu sous le nom de «Maison de Raphaël» joua un rôle non moins décisif dans le domaine de l'architecture civile. Il a été détruit au XVIIe siècle et nous ne le connaissons que par quelques dessins et gravures. Deux d'entre elles nous en donnent une idée d'ensemble. Vasari dit que Bramante destinait cette maison à son usage personnel. L'histoire a surtout retenu que Raphaël y vécut. De même que le Tempietto préfigure les églises à plan central du XVIe siècle, de même la Maison de Raphaël allait, pendant deux siècles ou plus, servir de référence à tous les palais italiens, même à ceux qui entendaient s'en démarquer. Il nous est impossible d'en dater la 78, 79

ROME, SAN PIETRO IN MONTORIO, LE TEMPIETTO
Bramante, 1502.

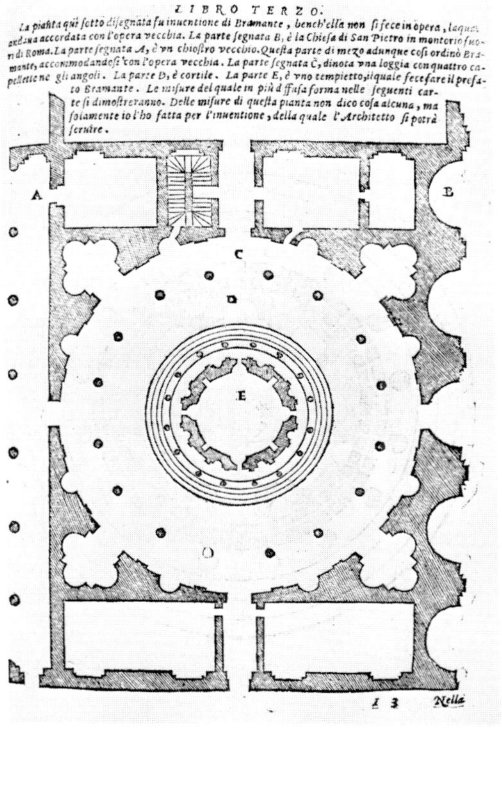

77 Plan de transformation du cloître.

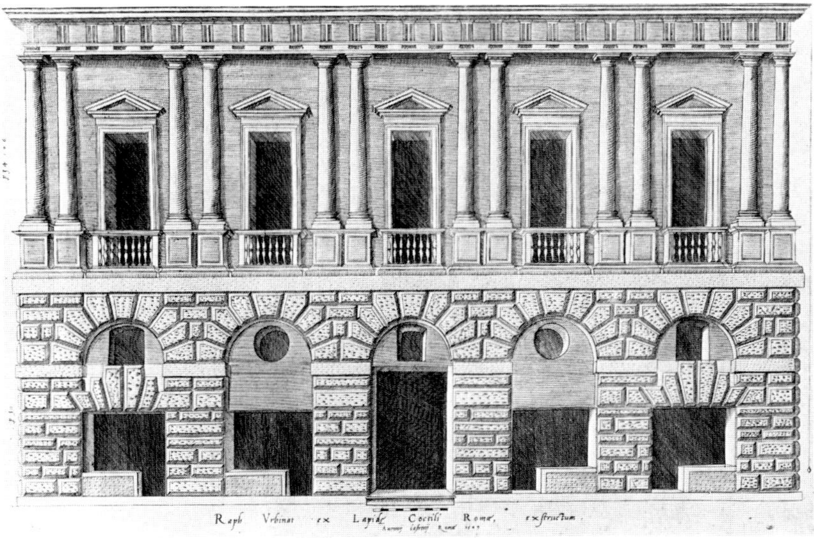

construction. Sans doute se situe-t-elle assez tard dans la carrière de Bramante, c'est-à-dire vers 1512. Comme le Tempietto, elle s'inspire étroitement du modèle classique de l'*insula*, immeuble dont le rez-de-chaussée était occupé par une rangée de boutiques. L'Antiquité avait multiplié les constructions de ce genre, dont les vestiges d'Ostie nous fournissent un bon exemple. Le cas des palais florentins nous a montré que le principe de la rangée de boutiques surmontées de pièces d'habitation n'avait rien de nouveau. L'innovation réside ici dans la simplification et la rigueur de la symétrie.

Dès le premier coup d'œil, on remarque que les boutiques, toutes sur le même modèle, sont disposées en miroir, de part et d'autre de l'axe central. Le rez-de-chaussée est traité en gros bossage rustique. Un bandeau de pierre lissée le sépare du *piano nobile*, qui est de style dorique à fenêtres en tabernacle. Un seul ordre est utilisé. L'absence d'étage supérieur accentue le contraste entre les boutiques et les appartements[19]. Chaque élément se distingue ainsi clairement de son voisin : les fenêtres sont pourvues de balcons soigneusement séparés des colonnes et du bandeau de pierre lisse. Elles ont toutes des

ROME,
«MAISON
DE RAPHAËL»
Bramante, *ca* 1512.

78 Elévation.

79 Dessin de Palladio (?).

frontons triangulaires identiques. Les éléments de base sont systématiquement répétés. Symétrie, répétition, clarté fonctionnelle, tel est bien l'apport de Bramante à l'architecture de palais.

Jules II, qui souhaitait redessiner de fond en comble la basilique Saint-Pierre et effectuer d'énormes travaux au Vatican, lui fournit l'occasion de réaliser son grand œuvre, que les rénovations successives ont rendu quasi méconnaissable. La basilique d'aujourd'hui n'a presque rien à voir avec son projet. Il dota l'actuelle grande cour du Vatican, la cour San Damaso, d'arcades proches de celles du Colisée, mais le vitrage des baies (destiné à protéger les fresques de Raphaël et de son école) a gommé les jeux d'ombre et de lumière qui en faisaient le charme.

D'une tout autre envergure est la cour du Belvédère. Bâtie à l'image de l'amphithéâtre et de la villa classiques, répartie sur trois niveaux, elle relie le palais du pape au petit pavillon construit sur la colline du Vatican. L'ensemble, qui mesurait près de trois cents mètres, était doté de deux grandes ailes, comportant trois étages du côté du palais, un seul du côté du Belvédère. Les niveaux intermédiaires étaient 80, 81 dotés d'un système compliqué de rampes et d'escaliers. Au bout, un mur en arc de cercle débouchait sur le Belvédère proprement dit. Le Belvédère existait depuis longtemps. Une des fonctions de l'exèdre monumental est précisément de masquer le fait que la villa n'était pas dans l'axe du bâtiment de Bramante. Inachevé, l'ensemble a subi de profonds remaniements au XVIe siècle. L'extension du musée et de la bibliothèque, de l'autre côté de la cour, a fermé la perspective prévue par Bramante pour être regardée depuis les Stanze décorées par Raphaël. Du moins peut-on constater que Bramante a réussi à donner un certain relief aux immenses pans de mur grâce au contraste entre les joints de maçonnerie et la surface lisse des arches et des pilastres. Les pilastres sont appariés, mais l'entablement est marqué de décrochements qui permettent à chaque pilastre de disposer d'un socle distinct. La largeur des arches est proportionnelle à l'entrecolonnement. Bien entendu, le nombre d'or régit toutes les dimensions de ce dispositif. Le procédé, proche de celui d'Alberti à Sant'Andrea de Mantoue, a été maintes fois imité.

Tout cela devait être relégué au second plan par le projet de reconstruction de Saint-Pierre. Jules II, le plus grand mécène du siècle, parvint à employer simultanément Bramante, Michel-Ange et Raphaël qui, sous son égide, réalisèrent certaines de leurs meilleures œuvres. Si les travaux avaient été menés à terme, le Saint-Pierre de

80 Bramante, Rome, Vatican, cour du Belvédère. Reconstitution d'Ackerman.

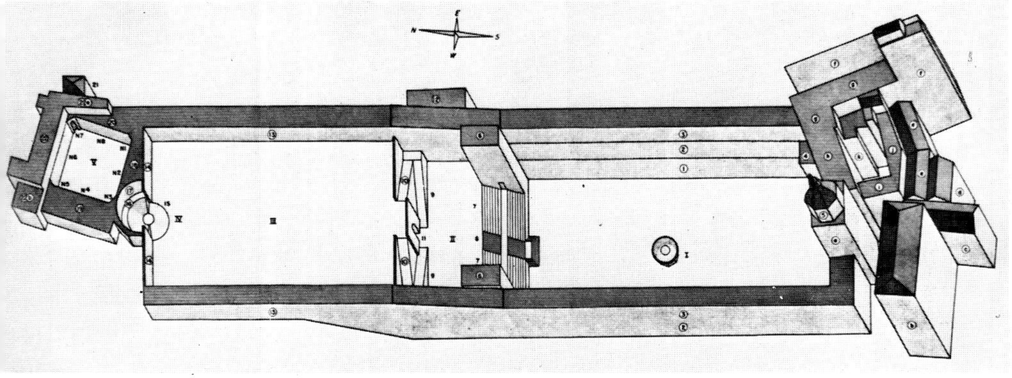

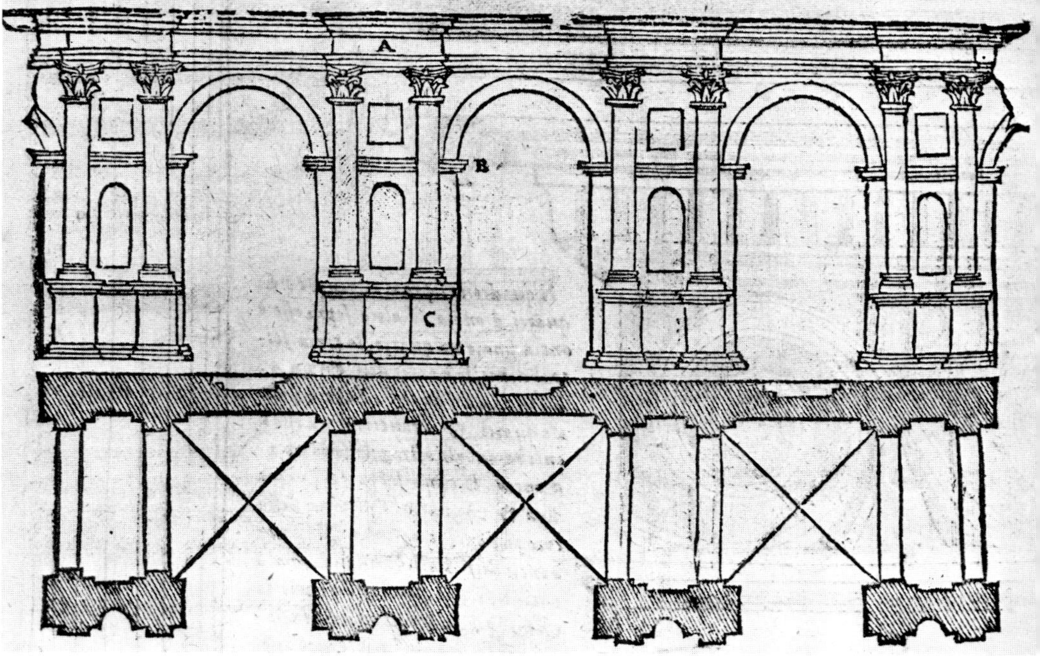

81 Rome, Vatican, cour du Belvédère. Plan et élévation.

Bramante aurait égalé, voire dépassé la Sixtine de Michel-Ange ou les Stanze de Raphaël.

Au milieu du XVe siècle, le Vieux Saint-Pierre, une basilique plus que millénaire, se trouvait dans un état lamentable. Nicolas V avait entrepris la reconstruction du chœur mais, à sa mort, en 1455, les travaux avaient été abandonnés. L'élection de Giuliano della Rovere en 1503 allait tout changer. L'ambition du nouveau pape fut d'abord de renforcer le soutènement. Il ne souhaitait reconstruire que là où c'était absolument nécessaire. La vieille basilique jouissait en effet d'une double aura: bâtie par le premier empereur chrétien, elle abritait la tombe de saint Pierre. Il fallait l'audace d'un Jules II pour proposer de la détruire et de la reconstruire à neuf. Au cours de l'été 1505, Jules II et Bramante décidèrent de profiter de l'occasion qui leur était offerte de rebâtir la plus grande église de la chrétienté occidentale (Sainte-Sophie était tombée aux mains des Turcs en 1453). La nouvelle église serait à l'échelle «romaine», héroïque, colossale et aurait la forme d'un immense dôme. A preuve la médaille de Caradosso

82 commémorant la pose de la première pierre, le 18 avril 1506, et le
83 dessin qu'on croit être l'original du projet de Bramante et qui est malheureusement le seul qu'on puisse lui attribuer avec certitude. La médaille porte l'inscription, TEMPLI PETRI INSTAVRACIO. En latin d'église, *instaurare* signifiait «restaurer, faire revivre, achever ou renouveler un geste sacré». Il s'agissait de reconstituer la basilique constantinienne et non de l'abattre pour la remplacer par du neuf.

L'histoire architecturale de Saint-Pierre est complexe. Aucun document sur les premières années des travaux ne nous est parvenu. Nous ne savons même pas de façon précise quand Bramante fut chargé d'en dresser les plans. En fait — et c'est bien là le problème — il semble n'avoir jamais reçu d'instructions précises, au sens où un architecte se voit chargé de concevoir un bâtiment de telle ou telle dimension à tel ou tel prix. Pour Bramante, comme pour Jules II, l'essentiel était d'ordre symbolique: installer la tombe du prince des apôtres dans un édifice classique que n'auraient pas désavoué, au IVe siècle, les architectes de la basilique primitive. Le dessin de Bramante correspond peut-être à un projet plus modeste: agrandir la basilique par la réfection du chœur comme à Santa Maria delle Grazie à Milan. Sans doute aurait-il opté spontanément pour une église à plan central. La croix latine finit par l'emporter sous la pression du clergé: ce système assure plus d'espace pour les grandes processions et présente de nombreux avantages sur le plan liturgique. Le choix se porta donc sur une église à croix latine. Mais on aurait tort de voir dans la croix latine un plan de type religieux par opposition au plan central

ROME, SAINT-PIERRE
Bramante.

82 Caradosso, médaille commémorative, 1506.

83 Plan de Bramante (Offices n° 1).

qui serait de nature séculière, voire païenne. L'idée que Bramante et Jules II aient pu penser la reconstruction de ce monument sans pareil en termes purement architecturaux et qu'ils aient rêvé de donner à Saint-Pierre une forme païenne constitue un contresens absolu sur l'évolution de l'architecture, sur l'art de Bramante et, par-dessus tout, sur la pensée de Jules II.

Le projet de Bramante reprend le plan du Tempietto : c'est un gigantesque martyrium, auquel il souhaitait associer une basilique paléochrétienne pour obtenir un édifice classique répondant aux mêmes contraintes que celles de l'édifice du IVe siècle. Constantin n'avait-il pas doté le Saint-Sépulcre et l'église de la Nativité à la fois d'un martyrium et d'une basilique ? D'ailleurs, pour la génération de Bramante, la perfection du plan central revêtait une signification théologique et reflétait la perfection divine. La construction en croix latine avait, elle aussi, une valeur symbolique. Le cruciforme, cher à l'époque médiévale, allait à nouveau retenir les faveurs de la génération du Concile de Trente (1545-1563). Le retour à la symbolique de la croix ne fut sans doute pas sans influence sur la restructuration de la basilique Saint-Pierre.

Bramante devait mourir sans laisser de plan définitif à son successeur désigné, Raphaël. La construction n'avait guère progressé. Seuls, les fondations des grands piliers et le soubassement des grandes arches étaient achevés. Mais cela suffisait à déterminer la taille de l'édifice : ses successeurs furent tenus de respecter son choix d'une architecture « héroïque ». Hélas, son inexpérience dans le domaine du

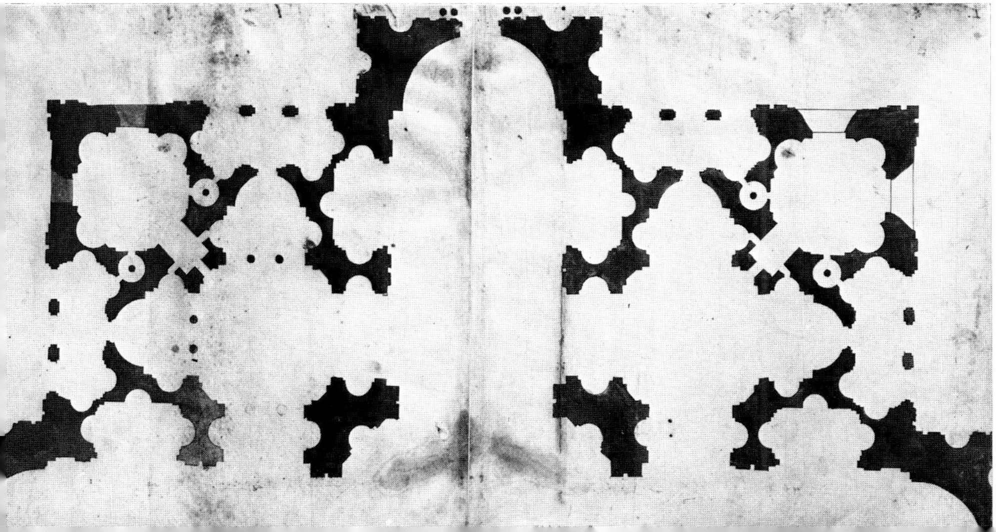

colossal l'avait conduit à sous-estimer la masse que les piliers auraient à supporter. Les maîtres maçons n'en sachant guère plus, il avait avancé sans guide. A plusieurs reprises, ses successeurs furent obligés d'élargir les piliers et de renforcer les butées, pour absorber la poussée du dôme dont ils avaient pourtant réduit la taille. On peut tout de même reconstituer l'évolution de Bramante entre le début du projet et la fin de sa vie.

Nous disposons pour ce faire du dessin autographe des Offices, de la médaille de Caradosso, et de nombreux dessins de l'atelier de Bramante. Certains sont de la main de son assistant et successeur, Baldassare Peruzzi. Le carnet de croquis de Menicantonio de' Chiarellis, de la Fabbrica di San Pietro, conservé à la Morgan Library
84 de New York, comporte au moins un dessin qui tendrait à confirmer l'affirmation d'un écrivain du XVIe siècle, à savoir que Bramante avait échafaudé un modèle en bois. Si pareil modèle existait, il semble spécieux de prétendre que Bramante n'avait pas laissé de projet définitif. Cependant, la confusion qui continua manifestement de régner sur ses intentions ultimes dans l'esprit de ses contemporains et de ses collaborateurs prouve qu'il n'en était rien.

Le dessin des Offices représente une basilique à plan central (*ill. 89*). La médaille commémorative, le dessin de Menicantonio et les nombreuses variations sur ce thème par des architectes liés, d'une manière ou d'une autre, à la Fabbrica (dont Giuliano da Sangallo) vont dans le même sens. Que sait-on? Que Bramante envisagea
70 l'adjonction à la nef existante d'une tribune, comme à Santa Maria delle Grazie; qu'il se ravisa et décida de remplacer la nef originale par une autre, passant ainsi du plan central au plan à croix latine. Ce que prouvent d'une part l'existence même de Santa Maria delle
83 Grazie, d'autre part le fait que le dessin des Offices ne représente que la moitié de l'édifice prévu et enfin le fait que Raphaël, si l'on en croit Serlio, opta pour la croix latine. Le témoignage de Serlio est décisif: il avait une trentaine d'années à l'époque où Bramante traçait ses premières esquisses. Comment ne pas croire un contemporain, associé de longue date à Peruzzi, qui lui légua ses dessins? Et pourtant, dans son traité, c'est un plan central qu'il présente comme

celui de Peruzzi et un plan à croix latine qu'il associe au nom de Raphaël!

Des preuves d'un autre ordre nous sont fournies par les églises qu'on peut considérer comme dérivées des projets de Bramante. Celles qu'il dessina lui-même, celles dont il supervisa la construction, celles d'architectes qui furent ses collaborateurs ou subirent l'influence de ses conceptions architecturales. Citons, à Rome, San Biagio alla
Pagnotta, Santi Celso e Giuliano et Sant'Eligio degli Orefici, sans 94
oublier la Madone de San Biagio à Montepulciano et Santa Maria 85-86
della Consolazione à Todi.

Les deux premières furent dessinées par Bramante, qui souhaitait se faire la main pour Saint-Pierre. Mais elles n'ont pas survécu dans leur forme originelle. Santi Celso e Giuliano reprenait le plan original de Saint-Pierre (*ill. 89*), mais en l'infléchissant sur le côté: il s'agit donc d'un plan central directionnel, où l'orientation de l'église est

84 Rome, Saint-Pierre. Dessin de Menicantonio de' Chiarellis (?).

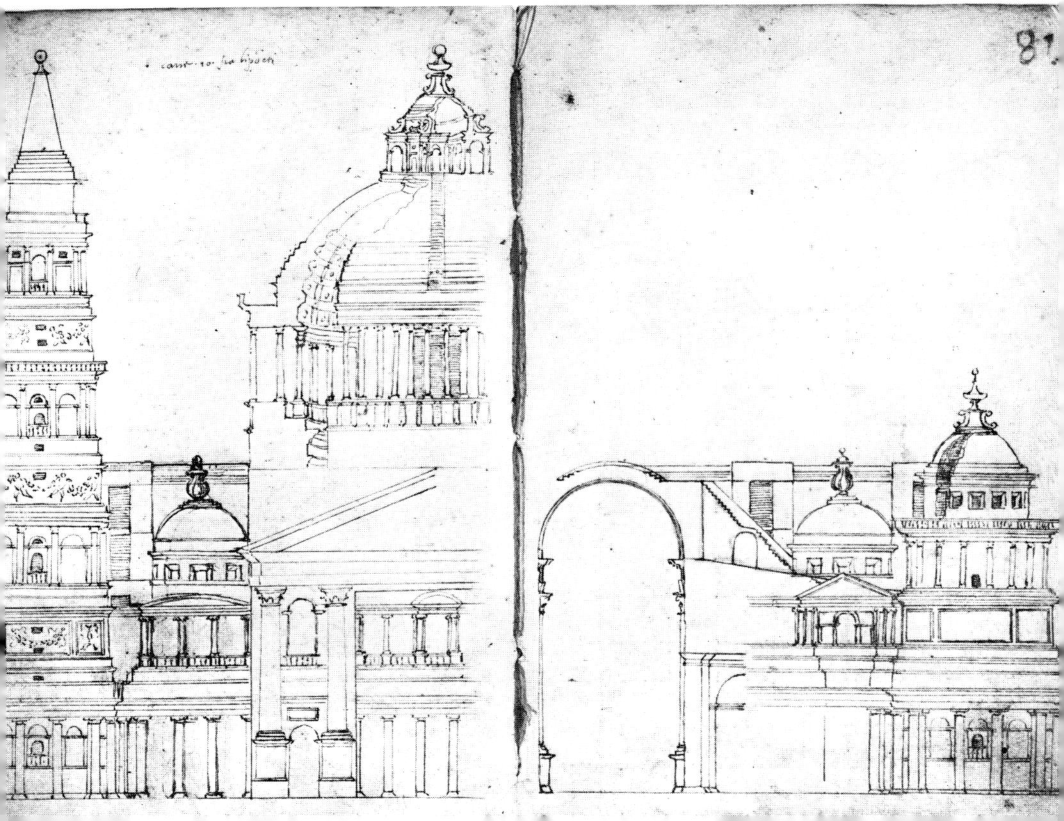

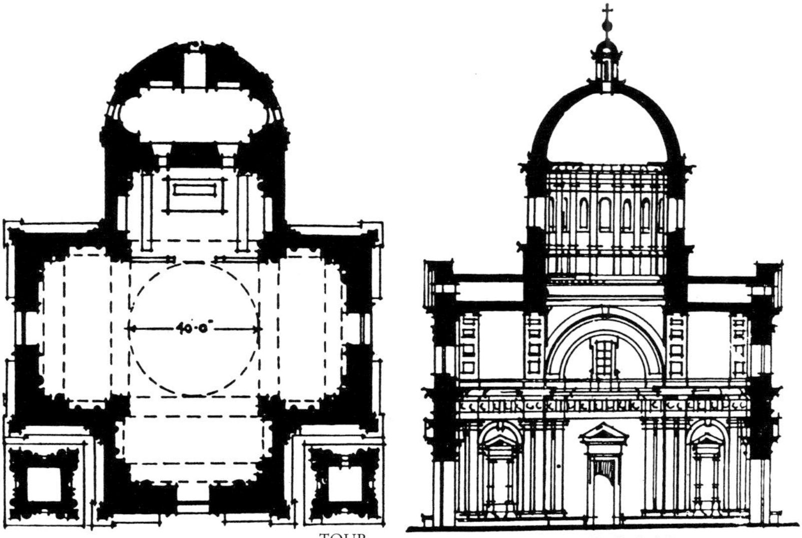

85 Montepulciano, San Biagio, par Antonio da Sangallo l'Ancien. Plan et section, 1518-1545.

marquée. Même chose pour San Biagio alla Pagnotta, où une véritable nef, longue de deux travées, se rattachait à l'espace central coiffé d'une coupole. Cette conjonction du grand dôme et de la nef remonte au moins à la cathédrale de Florence. On la retrouve sur plusieurs dessins de Fra Giocondo et de Giuliano da Sangallo qui furent chargés des travaux de Saint-Pierre au moment où Bramante s'acheminait vers la mort (1513-1514).

Raphaël et Bramante travaillèrent sans doute de conserve à la
94 conception de Sant' Eligio degli Orefici : l'église présente en effet de nombreux points communs avec la majestueuse basilique du tableau de Raphaël, *l'Ecole d'Athènes*, qui date de la même période. Peruzzi veilla à son achèvement, et il est difficile de la situer dans l'évolution du projet Saint-Pierre (*cf. p. 143*). Par contre, la splendide église de
85-87 la Madone de San Biagio, à Montepulciano, en Toscane, sort directement du projet de Bramante pour Saint-Pierre. Elle est signée d'Antonio da Sangallo l'Ancien, frère cadet de Giuliano et oncle d'Antonio le Jeune. Elle fut bâtie entre 1518 et 1545, « en raison, dit Vasari, des miracles qui s'opéraient en ces lieux ». Elle a bien entendu la forme d'un martyrium. Son plan serait identique à celui de Giuliano pour

Santa Maria delle Carceri à Prato, si l'on n'avait donné à l'extrémité orientale la forme d'une abside et prévu à l'ouest deux imposants campaniles, dont un seul fut réalisé. Cela ressemble fort à une des interprétations possibles de la médaille commémorative de Caradosso 82
(1506). L'intérieur, par sa simplicité, son austérité, sa majesté, se distingue radicalement de Santa Maria delle Carceri et de tous les autres ouvrages connus de la famille Sangallo. Sans doute reflète-t-elle surtout les idées de Bramante. Ce soupçon se mue en certitude si on compare San Biagio à Santa Maria della Consolazione, à Todi, en Ombrie, qu'on attribue à un quasi-inconnu, Cola da Caprarola. En fait, on sait que Peruzzi participa à sa construction après la mort de Bramante. Elle correspond presque point pour point à un vieux pro- 64
jet milanais de Léonard de Vinci. Avec ces éléments de preuve, nous pouvons reconstituer en partie l'évolution des projets de Bramante pour la basilique Saint-Pierre.

86, 87 Montepulciano, San Biagio, par Antonio da Sangallo l'Ancien.

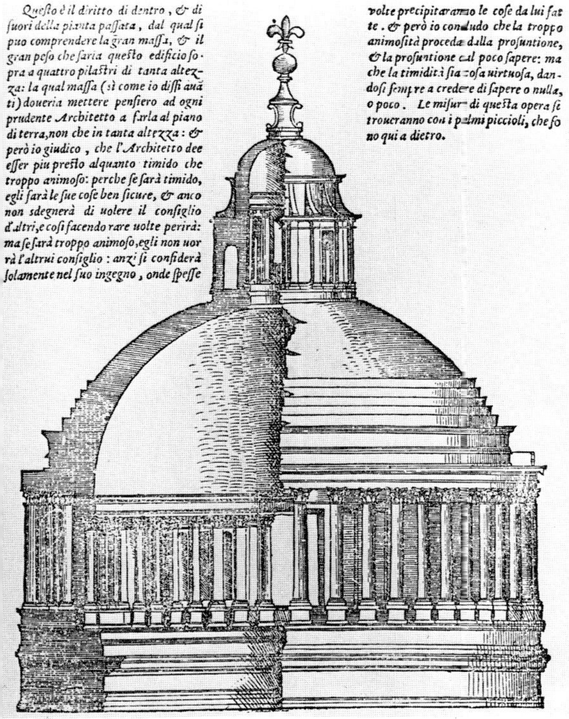

88 Le dôme de Bramante. Section et élévation.

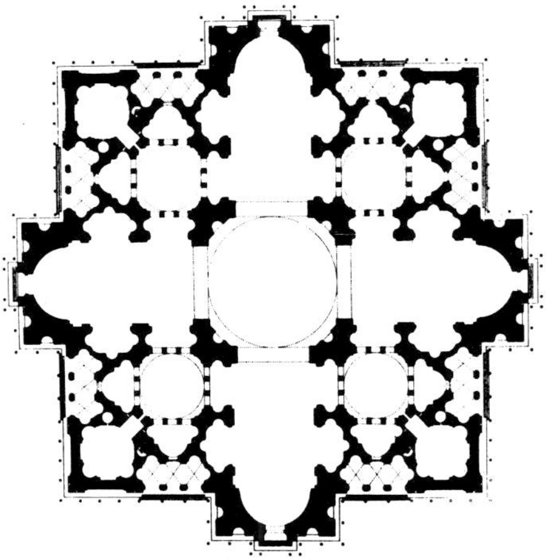

89 Plan originel de Bramante.

90 Maquette d'Antonio da Sangallo le Jeune.

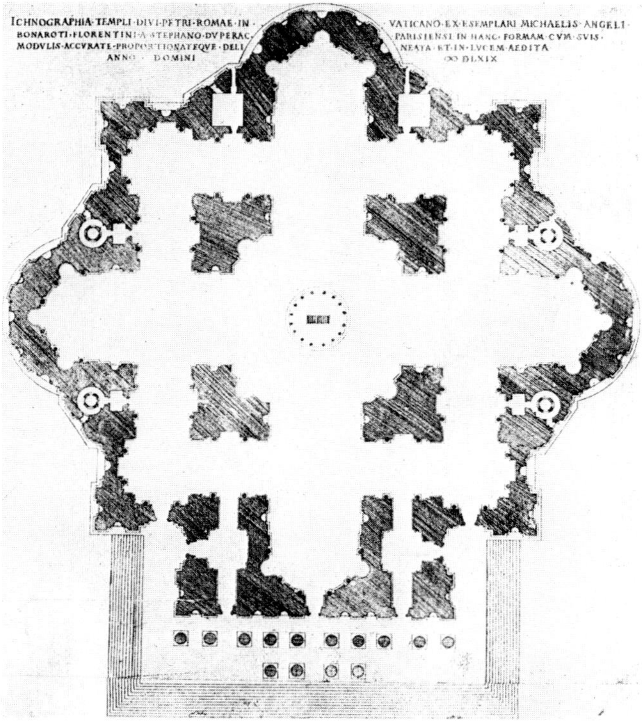

91 Plan de Michel-Ange.

Raphaël et Peruzzi lui succédèrent en 1514 et produisirent de nouveaux plans, ceux que nous a transmis Serlio, sans marquer de nets progrès dans la construction effective. En 1527, le sac de Rome par les troupes impériales interrompit les travaux. L'immense coque déjà bâtie impressionna l'artiste hollandais Maerten Van Heemskerck, autant que les vestiges de Rome auxquels il consacra aussi de nombreux dessins, dans les années 1530. C'est alors qu'Antonio da Sangallo le Jeune, qui avait, lui aussi, travaillé sous Bramante, entreprit de repenser l'ensemble et de réparer les dégâts provoqués par ces longues négligences. Les fondations jetées par Bramante rendaient inévitable le grand espace central. Sangallo choisit de les renforcer et de donner au dôme la forme novatrice (et plus facile à construire) d'une ruche, comme le prouvent une gravure et une grande

90 maquette en bois datées des dernières années de la vie de Sangallo. La mort, en 1546, l'empêcha de passer aux actes. Peut-être faut-il s'en féliciter. Son *modello* montre en effet qu'incapables de voir grand, les successeurs immédiats de Bramante s'étaient rabattus sur des solutions de compromis. La maquette tente maladroitement de réconcilier le plan central de Bramante et la version longiligne qu'en avait donnée Raphaël peu avant 1520. Ce vieux rêve, combiner les vertus du plan central et les avantages de la croix latine, remontait à l'époque de Bramante. Michel-Ange, qui succéda à Sangallo le 1er janvier 1547, plus de trente ans après la mort de Bramante, poursuivit sur cette lancée. Il manifesta d'emblée son intention de revenir au plan du vieux maître, avec qui il avait pourtant entretenu des relations orageuses. Il tint sa promesse et conçut une ingénieuse synthèse entre
91 le plan central et la version maniériste de la croix latine. Alors que Bramante avait pensé son plan central comme un carré dont n'importe quel côté pourrait abriter l'entrée, Michel-Ange fit pivoter le carré central. Un des coins du diamant ainsi obtenu servirait de façade: il suffirait d'en émousser la pointe et d'y ajouter un vaste portique. La comparaison entre les deux plans montre qu'il réduisit la taille de l'ensemble, accrut celle des piles et rogna sur les espaces qui séparaient les piliers du mur extérieur. Rendu plus stable par cet émondage, l'ensemble fournirait un support adéquat au dôme, pour
88 lequel, refusant le projet de Bramante, il multiplia plans et maquettes.

Sous son impulsion, en quinze ans les travaux progressèrent plus que pendant les quarante années précédentes, si bien qu'à sa mort, en 1564, une grande partie de la basilique avait déjà la forme que nous lui connaissons. Le tambour était achevé. Restait le dôme. Michel-Ange avait songé à un hémisphère dans le style de Bramante, mais avec de fortes nervures alignées sur le dispositif des murs. Plus dyna-
92 mique que la coque lisse de Bramante, ce projet illustre à la fois la différence de tempérament entre les deux hommes et la brusque évolution du goût architectural au cours du demi-siècle qui sépare leur mort.

Les bâtisseurs se rallièrent toutefois à l'un des autres projets de
1 Michel-Ange, celui d'un dôme presque ogival, à la Brunelleschi:

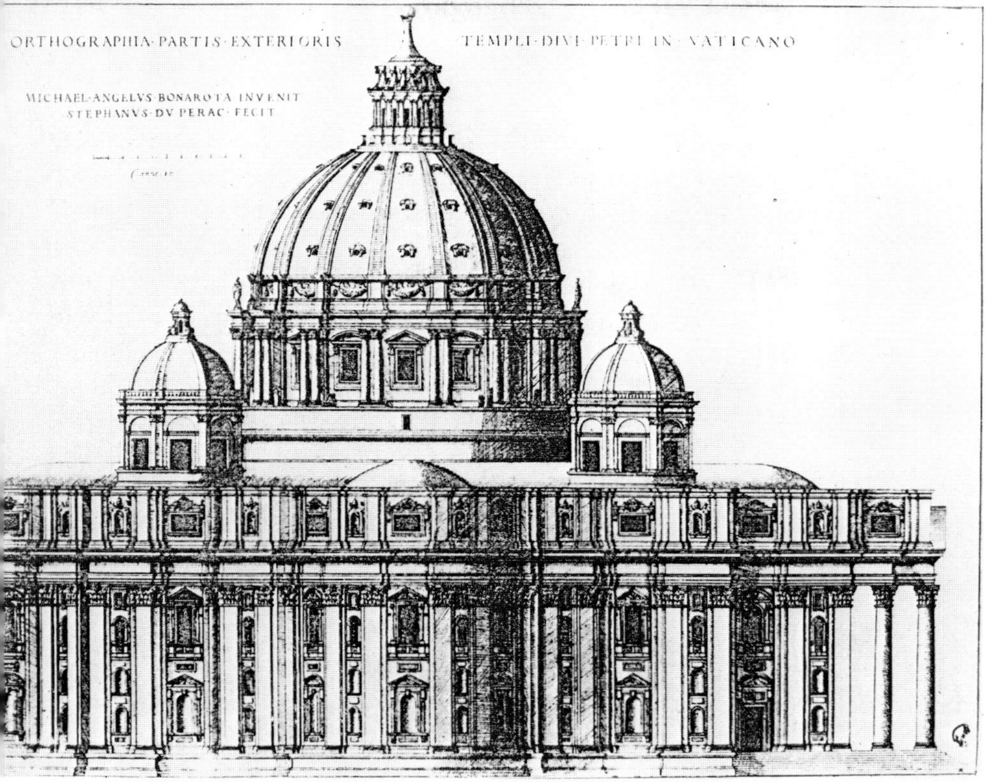

92 Rome, Saint-Pierre. Extérieur prévu par Michel-Ange.

la poussée de l'ogive est moins forte. Cet argument emporta la décision de Giacomo della Porta qui le fit construire, entre 1585 et 1590, avec l'aide du meilleur ingénieur de son temps, Domenico Fontana. Le projet de Michel-Ange était infiniment plus dynamique que celui de Bramante. L'effet recherché est encore perceptible depuis l'arrière de la basilique. Un peu comme au Belvédère, les pilastres géants constituent des unités verticales autonomes qui prolongent les nervures du dôme et donnent un sentiment de verticalité proche du gothique. Della Porta réalisa également les nervures prévues par Michel-Ange, en les affinant pour leur donner plus de grâce.

Rappelons toutefois que Saint-Pierre a subi depuis de profondes
modifications et que la croix latine actuelle est due à Carlo Maderna 93
qui, pendant la première moitié du XVIIe siècle, reprit toute l'orne-

mentation intérieure et modifia le plan de Michel-Ange par l'adjonction d'une longue nef et de la façade que cette extension rendait indispensable. Ce n'est qu'avec l'achèvement de la place et la construction, à partir de 1656, de la colonnade toscane, dessinée par le Bernin et ornée de quatre-vingt-seize statues gigantesques qui en soulignent la merveilleuse théâtralité, que la basilique Saint-Pierre allait finalement devenir un des chefs-d'œuvre de l'art baroque.

93 Rome, Saint-Pierre. Plan de l'édifice construit.

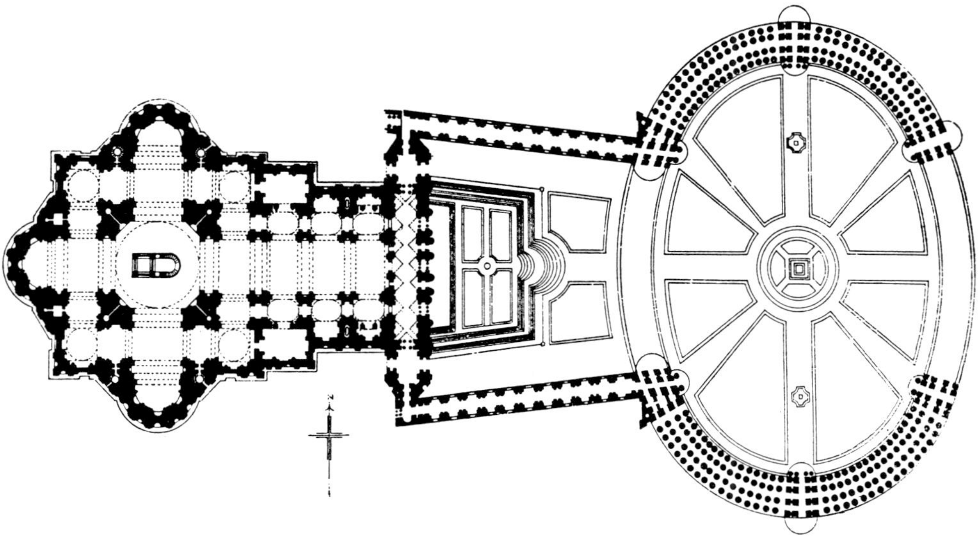

CHAPITRE SEPT

Raphaël et Jules Romain

Bramante, conscient de l'ampleur de la tâche, s'était cherché un successeur. La plupart des grands architectes de la génération suivante avaient à un moment ou un autre travaillé sous sa direction. C'est pourtant sur un peintre que porta son choix. Raphaël lui était d'ailleurs vaguement apparenté. Leur collaboration date probablement de 1509: *l'Ecole d'Athènes* de Raphaël représente un édifice qui ressemble trop au projet initial de Bramante pour Saint-Pierre pour qu'on n'y voie pas le reflet direct de son inspiration. La même année, ils dessinèrent Sant' Eligio degli Orefici, qui a la forme d'une minuscule 94
croix grecque et dont l'édification leur servit sans doute de galop d'essai pour Saint-Pierre. Les travaux commencèrent en 1514, le dôme fut sans doute achevé par Peruzzi. Raphaël mourut en 1520, à l'âge de trente-sept ans, sans avoir eu le temps de marquer Saint-Pierre de son empreinte. Dans la fièvre des six dernières années de sa vie, à côté de son énorme production de peintre, il trouva le temps de dessiner trois palais, une chapelle et une villa où l'on peut voir l'ébauche d'une évolution parallèle à sa dernière manière picturale. C'est l'époque où, délaissant le classicisme de *l'Ecole d'Athènes* dont la sérénité convenait au style de la maturité de Bramante, il se lança dans les somptueuses dramatisations du maniérisme. La chapelle qu'il bâtit à Santa Maria del Popolo pour le riche banquier siennois Agostino Chigi est éloquente à cet égard: les motifs structurels de Sant' Eligio y sont traités avec un luxe étonnant. Ses deux palais romains revêtent d'autant plus d'importance qu'ils s'écartent de plus en plus du modèle de sa propre maison. Le palais Vidoni-Caffarelli, qui se dresse toujours au centre 95
de Rome, mais considérablement agrandi[20], fait encore songer à la Maison de Raphaël, avec son soubassement en bossage rustique et son *piano nobile* à colonnes surmonté d'un attique. Le palais Branconio 96
dell'Aquila date peut-être de la dernière année de sa vie. A en croire

94 Rome, Sant' Eligio degli Orefici. Coupole.

les documents en notre possession (quelques dessins et une gravure), il illustrait déjà les principes de ce qui devait bien plus tard s'appeler le maniérisme.

Il suffit de comparer la façade du palais Branconio dell'Aquila à
78 celle de la Maison de Raphaël pour en mesurer les différences de conception architecturale. D'abord, le palais Branconio affiche un grand souci de la texture, notamment dans l'ornementation. A la Maison de Raphaël, le souci décoratif se limitait à quelques éléments structurels (les balustrades et le fronton des fenêtres) et un élément d'ornementation (le contraste entre la pierre rustiquée du rez-de-chaussée et le mur lisse du *piano nobile*). Ce contraste jouait un rôle structurel dans la mesure où il accentuait l'allure massive de la partie inférieure du bâtiment. L'ornementation de la façade du palais Branconio n'a plus rien de structurel. Par exemple, les colonnes ont été déplacées du *piano nobile* au rez-de-chaussée, ce qui est assez logique, puisque, de la sorte, elles pourraient sembler supporter la partie supérieure de l'édifice; en réalité, elles sont surmontées de niches aveugles: comment, alors, ne pas éprouver une certaine gêne à la vue de ces supports massifs chargés de soutenir... un vide? Même si, comme

dans l'un des dessins représentant le palais, les niches devaient abriter des statues, le recours à des colonnes doriques pour porter de petites statues a quelque chose d'absurde. De même, l'alternance des frontons triangulaires et des frontons curvilignes du *piano nobile* modifie la structure de l'appareillage: les fenêtres sont reliées par un entablement qui repose, non pas sur un ordre, mais sur les colonnes des fenêtres en tabernacle. L'agencement du *piano nobile* contraste avec la répétition d'éléments identiques qui caractérisait la Maison de Raphaël: il mêle, suivant un rythme extrêmement complexe, les niches, les frontons triangulaires, les frontons curvilignes et les festons décoratifs. Cette profusion et l'inversion délibérée des fonctions des éléments architecturaux (comme dans le cas de ces colonnes qui ne soutiennent rien) caractérisent le courant stylistique né du vivant de Raphaël et qui devait dominer l'art italien jusqu'à la fin du siècle: le maniérisme.

Ce terme n'a vu le jour qu'au début du XXe siècle. Il entend souligner à quel point le classicisme rigoureux de Bramante, ou de Raphaël et Peruzzi à leurs débuts, différait en intention de celui de Jules Romain ou de Raphaël et Peruzzi à la fin de leur vie. On trouve des tendances similaires en peinture et en sculpture, notamment dans des œuvres tardives de Raphaël, *la Transfiguration* qui se trouve au Vatican, par exemple. En peinture, comme en sculpture ou en architecture, la naissance de ce style tourmenté tient à la personnalité de Michel-Ange et au fait que le style de

95 Rome, palais Vidoni-Caffarelli. Elévation.

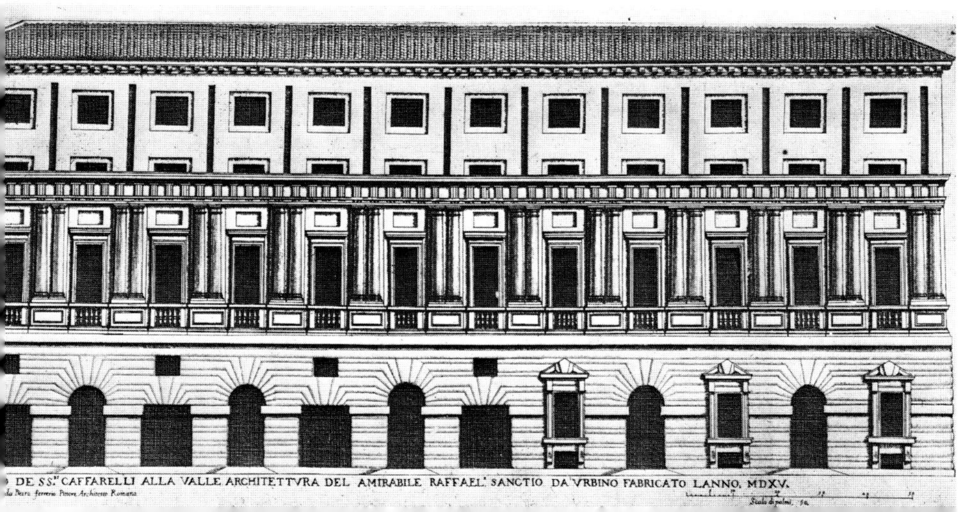

Bramante faisait figure d'impasse aux yeux de la jeune génération. Sans doute les jeunes artistes avaient-ils l'impression que cette voie avait produit des œuvres inégalables. Plutôt que de rivaliser avec le Tempietto de Bramante ou *l'Ecole d'Athènes* de Raphaël, ils jugèrent plus raisonnable et plus excitant d'innover. En architecture, l'imitation des modèles classiques était devenue trop facile. L'expérimentation serait plus profitable. Il s'agissait de trouver, à partir du vocabulaire classique, de nouvelles combinaisons dont les résultats seraient, sur le plan visuel, aussi satisfaisants que l'héritage de l'Antiquité. Bien d'autres facteurs contribuèrent à l'essor et à l'expansion de ce courant : les marxistes l'expliquent à partir de la crise marquée par le sac de Rome, en 1527, et par les conflits de la Réforme et de la Contre-Réforme qui déchirèrent l'Europe au long des XVIe et XVIIe siècles. Si fondée soit-elle, cette interprétation socio-économique ne couvre qu'une partie du phénomène. *La Transfiguration* date d'avant le sac de Rome et le plus beau des édifices maniéristes, le palais du Té à Mantoue, fut construit par Jules Romain dès 1524, dans une cité que les cataclysmes politiques ne devaient qu'effleurer.

Le terme décrit avec bonheur la phase intermédiaire entre le désir de sérénité classique d'un Bramante et la passion souvent théâtrale du baroque incarné par le Bernin. Le siècle qui sépare ces créateurs se déroule sous le signe d'un raffinement et d'une frustration parfois proches de la névrose. La formule a donc son utilité. Mais n'oublions pas que des artistes comme Jules Romain se rattachaient consciemment à la tradition classique et que, par bien des aspects, leurs réalisations rappellent surtout l'architecture de la Rome impériale. Reste que, dans l'antique, les architectes du XVIe siècle allèrent chercher ce qui avait échappé à leurs prédécesseurs. Leur fascination pour ce qui, dans l'art de la Rome impériale, n'avait pas retenu l'attention de Bramante ou de Raphaël ne signifie pas qu'ils se soient montrés insensibles aux vertus des édifices classiques. Bien au contraire. C'est de l'époque maniériste que datent les grands manuels d'architecture de Serlio, de Palladio et de Vignole, tous directement inspirés d'Alberti. L'Antiquité y joue un rôle aussi fondamental que dans le traité, plus esthétique, de celui-ci.

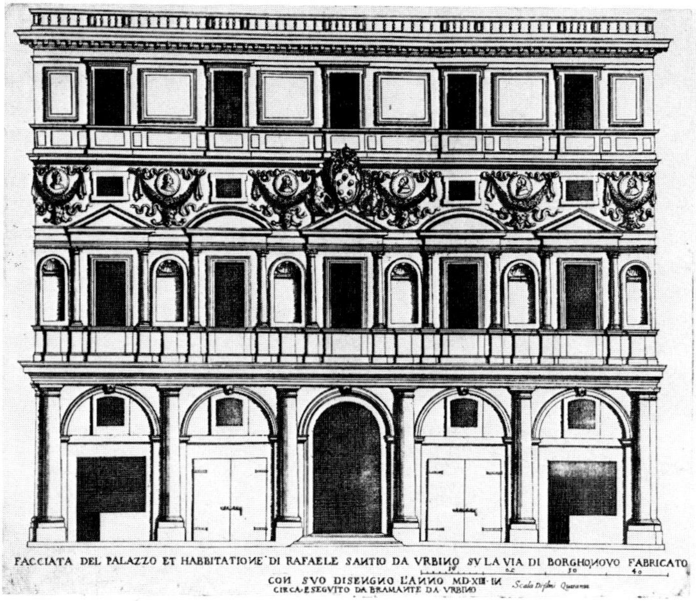

96 Rome, gravure représentant le palais Branconio dell'Aquila (détruit) de Raphaël, *ca* 1520.

97 Rome, palais Spada. Extérieur inspiré du palais Branconio de Raphaël. Milieu du XVIe s.

98 Florence, palais Pandolfini.

Raphaël dessina aussi une version simplifiée du Branconio, le palais
98 Pandolfini, qui tient d'ailleurs plus de la villa que du palais, puisqu'il devait être bâti dans les faubourgs de Florence, près de la porte San Gallo. L'essor de la villa revêt une importance décisive dans l'architecture du XVIe siècle italien. S'inspirant des *villae* décrites par Pline le Jeune, la villa préfigure toute une catégorie d'édifices, qui, jusqu'à la *country house* anglaise, s'inspirera en droite ligne des principes auxquels Palladio a donné leur forme définitive. L'une des plus anciennes et, à coup sûr, des plus belles, fut mise en chantier vers 1516 par Raphaël et une équipe qui comprenait notamment Antonio da Sangallo l'Ancien et Jules Romain. Il s'agit de la villa
99-101 Madame, qui se dresse, inachevée, sur les pentes du Monte Mario, à proximité de Rome. L'objectif était de recréer une villa classique autour d'une immense cour circulaire, avec un grand jardin en amphithéâtre dont les terrasses s'échelonneraient mollement sur le

flanc de la colline. Seule la première moitié du bâtiment fut édifiée. L'arc de cercle de l'actuelle façade d'entrée devait constituer la moitié de la cour circulaire centrale. De conception éminemment classique, la villa Madame est une œuvre de première importance dans la mesure où la loggia arrière (aujourd'hui vitrée) renferme la plus magnifique décoration intérieure que nous aient laissée Raphaël et ses élèves, grands admirateurs de la Maison dorée de Néron. Le portique comporte trois travées. Celle du milieu est surmontée d'une voûte en forme de dôme; les deux autres sont coiffées d'une voûte quadripartite. D'un côté, un renfoncement dans le mur creusé à même la colline — la loggia représentée page 150 — prend l'aspect d'une profonde abside couverte d'un demi-dôme aux riches ornements. Les couleurs éclatantes des bas-reliefs contrastent avec les plâtres d'un blanc éblouissant. Les contemporains estimèrent qu'elle surpassait à bien des égards la fabuleuse Maison dorée de Néron. Le jeune Jules Romain, auteur d'une grande partie de la décoration, en conclut logiquement que cette veine était épuisée et que mieux valait partir en quête d'inventions originales. Ce qu'il fit au palais du Té.

Jules Romain, comme son surnom l'indique, était natif de Rome, qui n'avait pas produit d'artiste de premier plan depuis des siècles. Elève puis héritier artistique de Raphaël, il fit sans doute preuve d'une extrême précocité, puisque, né en 1499[21], il eut le temps d'en devenir le bras droit quelques années avant 1520. On lui attribue une part décisive dans l'exécution des fresques tardives du Vatican et des derniers tableaux du maître, comme *la Transfiguration* ou *la Sainte Famille sous le chêne*. Précisons que le maître, si bousculé qu'il fût, n'aurait jamais permis à ses assistants de dévier de la ligne fixée par lui-même. Il faut donc croire que Jules Romain s'y conformait fidèlement. Dès 1520, à la mort de Raphaël, il se vit confier l'achèvement des fresques du Vatican et, vraisemblablement, la finition des tableaux cités plus haut. Il resta encore quatre ans à Rome, où il déploya ses talents d'architecte, puisqu'on peut raisonnablement lui attribuer deux palais: le Cicciaporci et le Maccarani.

En 1524, il se rendit à Mantoue pour entrer au service de Frédéric, duc de Gonzague, où il demeura jusqu'à sa mort en 1546. Son

chef-d'œuvre est sans conteste le palais du Té (commencé au plus tard 102-107
en novembre 1526 et terminé vers 1534; il a, par ailleurs, été entièrement restauré en 1989). Comme la villa Madame, c'est une *villa suburbana*[22] d'inspiration classique. Mantoue disposait déjà d'un palais gigantesque, mais Frédéric de Gonzague, dont l'écurie était renommée, décida de se faire bâtir aux abords de la ville une maison où installer son haras et passer les journées d'été dans un magnifique jardin. La villa ne comporte pas de chambre à coucher, puisqu'elle se trouve à moins de deux kilomètres du palais des Gonzague. Le plan reprend les caractéristiques de la villa romaine: quatre longs corps de bâtiment se dressent à faible hauteur autour d'une cour centrale
carrée. Un coup d'œil à la façade d'entrée suffit à montrer que ces 103
allures de simple villa classique masquent une structure très recherchée.
A l'examen, le plan révèle que le principe de symétrie n'est respecté 102
qu'en apparence. L'édifice suit quatre alignements différents. L'axe du jardin et de la façade intérieure mène à une porte latérale, tandis que celui de l'entrée principale est perpendiculaire au jardin. Cela pourrait être dû aux exigences du site. Mais un examen plus attentif fait surgir dans tout le bâtiment une foule de surprises et de contradictions visiblement intentionnelles et destinées à satisfaire les goûts les plus sophistiqués: Jules Romain a bousculé la plupart des règles établies avec une aisance faite pour scandaliser et ravir le spectateur cultivé. La comparaison entre l'entrée principale, l'entrée
ouest et la façade intérieure illustre le principe adopté: la répétition 104
avec variations.

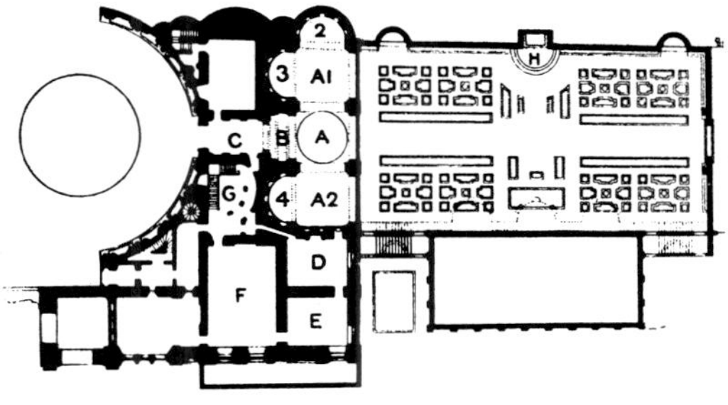

ROME, VILLA MADAME
Raphaël, Jules Romain *et al.*, commencé *ca*1516.

99 Façade.
100 Loggia.
101 Plan.

Au centre de la longue façade d'entrée, se dressent trois arches égales entourées de quatre baies apparemment symétriques. Le mur rustiqué s'orne de pilastres toscans qui soutiennent un entablement richement sculpté. Aux trois quarts des pilastres, court un bandeau qui sert d'assise aux fenêtres de l'attique. Or, ce bandeau, aligné sur la face des pilastres, est rattaché à la clef de voûte des baies de l'étage principal. En d'autres termes, là où Bramante prenait grand soin de séparer et de distinguer chacun des éléments, Jules Romain les a délibérément fondus dans une surface homogène. En y regardant de plus près, on découvre des bizarreries encore plus prononcées, comme l'irrégularité de l'espacement des pilastres. A droite des arches d'entrée, se trouve une baie de vastes proportions. La baie de gauche est plus étroite et la fenêtre qu'elle contient est décentrée, ce qui constituerait une négligence surprenante dans ce genre d'édifice et de la part d'un architecte aussi expérimenté, si l'on ne savait qu'il travailla sur une villa existante dont il dut modifier les ouvertures. Mais on note aussi que les trois travées de l'entrée sont flanquées de part et d'autre de trois baies suivies d'une césure constituée par deux pilastres qui encadrent une petite niche creusée dans un mur lisse. Viennent ensuite une baie normale suivie d'un pilastre géminé qui ferme l'angle de la façade. Ainsi, on trouve, en partant de l'arche centrale, le rythme A A B B B C *B*, la dernière baie se différenciant des précédentes par les doubles pilastres qui l'encadrent. Ce plan traduit avec une grande finesse le choix d'un dispositif asymétrique dont on n'appréciera tout le raffinement qu'après avoir gagné la façade latérale : une articulation non pas identique, mais analogue, y régit les petites baies à niches dont est flanquée l'arche unique du portail. Il y a plus subtil encore : le spectateur est censé garder en mémoire le dispositif des façades
106 extérieures quand il vient du jardin. La façade intérieure s'agence, une fois de plus, autour de trois grandes arches centrales. Mais la texture en est complètement différente, puisque le bossage s'interrompt au niveau du pont qui traverse les douves, hélas asséchées.

L'étage noble est lisse et ne comporte pas d'attique. Il produit un effet de texture totalement différent grâce à une série d'arches en plein cintre que soutiennent des piliers et des colonnes au rythme

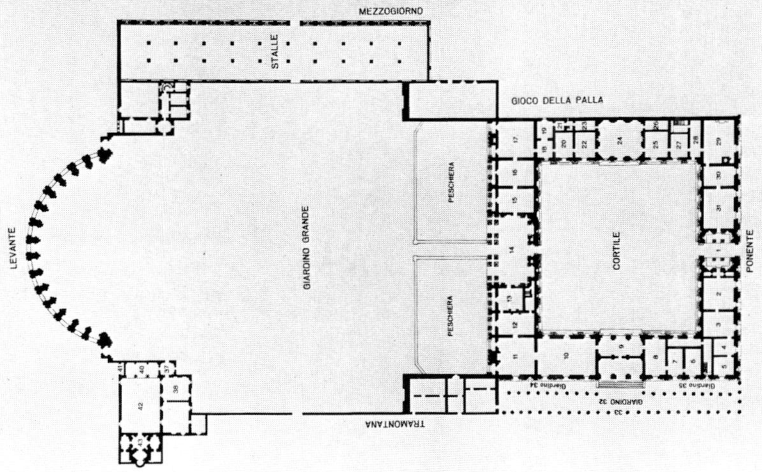

102 Jules Romain, Mantoue, le palais du Té, *ca* 1526-1534.

compliqué. Un fronton triangulaire souligne l'ampleur des arches
centrales déjà plus larges que les autres. La façade de l'entrée et celle
du jardin ont en commun le triolet d'arches central que suivent de
part et d'autre trois baies, elles-mêmes suivies d'une étrange petite
baie pourvue d'une niche qui sépare les fenêtres principales de la
dernière baie, laquelle reprend la forme des trois premières. Ces deux
façades à première vue totalement dissemblables possèdent donc le
même motif sous-jacent: aucun doute n'est possible quant à l'intention
de l'architecte. Il s'agit de créer dans l'esprit du spectateur un plaisir
similaire à celui que donnent en musique les variations sur un thème.
Imaginons les douves remplies. Au grand soleil, la lumière ricoche
sur l'eau vers les arches peu profondes qui surplombent les fenêtres
donnant sur le jardin. On voit à quel degré de subtilité pouvait
atteindre l'esprit d'invention de Jules Romain. D'autres détails, comme
la minutieuse articulation de ces arches sur le bord du jardin,
renforcent cette impression. Les quatre grandes colonnes des arches
principales du portique ont l'air de porter un poids considérable. Les 107
arches et la voûte (réminiscence manifeste de la villa Madame) semblent
adaptées à leur tâche et agencées suivant une symétrie harmonieuse.
Au centre, des colonnes. Aux extrémités, une alternance de colonnes

103 Façade principale.

105 Elévation intérieure.

106 Façade du jardin.

104 Porche latéral.

MANTOUE,
PALAIS DU TÉ
Jules Romain, *ca* 1526-1534.

107 Atrium avec vue
sur le jardin.

et de piliers. Mais les baies latérales répondent à une disposition plus complexe ; au départ, ce qu'on nomme, à tort, un motif palladien[23] : un arc en plein cintre posé sur des colonnes flanquées d'ouvertures rectangulaires formées par l'entablement et une colonne ou un pilastre supplémentaire. La première et la deuxième baie respectent ce motif. Mais la troisième est une arche en plein cintre que portent, non pas des colonnes, mais des piliers carrés. Les espaces latéraux ont tout simplement disparu. Viennent ensuite une petite baie avec niche et une dernière arche qui répète le nouveau modèle. Ce dispositif est encore plus compliqué que celui de la façade principale : en partant de l'arche centrale, on a A A B B C D C. Tout le palais respire le même raffinement. D'où l'immense célébrité dont bénéficia dès son achèvement le chef-d'œuvre de Jules Romain.

Deux autres éléments méritent d'être relevés. D'abord, les façades de la cour intérieure ne coïncident ni par le rythme, ni par la complexité, avec celles de l'extérieur. Certains détails qui, à nos yeux, n'ont rien de particulièrement surprenant, durent paraître extraordinairement bizarres à l'époque. Ils constituent des éléments primordiaux de la conception maniériste. Certaines clefs de voûte des fenêtres en plein cintre semblent s'insinuer à l'intérieur de l'arche, au détriment de l'impression de stabilité qu'une clef de voûte est censée donner. Cette instabilité est encore plus apparente sur l'entablement de la cour intérieure où plusieurs triglyphes semblent à intervalles réguliers glisser dans le vide, créant un véritable malaise — lequel correspond entièrement aux intentions de l'architecte. En fait, cette recherche du malaise est l'un des traits qui distinguent l'art maniériste de la sérénité classique d'un Bramante ou de l'assurance passionnée du baroque.

La seconde caractéristique du palais du Té confirme cette impression. Jules Romain et certains de ses élèves en assurèrent eux-mêmes la décoration intérieure. Elle dénote une finesse d'exécution comparable à celle de la villa Madame, sauf dans la salle dite « des Géants », peinte pour l'essentiel entre mars 1532 et juillet 1534, et qui s'en éloigne par sa facture plutôt grossière. Vasari, qui la visita en compagnie de Jules Romain en personne, en donne une description détaillée. Il s'agit d'une petite pièce, à peine éclairée, dont on a atténué, puis peint, les angles formés par le parquet, les murs et le plafond, de sorte qu'on ne sait plus où les murs finissent ni où commence le plafond. Les fresques elles-mêmes sont assez surprenantes et remarquables. Sur toute la surface du plafond, un grand temple circulaire plane comme suspendu dans le vide. On y voit au centre de l'assemblée des dieux, Jupiter lançant la foudre en direction de la Terre. Le séjour des mortels, peint sur les murs tout autour du visiteur, est réduit à l'état de chaos par la révolte des Géants écrasés sous les énormes blocs de pierre, les édifices et les rochers que, du plafond, leur expédie l'Olympe. Les effets de trompe-l'œil et de fausse perspective dont Jules Romain avait appris le secret auprès de Raphaël rendent la scène difficilement supportable. Il s'agissait ici de rivaliser avec le maître du trompe-l'œil, Mantegna, dont la très célèbre Chambre des Epoux, se trouve, elle aussi, à Mantoue, au palais ducal. Mais le trompe-l'œil de Mantegna vise à charmer par son insouciance et sa plausibilité, alors que celui de Jules Romain se propose de frapper d'effroi le spectateur, tout en faisant étalage de la virtuosité de l'artiste, comme le prouve le commentaire de Vasari sans doute inspiré par les explications de Jules Romain :

> «...Une percée dans les ténèbres d'une grotte révèle au loin un paysage admirable de discernement où l'on voit voler de nombreux Géants frappés par les foudres de Jupiter et, pour ainsi dire, ensevelis, comme leurs compagnons, sous les fragments de montagne. Ailleurs, Giulio a représenté d'autres Géants sur lesquels s'écroulent des temples, des colonnes et autres fragments d'édifices qui causent d'immenses ravages chez ces fières créatures. Et, parmi les débris dont s'accomplit la chute, se tient le foyer de la pièce ; qu'on y allume un feu et voici les Géants assaillis de flammes ardentes, car Pluton y est peint, volant vers le centre dans son char traîné par des cavales efflanquées qu'escortent les Furies de l'Enfer ; par cette trouvaille, Giulio a doté la cheminée d'une merveilleuse décoration sans s'écarter de son sujet (...)
>
> «Dans cette œuvre, du reste, la voulant rendre plus effrayante

et plus terrible encore, Giulio a montré les Géants, énormes et fabuleux, chutant sur Terre et châtiés de diverses façons par l'éclair et la foudre; certains au premier plan, d'autres à l'arrière-plan, certains tués, d'autres blessés, et d'autres encore, ensevelis sous les montagnes et les ruines des édifices. Que personne n'imagine contempler jamais travail du pinceau plus terrifiant et plus naturel que celui-ci! Quiconque entre dans cette pièce et voit les fenêtres, les portes et autres choses de cette sorte complètement de guingois et, pour ainsi dire, sur le point de s'effondrer au milieu d'une pluie de montagnes et d'édifices est aussitôt saisi de crainte que tout ne lui tombe sur la tête, surtout lorsqu'il voit s'élancer les Dieux du Ciel, certains de-ci, d'autres de-là et tous volant. La merveille des merveilles est que cette peinture ne possède ni début ni fin, mais se rejoint et se raccorde si délicatement, sans la moindre division ni séparation ornementale, que les objets proches des édifices semblent démesurés, tandis que ceux qui se dressent au loin, à l'endroit des paysages, vont s'éloignant à l'infini; d'où l'impression que cette pièce, dont la longueur ne dépasse pas dix mètres, se trouve en rase campagne. De plus, le carrelage se compose de petites pierres rondes placées en biseau et des pierres identiques sont peintes sur la partie inférieure des murs verticaux, si bien qu'on ne peut discerner d'angle aigu, et cette surface unie donne l'effet d'une étendue considérable, ce que Giulio, à qui nos hommes de métier doivent tant pour de semblables inventions, exécuta avec un discernement incomparable et une admirable maîtrise.»

Les autres grandes réalisations de Jules Romain se trouvent elles
108 aussi à Mantoue: à la cathédrale, au palais ducal et surtout dans la
109 maison qu'il se fit construire peu avant sa mort, en 1546. Ici, du moins,
n'eut-il pas à subir la pression de ses commanditaires. La taille de cette
demeure indique assez la prospérité de l'artiste préféré du duc. La
78 façade constitue presque une parodie de la Maison de Raphaël: il arrive
à Jules Romain de prendre délibérément le contre-pied des idées de
Bramante. C'est ainsi que le bandeau pointe en son milieu vers le
haut pour former une ébauche de fronton qui repose à son tour sur

108 Mantoue, palais ducal, Cortile della Mostra.

109 Mantoue, maison de Jules Romain, années 1540.

la clef de voûte de l'arc surbaissé. Même chose pour les étranges embrasures qui s'encastrent dans des arches peu profondes et presque trop petites, que surmonte un entablement compliqué, dépourvu de colonnes. Pareil solécisme, impensable dans les premières années du siècle, pouvait paraître spirituel et amusant dans les années 1540. Ce trait suffit à illustrer la préciosité latente de l'architecture maniériste dans ce qu'elle a de meilleur. On comprend que ce style ait remporté plus de succès chez les historiens de l'architecture qu'auprès du grand public.

CHAPITRE HUIT

Peruzzi et Antonio da Sangallo le Jeune

Comme Raphaël et Jules Romain, Baldassare Peruzzi compte parmi les plus brillants disciples de Bramante. Peintre et architecte, né à Sienne en 1481, il se rendit vers 1503 à Rome où il mourut en 1536. Vasari raconte qu'il souleva l'admiration de ses contemporains en remettant au goût du jour l'art longtemps assoupi de la décoration théâtrale et les sortilèges du trompe-l'œil. Des centaines de croquis de sa main subsistent, pour la plupart à Florence et à Sienne, mais sa personnalité demeure quelque peu mystérieuse. On se souvient surtout qu'il fut le bras droit de Bramante et qu'il eut Serlio pour élève. Ce dernier, on le sait, utilisa largement les croquis de son maître dans son traité. Bramante et Peruzzi projetaient tous les deux d'écrire des traités qui ne nous sont jamais parvenus. C'est donc le livre de Serlio qui constitue notre source d'information décisive tant sur Peruzzi que sur Bramante. De Peruzzi, nous ne possédons que quelques peintures et les deux édifices que lui attribue Vasari.

Le plus ancien, la Farnésine, sur les bords du Tibre à Rome, fut 110-112
commencée en 1509 et achevée en 1511. Malgré sa petite taille, elle fait date comme l'un des prototypes de la villa à corps de bâtiment central et ailes en avancée. Beaucoup plus ancienne que la villa Madame, elle pourrait, à première vue, passer pour une maison du XVe siècle. Commandée par le banquier siennois Agostino Chigi, dont Raphaël devait par la suite décorer la chapelle, elle était destinée à servir de *villa suburbana*. Le récent vitrage des cinq baies du rez-de-chaussée, annulant le contraste entre les vides et les pleins, l'a rendue moins spectaculaire de l'extérieur. Mais ce vitrage s'imposait : le portique de l'entrée renferme une magnifique série de fresques de Raphaël et de ses élèves représentant Cupidon et Psyché. Autre dégradation, les fresques qui, à l'origine, ornaient la pierre lisse de la façade, ont succombé aux intempéries. D'où l'étrange discordance entre la nudité

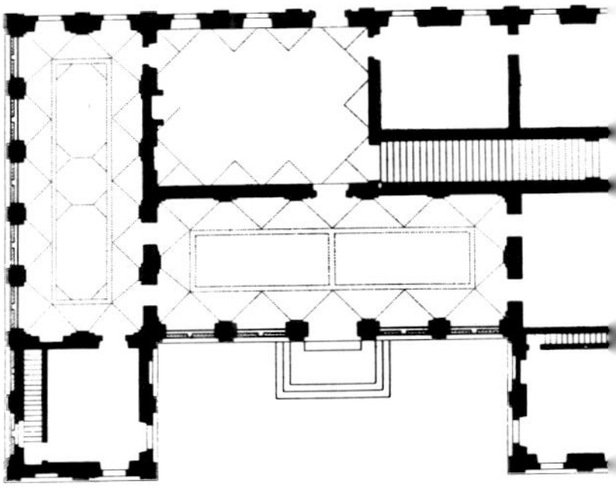

ROME,
VILLA FARNÉSINE
Peruzzi, 1509-1511.

110 Façade, gravure.

111 Plan.

112 Fresque de la salle des Perspectives.

des murs et la richesse du modelé de la frise d'auvent ornée de festons, de chérubins et de petites fenêtres d'attique. Architecturalement, elle rappelle par sa simplicité celui qui forma Peruzzi, Francesco di Giorgio. La gêne causée par la division des extrémités des ailes en deux baies au lieu de trois explique en partie son aspect légèrement démodé.

Peruzzi fit partie de l'équipe de peintres qui réalisa la décoration intérieure de la Farnésine. On comprend l'enthousiasme de ses contemporains pour celui qui avait appris au théâtre l'art du trompe-l'œil lorsqu'on voit ce qu'il fit de la grande pièce du premier étage dite « salle des Perspectives ». L'échappée sur un panorama de Rome 112
est d'un réalisme saisissant.

Au cours des neuf années qui suivirent, Peruzzi travailla à la réédification de Saint-Pierre, d'abord avec Bramante, puis avec Raphaël. De ce travail, subsistent des dizaines de croquis, mais comment savoir de qui ils illustrent les idées? En 1520, Peruzzi succéda à Raphaël; néanmoins les travaux stagnèrent et le sac de Rome, au cours duquel il fut fait prisonnier, suspendit l'entreprise pour plusieurs années. Ayant réussi à s'enfuir, il travailla quelque temps à Sienne avant de regagner Rome où il retrouva son titre de *capomaestro* de Saint-Pierre en 1530. Toutefois, il ne s'installa à Rome qu'en mars 1535 pour y mourir le 6 janvier de l'année suivante.

Cette datation précise prouve aussi que son chef-d'œuvre, le palais des frères Pietro et Angelo Massimi à Rome, dont la construction ne 113-115
peut avoir commencé avant 1532 ou 1535, fut achevé après sa mort. On le cite souvent comme un ouvrage pré-maniériste. Il importe donc de souligner qu'il est postérieur au palais du Té comme aux palais romains de Raphaël.

L'ancien palais Massimi, ou Massimo, avait brûlé pendant le sac de Rome, mais certaines dépendances tenaient encore plus ou moins debout et Peruzzi reçut mission de construire deux palais, un pour chaque frère, sur un site inégal, en utilisant au mieux ce qui restait des annexes. Le plan témoigne de son habileté. Sur ce terrain 113
malcommode, il parvint à aménager un nombre considérable de salles de réception, toutes de forme rectangulaire, et même à respecter, en apparence du moins, la symétrie autour des axes principaux. L'étude

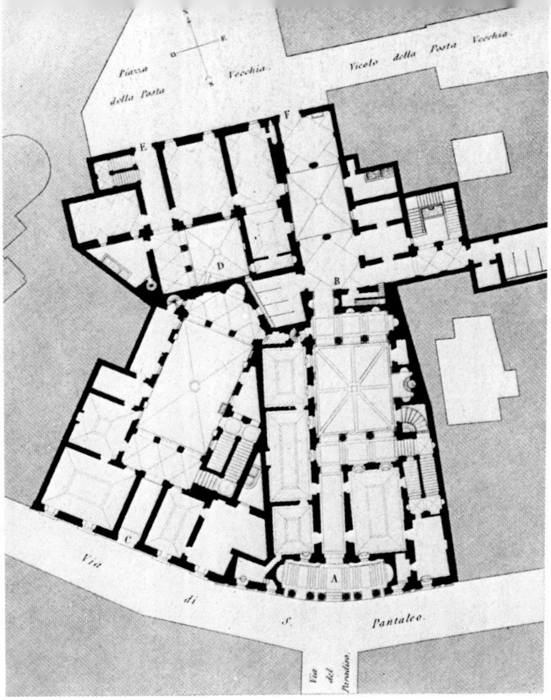

ROME, PALAIS MASSIMI ALLE COLONNE
Perruzzi, commencé en 1532/1535.

113 Plan.

114 Façade.

115 Cour.

du plan montre que ces axes sont en réalité des lignes brisées, ce qui, néanmoins, n'est pas perceptible au vu de l'édifice. Le palais de Pietro,
114 à droite sur le plan, a une façade impressionnante. Celui d'Angelo dénote plus de simplicité. Pour tirer le meilleur parti du site, Peruzzi innova en incurvant la façade dont il est difficile d'avoir une vue satisfaisante : elle donne en effet sur un carrefour en T qui nous prive du recul nécessaire. D'où, sans doute, la différence de traitement entre les deux façades. On qualifie de maniériste celle du palais Pietro Massimi. Le modèle de Bramante y est respecté dans les grandes lignes : le soubassement massif est séparé du *piano nobile* et des étages supérieurs par une forte corniche. Mais, comme dans le palais Branconio de Raphaël, les colonnes sont au rez-de-chaussée et l'appareillage couvre toute la hauteur de l'édifice. Elles s'ordonnent de part et d'autre selon un rythme remarquable : d'abord, une baie encadrée par deux pilastres, puis une baie dotée d'un pilastre et d'une colonne et enfin, dans l'axe central de la loggia d'entrée, des travées flanquées de colonnes géminées.

La symétrie de l'ensemble est pourtant scrupuleusement respectée. Au-dessus de la corniche qui surmonte cet ordre, un second bandeau de pierre joint les assises saillantes des fenêtres, soulignant ainsi le bandeau horizontal qui court le long du palais à environ un tiers de la hauteur totale. L'aspect proéminant de la façade incombe surtout à la division tripartite de l'appareillage: au-dessus des grandes fenêtres du *piano nobile* se trouvent deux rangées égales de fenêtres d'attique. Cette anomalie (l'usage veut que la taille des fenêtres décroisse régulièrement de bas en haut) crée une certaine gêne au niveau de la partie supérieure. En un second temps, Serlio plaqua sur l'armature complexe qui enchâsse les fenêtres d'attique plusieurs de ces tresses dont la mode allait se répandre comme une traînée de poudre à travers toute l'Europe du Nord à la fin du XVIe et au début du XVIIe siècle.

Peruzzi a conçu les cours principales de ses deux palais comme des *atrium*, sans doute parce que les Massimi se targuaient de descendre de l'illustre Fabius Maximus et tenaient au caractère «antique» de leur demeure. Il résolut avec brio les difficultés soulevées par l'agencement des cours. Comme le montre la photographie du palais
115 Pietro Massimi, les alvéoles qui surplombent l'ordre inférieur ne se contentent pas d'éclairer la loggia: elles servent aussi à gommer la disproportion manifeste entre ses deux niveaux. Cette astuce digne du peintre de la salle des Perspectives parvient à nous convaincre que nous contemplons deux étages égaux. L'ornementation de la loggia du premier étage est particulièrement somptueuse, comme il sied au *piano nobile*.

Le plus important des palais contemporains du Massimi est le gigantesque palais Farnèse d'Antonio da Sangallo le Jeune. Neveu de Giuliano et d'Antonio da Sangallo l'Ancien, formé à leurs côtés, il vint à Rome à l'âge de vingt ans, vers 1503. Il y mourut en 1546, après avoir consacré l'essentiel de sa vie à la basilique Saint-Pierre. Assistant et dessinateur de Bramante, il finit par lui succéder et réalisa
90 une grande maquette en bois qui a survécu. L'une de ses toutes premières œuvres, le palais Baldassini de Rome (environ 1503), illustre déjà son style imposant mais prosaïque. D'une sensibilité artistique

inférieure à celle de Peruzzi, avec qui il travailla sans doute sous la direction de Bramante, il avait le don, peut-être hérité de son oncle Antonio l'Ancien, de la maçonnerie simple et massive. Mû par un enthousiasme aussi superficiel qu'intense pour l'antique, il distribuait au petit bonheur la chance les motifs du Colisée ou du théâtre de Marcellus. Michel-Ange, qui jugeait détestable sa platitude d'imagination, s'empressa de reprendre à zéro ce qu'il avait fait à Saint-Pierre. Le Farnèse illustre lui aussi la différence entre les deux hommes.

Antonio entra assez vite au service du cardinal Farnèse, pour qui il entreprit de construire un palais vers 1513. L'ouvrage avança très lentement, jusqu'au jour où le cardinal devint pape sous le nom de
Paul III, en 1534. Le plan en fut alors sensiblement agrandi et modifié. 116
Le palais devait servir de résidence aux Farnèse — à la fortune récente et à la popularité mal assise. Antonio dirigea l'énorme projet jusque peu avant sa mort. Le pape mit au concours la grande corniche supérieure. Humiliation suprême, ce fut Michel-Ange qui l'emporta. Ce même Michel-Ange qui, à la mort d'Antonio, devait remanier et achever la majeure partie du plus vaste et du plus somptueux des palais princiers de Rome[24].

Le Farnèse occupe tout un côté de la grande place sur laquelle il 118
est situé. Conçue comme une gigantesque falaise, sa façade principale mesure près de trente mètres de haut et soixante mètres de long. Le plan, de type florentin plutôt que romain, comporte un bloc d'un seul tenant, à peu près carré, autour d'une cour carrée. L'arrière et le grand portique avec vue sur le Tibre ne furent achevés qu'à la fin du XVIe siècle. La façade principale se rapproche pourtant plus du Pitti que des ouvrages contemporains comme le Massimi. L'immensité du mur a été respectée. Au lieu de l'opposition traditionnelle entre un soubassement en pierres apparentes et les ordres supérieurs, l'effet de texture est obtenu, comme chez les Florentins du XVe siècle, à la fois par l'usage de pierres d'angle dont le bossage s'atténue de bas en haut et par le fenestrage. Les étages sont séparés par de fortes corniches horizontales et des bandeaux qui passent au-dessus des balustrades, au niveau de la base des petites colonnes qui encadrent

les fenêtres. On doit à Antonio da Sangallo ce genre de fenêtres en tabernacle enchâssées dans la maçonnerie, mais la façade principale comporte deux touches caractéristiques de Michel-Ange. D'abord, la corniche, d'un classicisme pointilleux, a été rehaussée de quelques mètres par rapport au projet initial pour éviter qu'elle ne donne l'impression d'écraser l'étage supérieur. Le traitement de la grande fenêtre centrale, surmontée des armes des Farnèse, juste au-dessus du porche appareillé de l'entrée principale, est encore plus typique du style de Michel-Ange qui, pour la mettre en valeur, en a réduit la taille et l'a encaissée encore plus profondément dans le mur. Cette sorte d'emphase négative est très caractéristique de son maniérisme. On pénètre dans le palais en passant sous une arche qui mène à un étroit tunnel fort impressionnant soutenu par des colonnes antiques en granit qui séparent la chaussée des trottoirs latéraux. Le classicisme de ce dispositif peut très certainement être attribué à Antonio qui s'inspira sans doute du théâtre de Marcellus.

La cour rappelle manifestement les arcades superposées du théâtre de Marcellus et du Colisée. Les arcades du rez-de-chaussée et du

ROME, PALAIS FARNÈSE
Antonio da Sangallo le Jeune et Michel-Ange, commencé en 1513, agrandi en 1534-1546.

116 Plan.

117 Vestibule d'entrée.

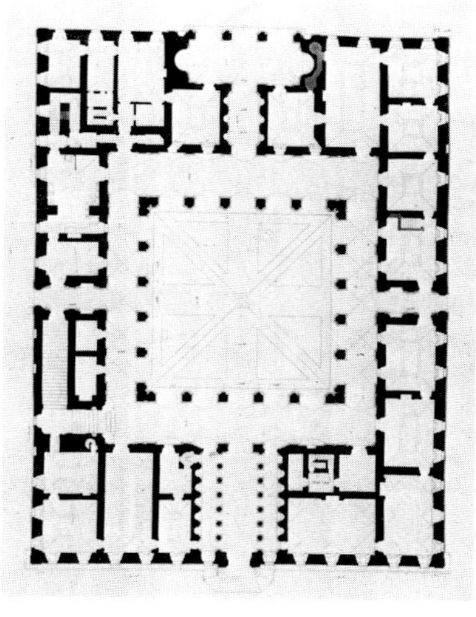

118 Façade.

119 Reconstitution du projet de Sangallo le Jeune.

120 Cour.

premier étage n'ont rien d'exceptionnel. Elles sont visiblement l'œuvre
120 d'Antonio da Sangallo. L'étage supérieur est si complexe qu'on peut à peine parler d'arcade. Son extrême sophistication porte de manière évidente la griffe de Michel-Ange. Antonio avait sans doute prévu trois arcades reposant sur des piliers et pourvues de colonnes essentiellement décoratives répondant aux trois ordres. Mais les architectes se virent dans l'obligation de combler les arches des étages. Le niveau supérieur a été conçu et réalisé par Michel-Ange à qui l'on attribue aussi l'étonnante frise qui coiffe l'ordre ionique et le chambranle des fenêtres enchâssées dans les arches pleines du premier étage. Dans le bâtiment même, on note un ou deux emplacements où l'on a muré des balcons et remplacé par des fenêtres l'arcade ouverte d'origine.

La majesté du Farnèse éclipse celle du Massimi mais tous les deux traduisent le même désir de recréer un édifice classique. Il y a plus d'invention chez Peruzzi. L'œuvre de Sangallo illustre un type d'architecture académique, dont les règles aisément transmissibles allaient constituer cette sorte de grammaire qui devait se perpétuer jusqu'au beau milieu du XIXe siècle, comme le prouvent à Londres le Reform Club de Pall Mall ou les grands hôtels particuliers de Kensington dont les fenêtres en tabernacle sont les lointaines descendantes de celles du palais Farnèse. Il est tellement facile d'enseigner ce genre d'architecture qu'on a parfois injustement terni la mémoire d'Antonio da Sangallo en lui attribuant des fautes qu'il n'avait pas commises. Michel-Ange haïssait son collègue florentin qu'il soupçonnait, entre autres, de profiter bassement de sa charge à Saint-Pierre. Mais il savait aussi de quoi il parlait lorsqu'il s'en prenait à la lourdeur d'esprit et à l'imagination défaillante de la « bande des Sangallo ». N'oublions pas que l'imagination qui donne à l'architecture de Michel-Ange son incontestable splendeur visait à surprendre, à choquer, à dérouter. Michel-Ange compte parmi les esprits les plus inventifs de l'histoire de l'architecture. Aussi traiterons-nous séparément de l'œuvre du plus grand des maniéristes.

CHAPITRE NEUF

Michel-Ange

Au cours de sa longue vie, Michel-Ange Buonarroti (1475-1564) s'imposa comme le phénix de la peinture, de la sculpture et de l'architecture de son temps. On lui doit aussi quelques-uns des poèmes les plus raffinés de la langue italienne. La jeune génération l'adorait malgré son caractère impossible. Sa piété proverbiale lui valut l'amitié d'Ignace de Loyola, fondateur de la Compagnie de Jésus. Sculpteur avant tout, il ne put refuser de peindre les immenses fresques de la chapelle Sixtine. C'est à l'occasion du projet de mausolée de Jules II qu'il se plongea dans le monde de l'architecture, mais la pression des papes toujours pressés le contraignit à en remettre la réalisation. Les Médicis lui commandèrent pour l'église San Lorenzo une façade, puis une chapelle, la Nouvelle Sacristie, pour faire pendant à celle de Brunelleschi. On le chargea enfin de la bibliothèque Laurentienne au monastère de San Lorenzo. Vasari, qui dit avoir gagné Florence à quatorze ans pour devenir son élève en 1525, décrit merveilleusement sa position face à l'architecture:

> «Et comme il désirait que la Nouvelle Sacristie fût à l'imitation de l'Ancienne mais d'aspect différent, il la dota de l'ornementation composite la plus diverse et la plus originale des temps anciens ou modernes. Traçant les corniches, les chapiteaux, les bases, les portes, les fenêtres en tabernacle et les tombes d'un style où la nouveauté le disputait à la magnificence, il prit bien des libertés avec la mesure, l'ordre et la règle pratiqués par les autres hommes sur les traces de Vitruve et des Anciens auxquels il refusait de se conformer. Et cette liberté communiqua à ceux qui avaient vu sa manière l'audace de l'imiter, si bien qu'ont surgi depuis mille fantaisies plus proches du grotesque que de la raison. Infinie reste la dette des artistes à son égard, car c'est lui qui brisa les liens et les chaînes de l'usage

> dont ils n'avaient jamais osé s'écarter. Il démontra encore plus clairement sa méthode avec le superbe fenêtrage, les caissons et le merveilleux vestibule ou *ricetto* de la bibliothèque du monastère de San Lorenzo. Jamais on n'avait imaginé grâce si résolue, tant dans l'ensemble que dans chacune des parties, les consoles, les tabernacles et les corniches, jamais escalier plus fonctionnel aux lignes si bizarrement brisées. Cela s'éloignait tant de la coutume que la stupéfaction fut universelle.»

On le chargea d'abord, en 1516, d'ajouter une façade à l'église
de San Lorenzo. Il perdit plusieurs années sur ce projet qui ne fut
jamais réalisé, mais dont plusieurs descriptions, quelques dessins
121 et une maquette en bois nous permettent de nous faire une idée.
Les experts s'accordent à dire que la maquette ne représente pas
son projet définitif. Du moins est-elle représentative de ses intentions.
Elle montre qu'il prévoyait un vaste frontispice orné de multiples
statues plutôt qu'une façade dans le style de Brunelleschi: Michel-Ange
perçoit en effet l'architecture comme une extension de la sculpture.
122 A preuve, la chapelle de San Lorenzo qui, au départ, ne devait être
qu'un mausolée ou une chapelle funéraire. L'ensemble — inachevé
— fut conçu comme un tout: la chapelle et les statues des ducs, des
saints patrons de la famille et de la Vierge à l'Enfant sont faites pour
être embrassées d'un seul regard, en se plaçant derrière l'autel. Deux
tombeaux seulement furent réalisés, ceux de Laurent et de Julien de
Médicis, symboles de la vie active et de la vie contemplative. Laurent,
la tête sur la main, et Julien, dont la pose est plus vigoureuse, sont
tournés vers la Madone. Leurs effigies reposent sur des sarcophages
symboliques ornés chacun de deux statues couchées, *l'Aurore* et *le*
124 *Crépuscule* pour Laurent, *le Jour* et *la Nuit* pour Julien. Michel-Ange
avait prévu deux autres statues au ras du sol, pour corriger l'impression
donnée par les personnages allégoriques qui semblent en position
instable sur le couvercle de leur sarcophage. Il prévoyait donc une
puissante composition triangulaire dont la statue funéraire aurait
constitué l'apex.

L'espace est divisé en trois zones verticales, les baies latérales

121 Florence, maquette en bois pour la façade de San Lorenzo, attribuée à Michel-Ange.

comportant une niche vide surmontée d'un fronton curviligne. L'attention se concentre donc sur le panneau central, flanqué de 124
pilastres et privé de fronton. Elle se porte ensuite sur les statues placées dans des niches plus profondes que celles des panneaux latéraux. Ces dernières niches sont vides. Michel-Ange joue ici d'une sorte d'emphase négative caractéristique du maniérisme. D'autres innovations soulignent son importance en tant que créateur du maniérisme; par exemple, le tabernacle aveugle des portes. Quoi de plus simple, à première vue, que ce tabernacle encadrant une niche 122
vide entre deux larges pilastres corinthiens? En fait, le fronton est si large qu'il semble presque à l'étroit entre les pilastres. Le tabernacle proprement dit se compose d'un fronton curviligne porté par deux

FLORENCE,
SAN LORENZO,
CHAPELLE MÉDICIS
Michel-Ange.

122 Vue depuis l'autel.

123 Section.

pilastres, mais non seulement ces pilastres ne correspondent à aucun des ordres classiques, mais leur face présente d'étranges renfoncements. L'arc du fronton est double et, de manière encore plus surprenante, sa base est escamotée, si bien que le haut de la niche semble rogner sur l'espace du fronton, alors que le bas de la même niche semble

124 Tombeau de Julien de Médicis.

projeté vers l'avant par un bloc de marbre dont la raison d'être reste mystérieuse. Enfin, le fond de la niche est orné d'une patère et d'un bouillon richement sculpté. Bref, tout le lexique de l'architecture classique est ici maltraité et réordonné au service de formes nouvelles d'une grande complexité.

Telles sont les «libertés avec la mesure, l'ordre et la règle» dont parlait Vasari. C'est bien ce projet qui marque la naissance du maniérisme, puisqu'il précède de plusieurs années le palais du Té. Les travaux, commencés en novembre 1520, durèrent jusqu'en 1527, date de l'expulsion des Médicis. Michel-Ange se mit au service de la République et fut un temps requis par la fortification de la ville. En 1530, les Médicis à peine revenus au pouvoir lui passèrent des commandes qu'il n'était pas en mesure de refuser. En 1534, il s'enfuit
125, 126 à Rome, laissant inachevée la chapelle Médicis et la bibliothèque Laurentienne. La chapelle ne devait jamais être terminée. Une partie de la bibliothèque fut complétée par Ammannati. Quant au travail de Michel-Ange dans la Nouvelle Sacristie, il comporte d'indéniables références à l'Ancienne Sacristie: on y reconnaît les thèmes brunelleschiens revus et corrigés en fonction de la vision du classicisme à laquelle il était parvenu à cette étape de sa carrière. Pour la Laurentienne, il eut les coudées franches, et les formes de son invention y sont plus évidentes, notamment dans le vestibule, que dans la chapelle Médicis.

La commande de la bibliothèque semble dater de décembre 1523 ou janvier 1524. Il soumit plusieurs plans dès 1524. Le vestibule posa des problèmes: Michel-Ange avait prévu de l'éclairer par le haut, mais le chef des Médicis, Clément VII, tenait à disposer de fenêtres latérales. D'où la remarquable structure que nous pouvons admirer aujourd'hui. Une forte dénivellation séparait du vestibule le plancher de la bibliothèque, posé sur des piliers de façon à enjamber le vieux monastère conformément aux exigences du pape. Les murs du vestibule furent donc surélevés. Le résultat, unique en son genre, est une pièce tout en hauteur, où la quasi-totalité de l'espace au sol est occupé par un gigantesque escalier tripartite qui semble se répandre comme une coulée de lave depuis la bibliothèque jusqu'à l'entrée. Les murs du vestibule sont traités comme s'il s'agissait de façades de palais tournées vers l'escalier. Les niches en tabernacle sont aussi surprenantes qu'à la chapelle Médicis, mais surtout les colonnes semblent encastrées dans le mur au lieu de s'en détacher. On les dirait portées par d'énormes consoles en volutes. On a récemment démontré

FLORENCE,
BIBLIOTHÈQUE LAURENTIENNE
Michel-Ange, commencée en 1524.

125 Vestibule et élévation intérieure.

126 Escalier du vestibule.

que cet étrange traitement des colonnes encaissées dans le mur qu'elles sont censées porter s'explique par l'existence d'un mur de fondation préexistant sur lequel elles reposent effectivement. L'effet produit n'en est pas moins insolite et d'une virtuosité caractéristique du maniérisme et de Michel-Ange. Brunelleschi, confronté à un problème similaire, aurait sans aucun doute trouvé une solution plus franche. L'escalier fut achevé dans les années 1550 par Vasari et Ammannati qui semblent s'être démarqués des plans de Michel-Ange malgré la petite maquette qu'il leur expédia de Rome en 1558/1559.

Michel-Ange passa les trente dernières années de sa vie à Rome où il s'attaqua à plusieurs grands projets, dont presqu'aucun ne fut exécuté conformément à ses plans. Le plus important est celui de Saint-Pierre qu'il considérait comme son chef-d'œuvre, auquel il se consacra de 1546 jusqu'à sa mort et pour lequel il refusa d'être payé.

Il parvint tout de même à lancer plusieurs autres chantiers et à en superviser quelques-uns dans le détail. Les plus importants sont la refonte de l'ensemble du Capitole et la porte Pia. Le Capitole est depuis toujours le haut lieu du gouvernement romain. A l'époque de l'Empire comme sous la République romaine, on le qualifiait de centre du monde, *Caput Mundi*. Remodeler cette zone et lui restituer une grandeur digne de son rôle constituait un enjeu politique d'envergure. On commença, en 1538, par y transférer la seule statue équestre d'empereur romain demeurée intacte depuis le IIe siècle, la statue de Marc-Aurèle. Longtemps après le Moyen Age, on croyait encore qu'elle représentait non pas Marc-Aurèle, mais Constantin, le premier empereur chrétien, d'où son importance symbolique dans les projets de refonte du paysage capitolin. Les
127-130 avant-projets de Michel-Ange datent de 1546. Les travaux avancèrent, hélas, très lentement et ses plans furent remaniés après sa mort par Giacomo della Porta. Une série de gravures exécutées dans les cinq ans qui suivirent sa mort en 1564 nous donne toutefois une idée assez précise de ses intentions. Il avait prévu d'enclore l'espace dans une sorte de trapèze dont le côté le plus large serait occupé

par le siège du gouvernement, le Sénat, tandis que le côté le plus étroit déboucherait sur l'escalier qui dévale la colline. Cette forme trapézoïdale est accentuée par le pavage ovale qui, au centre de la place, sert d'écrin à la statue de Marc-Aurèle. A l'élan concentrique prévu par Michel-Ange, della Porta devait substituer un mouvement centrifuge en modifiant le motif du pavage et surtout en ouvrant quatre
rues aux angles de la place, là où Michel-Ange n'en avait prévu que 127
trois. La récente réfection du pavage selon les plans originaux n'a fait qu'aggraver la confusion puisqu'on n'a pas touché aux quatre rues de della Porta. Les palais situés de part et d'autre abritent aujourd'hui des musées. Malgré les interventions de della Porta, ils portent encore la griffe de Michel-Ange dont on retrouve l'esprit dans des détails tels que celui de l'illustration 130.

L'innovation décisive vient ici de l'introduction de l'ordre «colossal», défini par la prolongation sur deux étages des pilastres ou des colonnes[25]. Ce sont, en l'occurrence, des pilastres qui reposent sur de hautes bases traditionnelles. L'étage inférieur présente une autre innovation: les colonnes portent non pas des arches mais des entablements rectilignes. Le rapport de proportions entre les pilastres géants, les colonnes du rez-de-chaussée et les colonnettes des fenêtres en tabernacle n'a rien d'évident. On est loin de la simplicité chère aux architectes du XVe siècle. Les détails des fenêtres ou des panneaux qui viennent souligner le gigantisme de cet ordre sont, eux aussi, typiques du maniérisme et de sa passion pour la complexité.

La chapelle Sforza de la basilique paléochrétienne Santa Maria Maggiore, un essai de voûte extrêmement sophistiquée, et une porte
fortifiée, concluent sa carrière. La porte Pia, pour laquelle il réa- 131
lisa au moins trois esquisses, fut commencée en 1562, mais construite pour l'essentiel après sa mort. La gravure de 1568 permet de mesurer son évolution vers des formes de plus en plus complexes par rapport à la chapelle Médicis de quarante ans plus tôt. C'est ainsi qu'il prévoyait d'insérer un fronton en demi-cintre brisé à l'intérieur d'un fronton triangulaire entier. Il s'est également intéressé aux contrastes de texture entre les murs lisses de la partie centrale et

AREAE CAPITOLINAE ET ADIACENTIVM PORTICVVM SCALARVM TRIBVNALIVM EX
MICHAELIS ANGELI BONAROTI ARCHITECTVRA ICHNOGRAPHIA
ROMAE ANNO ∞ D L X V II

ROME, CAPITOLE
Plan revu par Michel-Ange, 1546.

127 Plan
(le palais capitolin se trouve sur la gauche).

128 Elévation du palais capitolin.

129 Vue générale (gravure de E. Dupérac).

130 Détail du palais capitolin.

l'appareillage de pierre brute des travées latérales. Ses inventions en matière de fenestrage devaient être parachevées par les architectes du XVIIe siècle comme le Bernin et Borromini, qui doivent énormément à ses œuvres romaines.

131 Michel-Ange, Rome, porte Pia, commencée en 1562. Gravure de E. Dupérac.

CHAPITRE DIX

Sanmicheli et Sansovino

D'un bout à l'autre de la péninsule, les nombreux disciples et assistants de Bramante assurèrent la diffusion de ses idées. La deuxième génération s'expatria souvent ou, comme Serlio, rédigea des traités qui contribuèrent à répandre son message. Jules Romain, disciple de Raphaël, introduisit à Mantoue une version très modifiée du classicisme de Bramante. Mais l'influence la plus marquante pour l'Italie du Nord devait surgir du territoire vénitien où Sanmicheli et Sansovino exercèrent leurs talents pendant le deuxième quart du XVIe siècle. Dans tout le centre de l'Italie, le mécénat s'était effondré avec la grande crise politique consécutive au sac de Rome. Au contraire, l'Etat vénitien, qui n'avait rien perdu de sa puissance, recrutait des ingénieurs militaires et des architectes. Sanmicheli et Sansovino furent tous deux fonctionnaires de la République de Venise, même si Sansovino fut le seul à travailler à l'intérieur de la ville.

Michele Sanmicheli (1484-1559) naquit à Vérone, alors terre vénitienne. A seize ans, il partit pour Rome où il devint l'élève ou l'assistant d'Antonio da Sangallo, encore que les dessins qui lui sont attribués nous renseignent peu à ce sujet. En 1509, il gagna Orvieto où il allait passer près de vingt ans à bâtir de petites chapelles et des maisons particulières, sans compter la splendide cathédrale de Montefiascone, à une trentaine de kilomètres de la ville. Il revint à Vérone peu après 1527 et y entama une longue carrière d'architecte militaire au service de l'Etat vénitien. De longs séjours en Crète, en Dalmatie et à Corfou lui permirent de renforcer les avant-postes vénitiens qui constituaient le principal rempart de l'Italie contre la menace turque. Il bâtit enfin le fort du Lido près de Venise, et plusieurs portes fortifiées, à Vérone et ailleurs. Dans le contexte périlleux du milieu du siècle, quel meilleur service aurait-il pu rendre à son pays, même si nous pouvons considérer qu'il y gâcha son talent? Ces

132 Sanmicheli, Vérone, porte Palio, années 1530.

longues années ont pourtant laissé leur marque sur son architecture. Il ne suffit pas qu'une forteresse soit robuste, encore faut-il que cela
132 se voie. Les deux portes fortifiées de Vérone, la porte Palio et la porte Nuova, ont l'air inexpugnable, grâce à la raideur de leurs colonnes annelées et de leurs bandes rustiques, et à la lourdeur des clefs de voûte qui surmontent les petites arches. Le bossage à double niveau de la porte Palio lui confère une allure rugueuse qui contraste délibérément avec l'arcade ouverte de la face tournée vers la ville. La face extérieure, quoique exposée aux boulets de canons, est traitée avec toute la préciosité compatible avec l'ordre dorique. Comme le dit Vasari: «Ces deux portes montrent que le Sénat vénitien a su utiliser toutes les capacités de l'architecte, égalant de ce fait les constructions et les travaux des Anciens.»

133-136 En tant qu'architecte privé, Sanmicheli nous a laissé trois palais qui semblent tous dater des années 1530, ce qui pose un problème
133 de chronologie. Le premier est le palais Pompei dont la construction dut commencer vers 1530. C'est, pour l'essentiel, une variation sur le modèle de la Maison de Raphaël. L'accent y est mis sur l'ornementation, conformément au goût de l'Italie du Nord. Il comporte sept baies. Celle du centre, plus large que les baies latérales où sont situées les fenêtres, sert de porte d'entrée. Les extrémités de l'édifice sont fermées par une colonne doublée d'un pilastre.

L'impeccable régularité de la Maison de Raphaël est ainsi légèrement modifiée, l'accent étant discrètement mis sur le centre et sur les extrémités. Le rez-de-chaussée ne comportant pas de dépenses, on pouvait rétrécir les fenêtres et élargir la porte, laquelle paraîtrait disproportionnée si, en contrepartie, des montants quadrangulaires ne venaient doubler les colonnes de baies terminales.

La haute Renaissance mit souvent à contribution la Maison de
Raphaël. L'emprunt est évident dans le cas du palais Canossa dont 134, 135
le plan se situe à mi-distance entre le palais à la romaine et la Farnésine de Peruzzi. L'arrière du palais débouchant sur les berges de l'Adige, trois murs seulement étaient nécessaires. La cour donne sur la rivière tumultueuse. A certains égards, ce palais rappelle le palais du Té, notamment par les arches triples de l'entrée principale et les fenêtres en mezzanine du rez-de-chaussée. Il daterait donc de la fin des années 1530 (il n'était pas achevé en 1537). Il ne ressemble que vaguement à la Maison de Raphaël, malgré la façade qui reprend la division fondamentale entre un rez-de-chaussée rustique et un *piano nobile* lissé dont les fenêtres sont séparées par des pilastres géminés. Le dispositif des fenêtres se retrouve à l'étage supérieur. L'harmonie de l'ensemble a donc été sacrifiée au profit d'un sérieux gain de surface habitable. La texture complexe du *piano nobile* doit beaucoup au Belvédère du Vatican ainsi qu'à la Maison de Raphaël. Comme au Pompei, la façade, où alternent les pilastres géminés et de larges fenêtres en arceaux, est fermée à chaque bout par des pilastres supplémentaires. Les fenêtres sont pourvues d'impostes saillantes qui rejoignent les pilastres de chaque côté. A ces impostes moulées, font écho des bandeaux plats qui courent d'une fenêtre à l'autre et semblent se glisser sous les pilastres. Ce dispositif souligne fortement les horizontales
et rappelle le jeu de panneaux utilisé par Bramante au Belvédère. 81

La troisième grande œuvre de Sanmicheli, le palais Bevilacqua, a 136
de quoi surprendre. Sa datation est problématique. On le rapproche généralement du travail effectué par Sanmicheli sur la chapelle Pellegrini dans les années 1540[26]. Il s'inspire visiblement de Jules Romain et de la vogue du maniérisme. Sa façade est un entrelac extrêmement complexe de motifs dont certains viennent en droite

ligne de Jules Romain. Sa richesse de texture n'a d'égale que celle du palais du Té, du palais Branconio et de quelques ouvrages de Sansovino à Venise. Le rez-de-chaussée rustiqué est lourdement travaillé et les clefs de voûte richement sculptées des fenêtres soulignent l'effet des lourdes bandes en bossage qui ornent les pilastres mêmes. Les ouvertures de la porte et des fenêtres suivent un rythme alterné A B A B A auquel obéissent également les baies (étroites-larges-étroites) du *piano nobile* dont les proportions ne pouvaient donc pas correspondre à celles de Bramante. D'où l'alternance, au niveau du *piano nobile*, de grandes arches et de petites fenêtres dotées d'un motif en arc de triomphe coiffé d'une petite arche à mezzanine. L'extrême complexité de cette façade se révèle pleinement quand on l'analyse dans les détails. Le rythme A B A des baies est renforcé par le contrepoint qu'introduisent ici les petits frontons typiquement maniéristes qui surmontent les arches mineures et qui sont eux-mêmes, soit triangulaires, soit en demi-cintre. La façade actuelle devrait donc se lire A B C B C B A, si l'entrée principale se trouvait sur l'axe central et non là où elle se trouve actuellement — sur la deuxième baie en partant de la gauche. Certains pensent que le palais est inachevé et que onze baies étaient prévues au lieu des sept d'aujourd'hui. Mais cela paraît improbable. Le palais est déjà d'une largeur peu commune.

VÉRONE, LES PALAIS DE SANMICHELI

133 Palais Pompéi, commencé *ca* 1530, la façade.

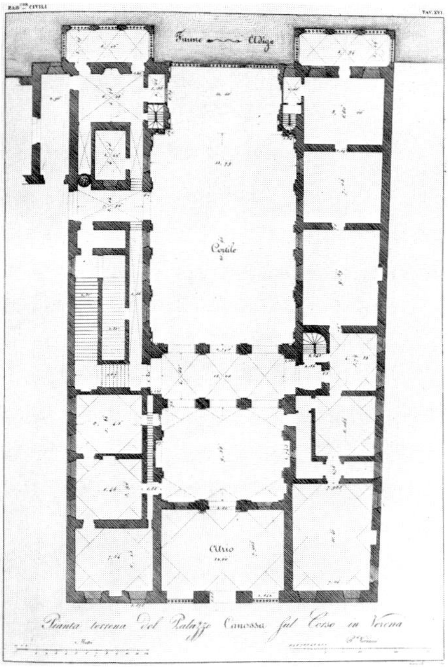

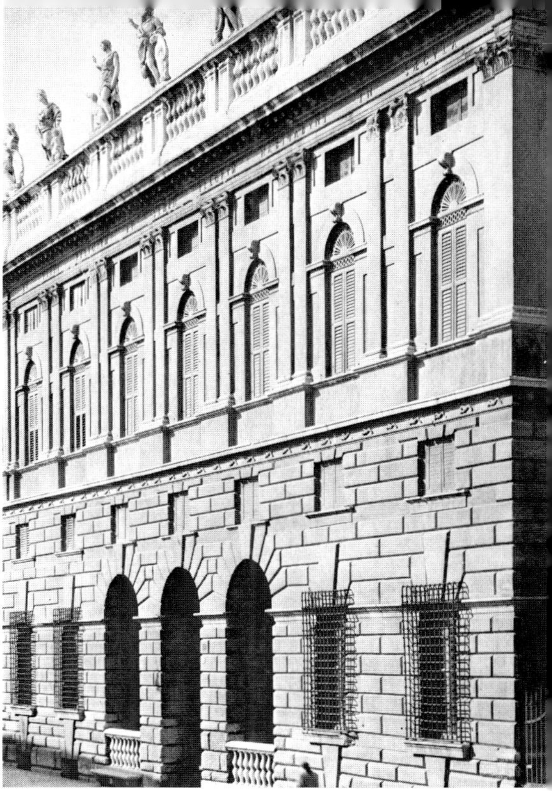

134, 135 Palais Canossa (fin des années 1530), plan et façade.

136 Vérone, palais Bevilacqua. Extérieur. Le projet date d'avant 1537.

Onze baies l'auraient rendu démesuré pour une famille relativement modeste, et le rapport 2/3 entre la hauteur et la largeur suffit à prouver qu'il est complet tel quel. La texture des colonnes qui séparent les baies du *piano nobile* vient encore compliquer les choses, puisqu'elles sont toutes cannelées. L'ordre et l'entablement sont, eux aussi, d'une préciosité insolite. Les cannelures ont leur propre rythme : droit, spirale à gauche, spirale à droite, droit, droit, spirale à gauche, spirale à droite, droit. Le rythme A B C A A B C A se superpose donc à celui des fenêtres. Dans sa forme actuelle, le palais est symétrique, à l'exception de l'entrée principale qui est décentrée.

Les petites baies situées au-dessus des frontons, pourvus de lucarnes en mezzanine, sont un peu guindées alors que l'intérieur des tympans des grandes arches est richement sculpté. La dissonance entre les petites fenêtres en mezzanine, l'appareillage rustique du rez-de-chaussée et la préciosité des sculptures et des corniches a conduit certains spécialistes à considérer le Bevilacqua comme un des chefs-d'œuvre du maniérisme. Mais l'influence de Jules Romain n'explique pas tout. La lourdeur de l'appareillage de la porte Nuova ou de la porte Palio visait à donner une impression de force. Il est probable que ce goût pour les jeux d'ombre et de lumière, d'abord appliqué à l'architecture militaire, continua de fasciner Sanmicheli pour des raisons purement esthétiques. Vérone abonde par ailleurs en vestiges classiques et bien des motifs du Bevilacqua, dont une version encore plus tarabiscotée nous est donnée par la chapelle Pellegrini, respirent le désir d'égaler l'Antiquité. En fait, le plan de la chapelle Pellegrini est presque littéralement calqué sur celui du Panthéon de Rome. Sanmicheli a
137, 143 consciemment voulu égaler un des prototypes du classicisme. Ce que confirme de façon éclatante, cinquante mètres plus bas dans la rue qui mène au Bevilacqua, un monument romain demeuré intact, la porte de' Borsari, qui date de l'époque romaine, même si les archéologues divergent sur sa datation. De là viennent ses petits frontons guindés, ses colonnes spiralées à cannelures et la luxuriance de son palais. Ce qui prouve, une fois de plus, que les successeurs de Bramante, passionnés d'archéologie, s'intéressèrent surtout aux édifices moins austères de la basse Antiquité. L'œuvre de Sanmicheli

rejoint ici celle de son contemporain de Florence, l'architecte Jacopo Sansovino qui s'installa à Rome à la même époque que lui et qui, comme lui, s'en fut travailler pour l'Etat vénitien après 1527.

Né en 1486, mort en 1570, Sansovino débuta comme sculpteur et fit ses classes sous Andrea Sansovino dont il emprunta le nom. Il partagea sa très longue vie entre l'architecture et la sculpture. Nous sommes relativement bien informés à son sujet car, dans ses *Vies* (1568), Vasari s'est plu à nous conter par le menu la carrière de ce Florentin qui sut s'imposer à Venise. Vasari révisa d'ailleurs son texte après la mort de Sansovino en 1570[27]. La célébrité de Sansovino lui valut l'amitié de Titien, du Tintoret et de l'Arétin. Son fils, écrivain distingué, rédigea un excellent guide de Venise où il accorde aux œuvres de son père l'attention qu'elles méritent. Pas plus que Sanmicheli, Sansovino, formé par Bramante, n'aurait hésité à se définir comme un architecte classique. Arrivé à Rome en 1505/1506 avec Giuliano da Sangallo, il entra dans le cercle de Bramante à la même époque que Sanmicheli. Deux décennies durant, il travailla à Florence et à Rome où il fit ses débuts d'architecte après 1518. Comme Sanmicheli, il prit la fuite en 1527 et s'installa à Venise, où il exerça

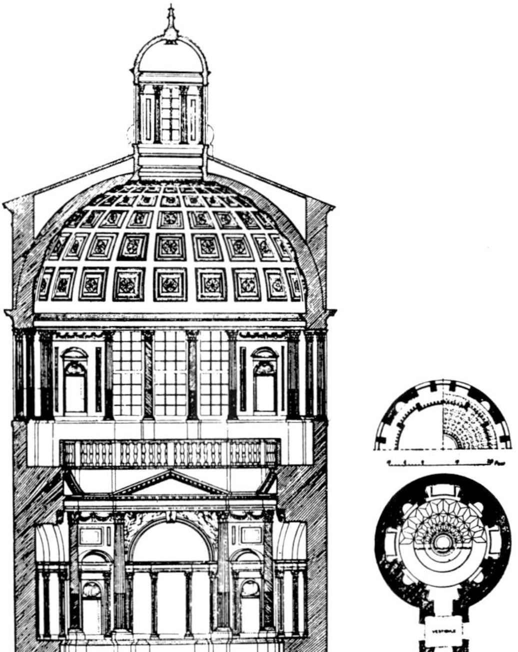

137 Vérone, chapelle Pellegrini. Section et plan par Sanmicheli, 1529 et années suivantes.

comme architecte et sculpteur. Ses titanesques statues de *Mars* et de *Neptune*, symboles de la puissance vénitienne sur terre et sur mer, occupent la place d'honneur de l'escalier des Géants du palais des Doges. Elles datent de la fin de sa carrière, mais on y discerne clairement l'influence combinée de Michel-Ange et de la sculpture classique, ce qui nous éclaire sur ses ambitions architecturales. A Venise, il commença par de petites commandes d'Etat. En 1529, il fut nommé «architecte principal de la Cité», fonction qu'il occupa quarante ans, ce qui lui permit d'assister à l'achèvement de la plupart de ses grands travaux. Il œuvra notamment à l'amélioration des
138-140 marchés de la ville. Son chef-d'œuvre est la grande bibliothèque qui occupe tout un côté de la Piazzetta de Saint-Marc, en face du palais des Doges. Il s'agissait d'abriter les livres qu'en signe de gratitude le cardinal de Byzance, Bessarion, avait offerts à la ville de Venise en 1468. Après de longues délibérations, on opta pour un somptueux édifice. En 1537, Sansovino entama les travaux. La bibliothèque fut achevée après sa mort par Vincenzo Scamozzi, entre 1583 et 1588. La «Sansoviniana» est un des rares édifices au monde à être connu sous le nom de son architecte. Elle a toujours joui d'une grande renommée. Palladio, qui la décrivait en 1570 comme «le bâtiment le plus précieux et le plus orné depuis le temps des Anciens», poussa le compliment jusqu'à la copier presque point pour point pour la basilique de Vicence. Le 18 décembre 1545, le gel entraîna l'effondrement partiel de la voûte. Sansovino fut aussitôt jeté en prison, d'où il ne sortit que grâce aux interventions de l'Arétin, de Titien et de l'ambassadeur de Charles Quint.

140 La vue aérienne montre plus clairement qu'une photographie de face la complexité du problème que Sansovino avait à résoudre. Son bâtiment, face à Saint-Marc et au palais des Doges, ne devait ni faire tache ni éclipser ces deux symboles de la République. Sa bibliothèque allait occuper l'essentiel de la seule esplanade de Venise, entre la Piazzetta et la place Saint-Marc. Il bâtit donc une immense façade d'un seul tenant parallèle à la longue façade du palais des Doges et dotée, comme elle, d'un retour de façade sur la lagune. En maintenant la ligne du toit plus basse que celle du palais, Sansovino évitait

d'écraser celui-ci. La multiplication des sculptures décoratives et les contrastes d'ombre et de lumière lui permettaient de ne pas déparer le site haut en couleur de Saint-Marc et du palais des Doges. Bramante n'avait jamais atteint pareil degré de splendeur. Mais la pesanteur dorique et le classicisme de la Sansoviniana, où se profile l'ombre du théâtre de Marcellus, sont bien d'esprit bramantesque. La controverse que suscita sa version de l'ordre dorique nous apprend que son édifice fut considéré comme un modèle de rigueur, dont le premier objectif était la régularité classique. Un obscur passage de Vitruve précise en effet que les angles du temple dorique doivent comporter une semi-métope[28], ce qui ne va pas sans problème. La solution de Sansovino fut d'ajouter de lourds montants aux pilastres d'angle proprement dits. Il lui suffit ensuite de donner à ses métopes une largeur légèrement supérieure à la moyenne et d'y ajuster celle des pilastres pour obtenir l'effet requis. Même si elle revenait à contourner le problème, cette solution ingénieuse donnait satisfaction à tout le monde, l'architecte étant traditionnellement libre de fixer à sa convenance la largeur des piliers. Or, l'effet produit par l'ensemble du bâtiment dépend dans une large mesure de ce dispositif: la frise est un peu trop large et le rapport entre l'ordre dorique et les arches diffère de celui du palais Farnèse, qui s'inspirait pourtant du même modèle antique. Une fois de plus, Sansovino s'est senti plus libre pour la partie supérieure du bâtiment: l'ordre du *piano nobile* est ionique, donc plus élevé que le portique du rez-de-chaussée. En fait, ce portique n'appartient pas vraiment au bâtiment. Autrefois destiné à protéger les piétons, il est aujourd'hui encombré de tables de café. La bibliothèque proprement dite se situant au premier étage, la petite taille des arches des fenêtres sert à compenser la différence des proportions. Elles reposent sur une série de colonnettes distinctes, d'ordre ionique et cannelées, pour que le contraste ne soit pas criant avec les grandes colonnes lisses qu'elles côtoient. Au-dessus de cet ordre élargi, se trouve un entablement massif, orné d'une frise très fouillée percée de nombreuses lucarnes et dont la hauteur est étonnante par rapport à l'ordre qu'elle surplombe.

L'ensemble paraît d'une grande simplicité grâce, d'une part, aux

139 arches du rez-de-chaussée qui constituent la façade tournée vers la Piazzetta, grâce, d'autre part, à la texture de la surface extérieure, et grâce, enfin, à de somptueux effets de clair-obscur. Les colonnettes des fenêtres du premier étage annoncent ce qu'on appellera le « motif palladien », et il est instructif de comparer le traitement de ces fenêtres
162 avec la version que devait en donner Palladio dans sa basilique de Vicence, dix ou douze ans plus tard. A l'intérieur comme à l'extérieur de sa bibliothèque, Sansovino a veillé à ce que sa profusion ne puisse être confondue avec celle du maniérisme de son contemporain Jules Romain.

Les autres grands ouvrages de Sansovino furent commencés à la même époque, deux d'entre eux juste à côté de sa bibliothèque. En 1537, il entama, sur la lagune, le palais de la Monnaie, de l'autre côté de la Piazzetta, la Loggetta du campanile et enfin le grand palais des Cornaro, le Palazzo Corner della Ca' Grande.

139 La Loggetta du campanile avait pour fonction d'harmoniser la grande verticale de la tour avec l'immense horizontale de la bibliothèque. Sansovino se prononça pour une arcade surmontée d'un attique divisé en panneaux et orné de bas-reliefs. Le rythme rappelle celui d'un arc de triomphe, avec ses niches contenant des statues pour faire écho, malgré son caractère plus orné, à la façade de la bibliothèque. La Loggetta a été reconstruite en 1902, suite à l'effondrement du campanile. A l'autre bout de la bibliothèque,
140, 141 Sansovino construisit le palais de la Monnaie (la Zecca) qui ne comportait à l'origine que deux étages, destinés à abriter les lingots de la République. D'où son allure et sa structure particulièrement robustes. Il fut achevé en 1545. Vasari le mentionne comme le premier édifice public de Sansovino à Venise (entendons : le premier qu'il ait mené à terme dans cette ville). Il ajoute que la Zecca marquait l'introduction de l'ordre « rustique » à Venise. Effectivement, les lourdes colonnes à bossage rappellent le palais du Té et préfigurent la vogue des colonnes rustiquées en Europe à la fin du XVIe et au début du XVIIe siècle. Le manuel de Serlio, qui avait passé plusieurs années à Venise, assura la diffusion de cet ordre en Europe septentrionale.

VENISE, BIBLIOTHÈQUE MARCIANA
Sansovino,
commencée en 1537.

138 Façade sur la lagune, avec la Monnaie, également de Sansovino, à gauche.

139 Façade sur le palais des Doges avec la Loggetta de Sansovino au pied du campanile, à droite.

140 Venise, vue aérienne : le palais de la Monnaie, la bibliothèque, le campanile, la place Saint-Marc et le palais des Doges.

142 La seule commande privée de Sansovino fut le palais Corner dont la première pierre fut posée en 1537 et qu'il laissa sans doute inachevé à sa mort. Ce palais est le point culminant d'une longue série de tentatives pour régulariser le type du palais vénitien, dont le Vendramin-Calergi nous a fourni l'exemple. Dans le palais Corner, Sansovino combine le rez-de-chaussée rustiqué de la Maison de Raphaël avec la triple entrée du palais du Té. Comme dans les exemples précédents, le rez-de-chaussée est pourvu de petites fenêtres à mezzanine. Le *piano nobile* et l'étage supérieur sont traités de la même manière. Les fenêtres de la façade sont flanquées de colonnes géminées. Un espace sépare les montants des fenêtres de ces colonnes, si bien que les trois fenêtres centrales qui éclairent le *Gran Salone* ne sont guère discernables des quatre fenêtres latérales. Néanmoins, les fenêtres latérales sont pourvues de balcons autonomes, alors qu'un balcon unique court le long des trois fenêtres du *Gran Salone*. Ce dispositif met l'accent sur le groupement central traditionnel et permet à l'architecte de donner à l'ensemble de la façade une allure plus régulière. Ce palais allait servir de modèle entre autres au Pesaro et au Rezzonico de Baldassare Longhena à la fin du XVIIe siècle. Il montre que, comme son ami Titien, Sansovino compte au nombre de ces artistes du XVIe siècle vénitien qui, parfaitement avertis de l'évolution artistique de leur temps, surent résister à la tentation de l'ésotérisme maniériste.

141 Sansovino, Venise, le palais de la Monnaie, commencé en 1537.

142 Sansovino, Venise, palais Corner della Ca' Grande, commencé en 1537.

CHAPITRE ONZE

Serlio, Vignole et la fin du XVIe siècle

La seconde moitié du XVIe siècle fut une période de haute activité marquée par la formulation de règles nouvelles et la constitution de la profession des architectes. La plupart des maniéristes de la dernière génération admiraient profondément l'Antiquité classique et appréciaient les règles déduites des ruines romaines et des écrits de Vitruve dont l'édition princeps date, comme nous l'avons déjà dit, de 1486, trente ans à peine après l'invention de l'imprimerie. Le demi-siècle suivant multiplia les éditions tant latines qu'italiennes ornées de commentaires et d'illustrations. Cesariano, un élève de Bramante, en donna dès 1521 la première traduction italienne. Mais ces éditions devaient être éclipsées par celle de l'évêque Barbaro, illustrée par Palladio (1556). Tous les manuels d'architecture de l'époque se réfèrent à Vitruve et à l'interprétation qu'en avait donnée Alberti. Les trois traités décisifs, ceux de Serlio, de Vignole et de Palladio, sont pourtant d'un tout autre registre.

Le peintre bolognais Sebastiano Serlio était contemporain de Michel-Ange. Né en 1475, il se mit à l'école de son cadet Peruzzi. En 1541, il gagna la France où il devait mourir en 1554 ou 1555. Spécialiste des effets de perspective, il travailla avec Peruzzi à Rome, de environ 1514 jusqu'au sac de Rome. Il se réfugia ensuite à Venise. Peruzzi lui légua non seulement ses dessins mais aussi des croquis de Bramante dont les projets lui furent, semble-t-il, directement accessibles. C'est à 62 ans, en 1537, qu'il publia le prospectus annonçant son traité d'architecture en sept livres, presque immédiatement suivi du Livre IV dudit traité, les *Regole generali di architettura ... sopra le cinque maniere degli edifici ... con gli esempi delle antichità, che per la maggior parte concordano con la dottrina di Vitruvio.* La publication suivit un rythme déroutant: le Livre III («Des antiquités de Rome») parut à Venise en 143
1540; les Livres I et II («Géométrie et Perspective») parurent en France

(un volume, daté de 1545) de même que le Livre V (L'Architecture religieuse) en 1547. 1551 vit paraître le supplément sur les divers types
144 de portes monumentales, le *Libro Extraordinario*, qu'on confond souvent avec le Livre VI, dont on possède le manuscrit, mais que Serlio ne parvint pas à publier de son vivant[29]. Quant au Livre VII, il fut publié à titre posthume, à Francfort, en 1575, à partir des papiers qu'il avait laissés. Le manuscrit d'une autre version du Livre VI a été publié en 1978. L'immense succès de ce traité en explique les nombreuses réimpressions italiennes et françaises, et les traductions partielles ou intégrales en néerlandais, en allemand, en espagnol et en flamand. Une version anglaise, établie à partir de l'édition hollandaise, parut en 1611.

On comprend cette popularité : pour une fois, il ne s'agissait pas d'un simple exercice de théorie vitruvienne, mais d'un véritable manuel d'architecture, le premier du genre en Europe. Il allait jouer un rôle essentiel, notamment en France et en Angleterre, parce qu'il donnait en langue vernaculaire un descriptif extrêmement simple des divers éléments de l'architecture antique et moderne. Les illustrations y tenaient une place décisive. Serlio semble avoir inventé le livre

S. Serlio, *Architettura*.
143 Plan du Panthéon, extrait du Livre III, 1540.
144 Projet de porte monumentale, extrait du *Libro extraordinario* (1551).

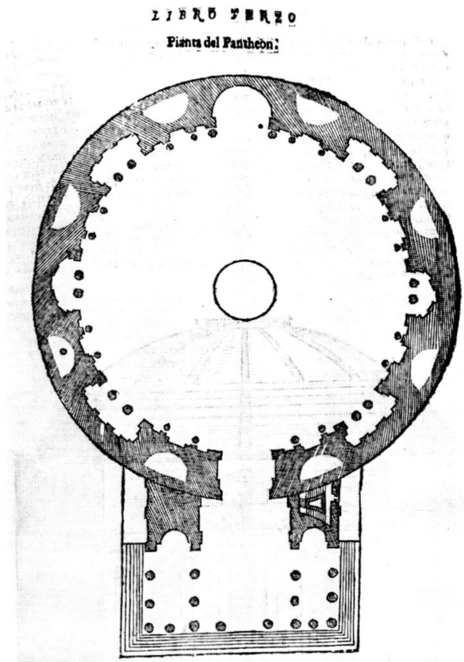

illustré, en ce sens que, chez lui, le texte élucide les illustrations plutôt que l'inverse. Ainsi, le Livre IV (1537) fournit une série de diagrammes sur les ordres classiques dont le texte se borne à expliquer le mode de construction. Ce fut un triomphe. L'exemplaire que Serlio offrit à François Ier lui valut d'être nommé «peintre et architecte du Roy» en 1541. Serlio passa le reste de sa vie en France, où peu d'ouvrages de sa main ont survécu. Les derniers livres de son traité traduisent les progrès de l'influence française sur un goût italien plus ou moins adultéré. En fait, à partir du *Libro Extraordinario*, il semble avoir pris avec l'austérité de Bramante des distances qui favorisèrent son succès foudroyant auprès de ces «barbares» qu'étaient les maîtres maçons d'Angleterre, de Flandre et de France. Ses livres avaient, par ailleurs, l'avantage d'être accessibles au simple gentilhomme qui, le Serlio à la main, pouvait, en prenant conseil de son maçon, devenir son propre architecte. Le Livre III fournit des descriptions remarquablement précises des monuments les plus célèbres de l'Antiquité. Le Livre IV enseigne à disposer les ordres, le V à dessiner des églises à plan central. Les autres livres constituent une véritable grammaire de l'ornementation. L'influence de Serlio sur l'architecture française et anglaise devait être, en un sens, désastreuse: les maîtres maçons s'empressèrent de lui emprunter ses «maniérismes» les plus outranciers pour les plaquer sur des structures fondamentalement gothiques. En Angleterre, le classicisme ne viendra à maturité qu'après avoir digéré Serlio, au début du XVIIe siècle, grâce à Inigo Jones qui, pour sa part, puisa sa connaissance des chefs-d'œuvre d'Italie dans un autre traité, celui de Palladio.

Le troisième des grands auteurs de l'époque fut Giacomo Barozzi da Vignola (1507-1573). Il avait 57 ans à la mort de Michel-Ange. Sa carrière illustre la permanence, voire la sclérose prématurée du maniérisme pendant la seconde moitié du XVIe siècle. Bien des gens attribuent à l'incontestable génie architectural de Michel-Ange une bonne partie des licences et des fantaisies de ses successeurs. Le succès de Vignole montre l'importance qu'allait prendre le «décorum» (la correction) dans l'architecture du troisième quart du XVIe siècle. Vignole reste surtout l'inventeur de deux nouveaux types d'églises liés

au regain de l'architecture religieuse consécutif à la Contre-Réforme:
c'est lui qui conçut l'église mère de la Compagnie de Jésus, dont les
missionnaires allaient exporter le modèle aux quatre coins du monde,
de Birmingham à Hong-Kong. Né à Vignola près de Modène, il se
mit à dessiner les Antiquités de Rome vers 1535. Quand il arriva à
Rome, un Peruzzi vieillissant lui communiqua le goût de l'austérité
classique de Bramante. Il séjourna dix-huit mois en France (1541-1543)
où il rencontra son compatriote Serlio, et c'est seulement à son retour
en Italie qu'il se mêla de construire en son nom propre. Le premier
182-185 de ses grands ouvrages fut la villa, aujourd'hui romaine, que lui
commanda en 1550 Jules III — qui tenait à avoir son Belvédère comme
Jules II avait eu le sien grâce à Bramante. La villa Giulia et l'immense
palais Farnèse de Caprarola, près de Viterbe, furent ses principaux
ouvrages civils. Nous les étudierons dans le chapitre consacré aux villas
et palais. Le travail effectué pour Jules III lui valut commande, via
145, 146 Flaminia, d'une petite église, Sant'Andrea, qu'il acheva en 1554 et fit
suivre de deux autres.

Sant'Andrea est le premier exemple connu d'une forme qui allait
se répandre au XVIIe siècle, l'église à dôme ovale. Elle s'inspire
notamment du mausolée de Cecilia Metella. Vignole a prolongé sur
son axe un plan carré coiffé d'une coupole circulaire, obtenant ainsi
ce qu'on pourrait appeler un plan central étiré. L'intérieur, fait de
panneaux aussi simples qu'austères, part d'un carré et d'un cercle pour
finir en rectangle surmonté d'une coupole ovale. L'étape suivante
consistait à rabattre l'ovale au niveau du rez-de-chaussée, ce que fit
Vignole sur ses vieux jours dans la minuscule église rarement accessible
147 du Vatican, Santa Anna dei Palafrenieri. Commencée en 1572/1573,
elle fut achevée par son fils. Le plan montre que la façade reste plate
bien que l'intérieur reprenne l'ovale du dôme. Plusieurs églises romaines
de la fin du XVIe et du début du XVIIe siècle devaient s'en inspirer
directement.

Mais celle qui exerça l'influence la plus considérable fut le Gesù dont la hardiesse est pourtant moindre. La Compagnie de Jésus fut fondée en 1540 par Ignace de Loyola, ami de Michel-Ange qui en dressa lui-même les plans en 1554. Les travaux ne commencèrent qu'en 1568.

LES ÉGLISES
OVALES
DE VIGNOLE

145, 146
Rome, Sant'Andrea
in via Flaminia.
Achevée en 1554.
Extérieur et diagramme
de construction.

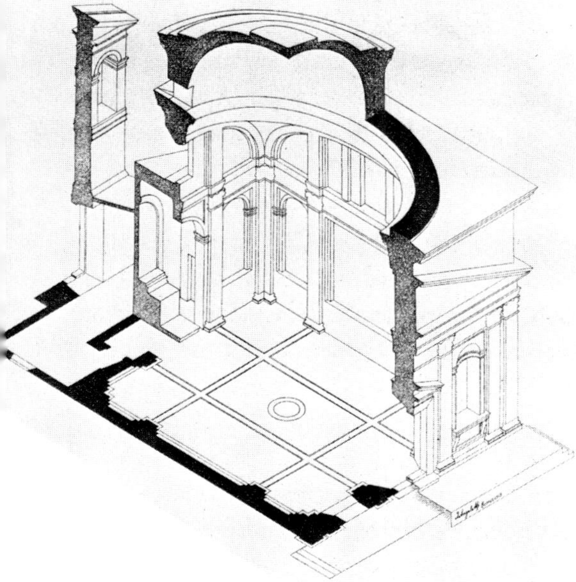

147 Rome,
Sant'Anna dei Palafrenieri,
commencée en 1572/1573.
Plan.

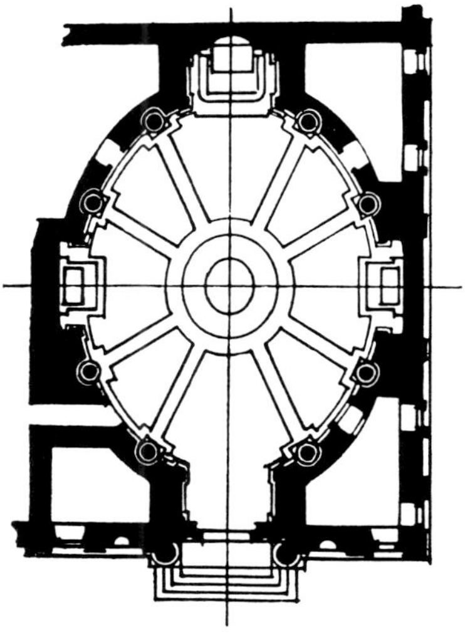

Elle est conçue pour accueillir une vaste assemblée dont tous les membres pourront suivre le sermon auquel la Contre-Réforme attachait une importance vitale. Dans sa lettre d'août 1568, le cardinal Farnèse insistait auprès de Vignole sur la prééminence de la prédication. L'architecte opta donc pour la solution acoustique idéale: une large nef surmontée d'une voûte en berceau. La lettre dit:

> «Le Père Polanco nous a été dépêché par le Général des Jésuites. Il s'est entretenu avec nous de certaines idées concernant la construction de l'église (. . .) Veillez à ne pas dépasser les vingt-cinq mille ducats (. . .) L'église devra être de longueur, de largeur et de hauteur harmonieuses conformément à la bonne règle architecturale. Elle comportera non pas une nef et deux bas-côtés mais une grande nef flanquée d'une série de chapelles (. . .) La nef n'aura d'autre plafond que la voûte, quelles que soient les objections et sans craindre que la voix du prédicateur ne se perde en raison de l'écho. D'aucuns pensent que la voûte amplifiera l'écho plus qu'une charpente ouverte, mais je ne me rallie pas à cet avis. Bien des églises voûtées de capacité égale, voire supérieure, sont parfaitement adaptées à la voix. De toute manière, vous serez tenu d'observer les points que j'ai soulevés, à savoir le coût, les proportions, le site et la voûte. Quant à la forme, je m'en remets à votre jugement. A votre retour, vous me ferez rapport, sitôt l'accord conclu avec les personnes concernées. Après quoi, je prendrai ma décision afin que s'y conforment tous les intéressés. Adieu.»

148 Le Gesù, avec ses chapelles latérales en lieu et place de bas-côtés,
32 s'inspire visiblement du plan d'Alberti pour Sant'Andrea de Mantoue.
Mais la nef plus trapue et le transept peu profond assurent une excellente acoustique. Le dôme situé à l'est, au-dessus de la croisée, permet que le grand autel et les autels des bras du transept soient inondés de lumière. Ces derniers sont dédiés aux premiers saints jésuites, Ignace et François-Xavier. L'intérieur date presque entièrement de la fin du XVIIe, voire du XIXe siècle et donne une impression fausse du projet
151 initial, d'un rigorisme sans concession. Lorsque Vignole mourut, en

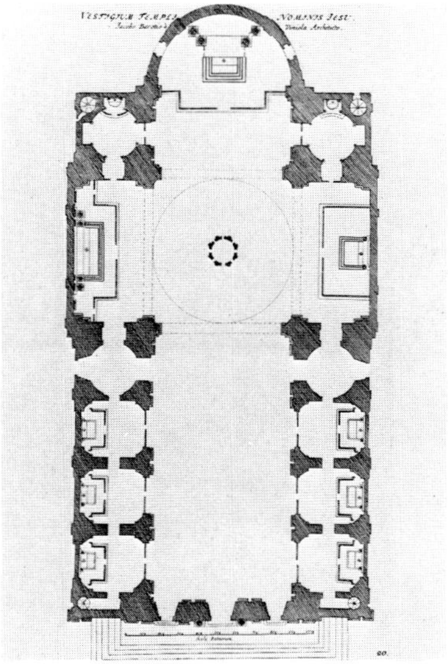

ROME, ÉGLISE DU GESÙ
Vignole,
terminée par Giacomo della Porta.

148 Plan.
149 Projet de façade de Vignole.
150 Façade de della Porta.

151 Rome, église du Gesù. Peinture de Sacchi et Miel montrant l'intérieur originel.

150 1573, on en était aux corniches. La façade de Giacomo della Porta
149 est moins satisfaisante que celle prévue par Vignole avec ses deux niveaux chargés de mettre en valeur la verticalité de l'élément central. L'idée des volutes de l'étage supérieur vient, elle aussi, d'Alberti, en
28 l'occurrence, de Santa Maria Novella. Cette façade et ce plan ont été si souvent copiés que le Gesù semble être devenu le prototype des églises d'Occident.

En 1562, Vignole publia sa *Regola delli cinque ordini d'architettura*, dont le titre constitue une allusion évidente au traité de Serlio. Avec infiniment plus d'érudition et des gravures bien plus satisfaisantes,

cette sorte de manuel spécialisé ne traite que des détails des ordres classiques. Il allait pourtant devenir le livre de base de l'étudiant en architecture, surtout en France. On en connaît près de deux cents éditions étalées sur plus de trois siècles. A la fin de sa vie, Vignole dota les jardins Farnèse d'un porche imposant qui illustre la précision 152
de son maniement des ordres classiques. Les pierres en furent conservées lors de sa démolition en 1880 et Rome a procédé à sa reconstruction.

A Rome même, la fin du siècle fut marquée par une grande vague de constructions religieuses. Quelques exemples suffiront à illustrer l'influence des idées de Vignole. Au milieu du siècle, on avait pu croire que le style plus fantasque de Michel-Ange allait se perpétuer grâce à Giacomo del Duca ou Giacomo della Porta. Mais ce dernier, passant sous l'influence de Vignole, élabora un style classique d'une grande sécheresse où ne se retrouvent ni l'imagination de Michel-Ange ni la précision de Vignole. Giacomo del Duca est une figure mystérieuse. Né aux alentours de 1520, probablement à Messine, il mourut, après 1601, dans sa Sicile natale. L'essentiel de son œuvre n'a résisté aux tremblements de terre ni à Messine ni dans la campagne environnante. Seule la petite église de Santa Maria di Loreto à Rome permet 153
d'entrevoir l'originalité de son talent. Ayant repris vers 1577 le chantier abandonné par Antonio da Sangallo le Jeune, il inséra dans le fronton de l'église une large fenêtre coiffée d'un tambour et d'un dôme, ce qui

152 Rome, porche des jardins Farnèse, reconstitution de l'original de Vignole.

donne à la partie supérieure une taille démesurée. On discerne dans les détails l'influence formelle de Michel-Ange dont Giacomo outrepassa l'audace, d'une part en dotant le dôme d'énormes nervures, d'autre part en installant des colonnes saillantes autour de l'oculus du dôme circulaire. Ces excès maniéristes connurent un succès mitigé et l'architecture religieuse préféra s'en tenir à Vignole. La façade à étages de Santo Spirito de Sassia, bâtie par Antonio da Sangallo le Jeune dans les années 1530, servit sans doute de modèle au Gesù de Vignole et
155 incontestablement à Santa Caterina dei Funari, signée et datée — fait
inhabituel — par l'obscur Guidetti (1564). Cette dernière précède donc le Gesù avec lequel elle présente bien des points communs[30].

Entre la mort de Vignole (1573) et l'essor des grands architectes du baroque primitif, la scène fut dominée par Giacomo della Porta, qui avait titre d'« architecte du peuple romain », et par le favori de Sixte V, Domenico Fontana. Comme nous l'avons vu, ils avaient travaillé de conserve à l'achèvement du dôme de Saint-Pierre. Ce ne sont pas de grands architectes, même si Fontana fut l'ingénieur le plus habile de sa génération et Giacomo della Porta l'architecte le plus employé de Rome. On retrouve sa marque dans la quasi-totalité des grands projets de la ville. Son évolution peut être datée de manière précise grâce à des ouvrages comme la nouvelle façade du Gesù ou l'église des Grecs
154 de Rome, Sant'Atanasio dei Greci, dont la façade est fermée par des
tours, comme le seront au XVIIe siècle à Rome la Sainte-Agnès de Borromini ou, à Londres, la cathédrale Saint-Paul de Christopher Wren.

Della Porta et Fontana furent au service de Sixte V dans les années 1585-1590. Fontana et le pape allaient remodeler la ville pour les siècles
156 à venir : jusque vers 1950, Rome restera pour l'essentiel une ville du
XVIIe siècle dessinée par Sixte V au cours des cinq années de son pontificat.

Sixte V fut un des papes les plus remarquables du XVIe siècle. Ce fils de jardinier avait débuté comme berger et guetteur. Franciscain, animé d'une énergie inlassable et montrant de grandes capacités administratives, il devint général de son ordre et finit pape. La rencontre de Domenico Fontana, qui, lui aussi, avait les pieds sur terre, l'incita à entreprendre la transformation de Rome. Dès 1585, Fontana

153 Santa Maria di Loreto, commencée par Antonio da Sangallo le Jeune, dôme de Giacomo del Duca, *ca* 1577.

154 Sant' Atanasio dei Greci par Giacomo della Porta. Elévation.

155 Rome, Santa Caterina dei Funari par Guidetti, 1564.

s'illustra en déplaçant l'obélisque qui, depuis toujours, se trouvait au flanc de Saint-Pierre, pour le placer face à la basilique, à l'endroit où il se trouve encore. Cette immense tour de granit fut soulevée à la verticale, posée sur des rouleaux, halée jusqu'au centre de la place et enfin scellée. Cette prouesse stupéfia les contemporains. Aussitôt anobli, Fontana se fit le chroniqueur de son propre exploit. Il érigea d'ailleurs d'autres obélisques pour Sixte V qui aimait les voir au carrefour des avenues dont il avait lui-même tracé la perspective. Ils réorganisèrent toute l'alimentation en eau de la cité. L'*Acqua Felice*, l'« eau du pape », permit la construction de nouveaux quartiers et l'approvisionnement des célèbres fontaines de Rome. Parmi leurs idées moins bien venues, citons le projet (qui ne fut pas mis à exécution) de transformer le Colisée en fabrique de lainages.

L'essentiel des palais du Vatican et du Latran d'aujourd'hui est de Fontana, mais ceux-ci ne présentent guère d'intérêt sur le plan architectural[31]. A la mort de son protecteur, Fontana se rendit à Naples où il mourut en 1607. Son neveu, Carlo Maderna, poursuivit l'œuvre de ce novateur qui fonda l'une des grandes dynasties de l'architecture baroque.

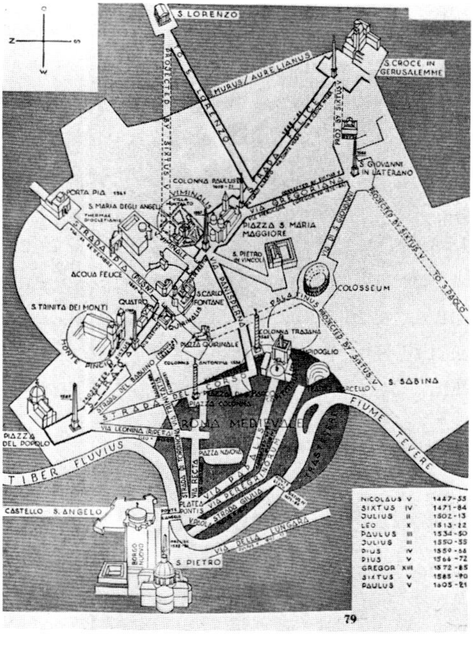

156 Rome, plan d'urbanisme de Sixte V reconstitué par Siegfried Giedion.

CHAPITRE DOUZE

Le maniérisme florentin et Palladio

Avant de parler de Palladio, le plus grand des architectes établis en dehors de Rome à la fin du XVIe siècle, nous mentionnerons trois des maîtres d'œuvre de l'époque, Ammannati, Buontalenti et Vasari. Ces représentants du maniérisme architectural florentin subirent évidemment l'influence de Michel-Ange. Le plus important des trois, Ammannati, fut également marqué par les styles plus classiques de Vignole et de Sansovino. Né en 1511 près de Florence où il mourra en 1592, il assiste, enfant, à la construction de la Nouvelle Sacristie de Michel-Ange. Très vite, il gagne Venise où il reçoit l'enseignement de Sansovino pour devenir, comme lui, à la fois sculpteur et architecte. En 1550, on le retrouve à Rome où, avec le concours de Vignole et de Vasari, il met en chantier la villa Giulia. Il consacre les années du pon- 182-185
tificat de Jules III (1550-1555) à assimiler les conceptions architecturales de Vignole. En 1555, de retour à Florence, il se met au service de Cosme Ier de Médicis, le futur grand-duc de Toscane, pour lequel il travaillera fréquemment en collaboration avec Vasari. Il dirige ensuite, de 1558 à 1570, la transformation du palais Pitti. Cosme Ier, qui avait acquis ce palais en 1549 grâce à la dot de sa femme, s'employa, dès 1550, à l'agrandir et à l'orner de magnifiques jardins plus en rapport avec son nouveau rang. La majeure partie de la façade est aujourd'hui noyée sous des ajouts du XVIIe siècle, mais c'est à Ammannati qu'on attribue les vastes ailes situées à l'arrière du bâtiment et le traitement 157
de l'ensemble dans un style rustique des plus impressionnants. L'ordre rustique de la cour et l'effet de texture de la façade qui donne sur les jardins sont les deux caractéristiques majeures du style d'Ammannati. Reste que son utilisation audacieuse du style rustique doit beaucoup à Sansovino et au palais de la Monnaie de Venise. Son œuvre la plus 141
connue est sans doute le pont Santa Trinità qui enjambe l'Arno. Après qu'il fut emporté par une crue du fleuve, Ammannati le reconstruisit

entre 1566 et 1569, et lui donna ses gracieuses arches aplaties si caractéristiques. Détruit lors des combats de 1944, l'ouvrage a, depuis, été rebâti à l'identique. On doit à Ammannati non seulement quelques palais florentins, mais aussi des constructions effectuées pour le duché de Florence hors des murs de la cité. On lui attribue la majeure partie du palais de la Seigneurie de Lucques. Son projet fut accepté en 1577 mais des problèmes oculaires l'obligèrent à limiter ses activités. En 1582, il envoya à l'Académie une lettre qui atteste l'influence de la Contre-Réforme sur l'esthétique du temps. Sous l'influence de la Compagnie de Jésus il s'en prend aux nus qui « incitent au péché » et affirme qu'il détruirait volontiers certaines de ses propres œuvres — dont la très belle fontaine de Neptune de la place de la Seigneurie à Florence (élevée entre 1563 et 1575). Les drapés, ajoute-t-il, sont tout aussi capables de prouver l'habileté d'un sculpteur, à preuve le *Moïse* de Michel-Ange qu'il considère comme son chef-d'œuvre. On retrouve ici la tendance maniériste à placer plus haut que tout la virtuosité. Dans un autre passage de sa lettre, il déplore que la plupart des mécènes acceptent les œuvres qu'on leur présente au lieu de donner aux artistes des directives précises.

Giorgio Vasari, né en 1511, mourut en 1574. Il doit sa réputation à ses *Vies des plus célèbres peintres, sculpteurs et architectes*, publiées en 1550 et rééditées, avec de copieuses révisions et additions, en 1568. Il se fit également connaître comme peintre, architecte et agent artistique. Le peintre était peut-être plus expéditif que talentueux mais, en tant qu'architecte, il a laissé au moins trois œuvres remarquables. En 1550, il collabore avec Vignole et Ammannati à la conception de la villa Giulia, mais tout laisse à penser que sa participation fut presque exclusivement d'ordre administratif. En 1554, il construit Santa Maria Nuova près de Cortone et, de 1560 à sa mort, dirige à Florence les travaux du palais des Offices pour Cosme Ier. Ce bâtiment devait,
158 à l'origine, abriter les services administratifs (*Uffizi*) du duché de Toscane. Vasari a tiré le meilleur parti théâtral de sa structure en tunnel mais le palais ne frappe guère par son originalité, à l'exception de deux ou trois trouvailles dues à Buontalenti, qui acheva les Offices après la mort de Vasari.

157 Ammannati, palais Pitti, commencé *ca* 1558, vu des jardins.

158 Vasari, Offices, depuis le portique sur l'Arno, après 1560.

159 Buontalenti, Offices, porte des Supplices, après 1574.

Né vers 1536, mort en 1608, Bernardo Buontalenti fut le meilleur
architecte florentin de la fin du XVIe siècle. Peintre, sculpteur et maî-
tre artificier, il travailla toute sa vie au service des Médicis. C'est pour
eux qu'il avait édifié, aux environs de Florence, la magnifique villa
Pratolino aujourd'hui disparue. En 1574, il succède à Vasari aux Offi-
159 ces et crée l'extraordinaire porte des Supplices qui s'orne d'un fron-
ton brisé dont les deux moitiés sont accolées dos à dos, une fantaisie
que même Michel-Ange n'avait pas osée. La même année, il dessine
un non moins étrange escalier d'autel pour l'église Santa Trinità
(aujourd'hui transféré à Santo Stefano) et met en chantier le Casino
Mediceo, près de l'église San Marco. En 1593-1594, il dote la Santa
Trinità d'une nouvelle façade. Sa dernière œuvre, commencée en 1605,
fut la Loggia de' Banchi, à Pise. A travers lui, l'influence de Michel-
Ange s'est fait sentir jusqu'à la fin du XVIe siècle.

Mais peut-être le meilleur architecte de la fin du siècle fut-il Andrea
di Pietro della Gondola, dit Andrea Palladio. Né en 1508, mort en
1580, il passa la majeure partie de sa vie à Vicence. C'est d'ailleurs
dans cette ville et dans la campagne environnante que se trouvent la
plupart de ses réalisations. Son influence sur les architectes anglais allait
être décisive et durable grâce à ses écrits, notamment les magistraux
Quattro Libri dell' architettura (1570), où l'on trouve des modèles des
ordres classiques, des relevés de monuments antiques et des illustra-
tions de la plupart de ses œuvres personnelles. Ce traité, à la fois plus
réduit et plus précis que celui de Serlio, est bien plus complet que celui
de Vignole. La gloire d'Inigo Jones, qui était imprégné de ses théo-
ries, explique que les idées de Palladio devinrent la pierre angulaire
160, 161 de l'architecture anglaise du XVIIIe siècle. L'examen de ses dessins et
des *Quatre Livres de l'architecture* permet de se faire une idée précise
de son style, essentiellement classique et bramantesque bien
qu'influencé par les œuvres de Michel-Ange. Simple fils de meunier,
il fut remarqué par le grand humaniste Giangiorgio Trissino qui se
chargea de lui donner une éducation classique, l'emmena à Rome et
lui conféra le nom de Palladio — du nom de la déesse Pallas. Ses rele-
vés de monuments romains sont très fouillés, mais les superbes recons-
160 titutions qu'il en donne manquent parfois d'exactitude. Des architectes

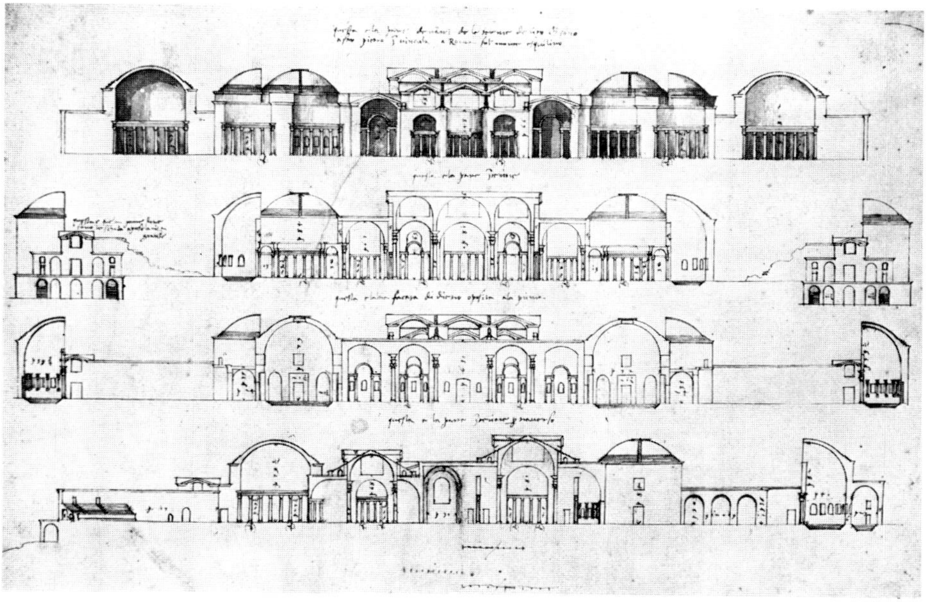

160 Palladio, reconstitution des thermes de Titus à Rome.

161 Palladio, dessin du palais Porto-Colleoni à Vicence.

162 Vicence, basilique palladienne, commencée en 1549.

de son temps, c'est Bramante et Vignole qu'il appréciait le plus. Les traces de maniérisme que l'on relève dans son œuvre semblent empruntées au Michel-Ange d'après 1540, mais il est vraisemblable qu'il fut porté vers ce style par l'étude approfondie qu'il avait faite des plus importants vestiges de l'Antiquité classique. Palladio exécuta égale-
163 ment une série d'illustrations pour la meilleure édition de Vitruve du XVIe siècle, celle de l'évêque Barbaro en 1556.

C'est à Vicence que Palladio construisit l'édifice qui établit sa réputation d'architecte. En 1546, il présenta au Conseil un projet de réa-
162 ménagement du palais communal de la ville qu'on appelait « Basilique ». En 1549, ayant rejeté un projet de Jules Romain (mort en 1546), le Conseil lui confia les travaux. S'inspirant de Sansovino, il consolida la vieille Basilique, l'habillant extérieurement d'une double loggia qui rappelle à la fois celle de la bibliothèque de Venise et un des dessins du traité de Serlio. Le vocabulaire architectural de la Basilique est des plus simples. S'agissant d'une *basilica* (forcément liée, dans l'esprit de Palladio, à la conception classique d'un grand édifice public), le recours

aux grands ordres classiques s'imposait : l'ordre dorique au rez-de-chaussée, l'ordre ionique pour la loggia supérieure. Les grands piliers auxquels s'adossent les colonnes soutiennent l'édifice. Les travées ainsi délimitées sont meublées d'arcs reposant sur des colonnes plus petites. Cet agencement (une arche entourée de deux baies rectangulaires) définit le fameux « motif palladien ». L'effet architectural y dépend essentiellement du jeu de l'ombre et de la lumière dans les arches elles-mêmes, par contraste avec les sections pleines de l'édifice. Mais il est également dû à la forme raffinée des ouvertures et des membres architecturaux. A la différence de Sansovino, Palladio a choisi de décrocher ses corniches au-dessus de chacune des colonnes, ce qui met l'accent sur les saillies et interrompt le développement horizontal de la façade, contrairement à la bibliothèque de Venise. Les proportions des arcs et des entrecolonnements rectangulaires qui les encadrent et celles des ouvertures circulaires ménagées au-dessus ont été soigneusement calculées. Palladio a en outre réduit l'entrecolonnement de son motif d'angle, ce qui fait ressortir les colonnes jumelées des extrémités de la façade et confère aux angles de la Basilique un air de grande robustesse.

L'étude des palais dont il a doté Vicence permet de mesurer son évolution. L'un des tous premiers, le palais Porto, achevé en 1552, 161, 165

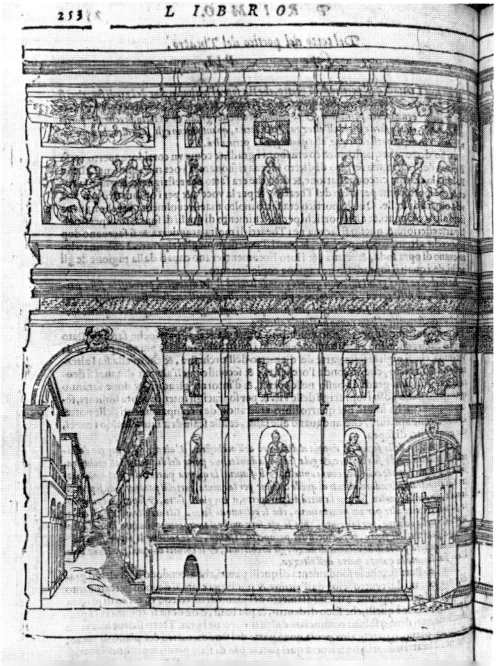

163 Palladio, reconstitution d'un théâtre romain. Tiré du *Vitruve* de Barbaro, 1556.

78, 79 s'inspire de la Maison de Raphaël. Palladio a toutefois ajouté des figu-
res couchées, dans le goût de Michel-Ange, au-dessus de la fenêtre cen-
trale et des baies latérales. Si le Porto rappelle fortement les palais
166 de Vérone dus à Sanmicheli, son plan révèle un autre aspect de l'art
de Palladio : c'est la réplique d'une maison antique, avec ses deux corps
de logis disposés symétriquement de part et d'autre d'une grande cour
carrée entourée d'un portique qui utilise l'ordre gigantesque, rappel
évident de l'atrium romain. L'étude du plan confirme la passion de
Palladio pour la symétrie absolue et les rapports de dimension des
pièces entre elles, chacune étant proportionnée en fonction de celles
qui l'entourent : on remarque que la pièce principale, de trente pieds
carrés, ouvre sur une autre de trente pieds sur vingt, qui donne elle-
même sur une pièce de vingt pieds carrés. Ce mariage des formes clas-
siques, de l'harmonie mathématique et de la symétrie explique que
son architecture fascine autant depuis quatre siècles et qu'elle ait été
imitée aussi fidèlement par les architectes du XVIIIe siècle. Dans les
années 1550, à l'époque où il travaillait à l'édition de Barbaro, l'atrium
du palais Porto ou la description de la basilique romaine qui figure
dans le traité de Vitruve étaient particulièrement présents à son esprit.
On trouve des réminiscences classiques dans la façade très originale
164 et très réussie du palais Chiericati, dont les travaux commencèrent
vers 1550 et qui devait à l'origine s'intégrer dans un forum jamais

164 Palais Chiericati.

réalisé ; ses colonnades devaient donc faire partie d'un complexe urbain, au lieu de constituer un édifice séparé comme c'est le cas aujourd'hui. Le palais Chiericati, qui abrite la Pinacothèque de Vicence, est relativement petit. Le portique et les grandes loggias semblent, du fait de son isolement, y occuper une place disproportionnée. Ces colonnades constituent pourtant un superbe exemple de l'utilisation des grands ordres dorique et ionique traités dans un style classique plus austère que les arcs superposés de la bibliothèque de Sansovino à Venise. Postérieur de quelques années, le palais Thiene reflète l'attention que les 167, 168
maniéristes portaient à la texture de la pierre et à l'agencement des appartements. Les pièces sont rigoureusement proportionnées, mais elles présentent une plus grande diversité de formes. Ce détail, emprunté aux thermes romains, s'inscrit dans la démarche de Palladio pour adapter les thèmes classiques aux usages domestiques de son temps. Le dessin reproduit dans les *Quatre Livres* diffère légèrement de la façade actuelle. L'utilisation du bossage rustique et la clef non dégrossie de l'arc qui surmonte les fenêtres du rez-de-chaussée traduisent l'influence de Jules Romain. L'idée originale (hélas non réalisée) des guirlandes reliant les chapiteaux fut reprise par Inigo Jones sur la façade de la salle des Banquets de Whitehall, à Londres. En 1566, fut construit le palais Valmarana : y est à noter le traitement dans le plus pur style manié- 170
riste de la travée terminale du *piano nobile* où s'ouvre une fenêtre

165, 166 Palais Porto. Extérieur. Section et plan, 1552.

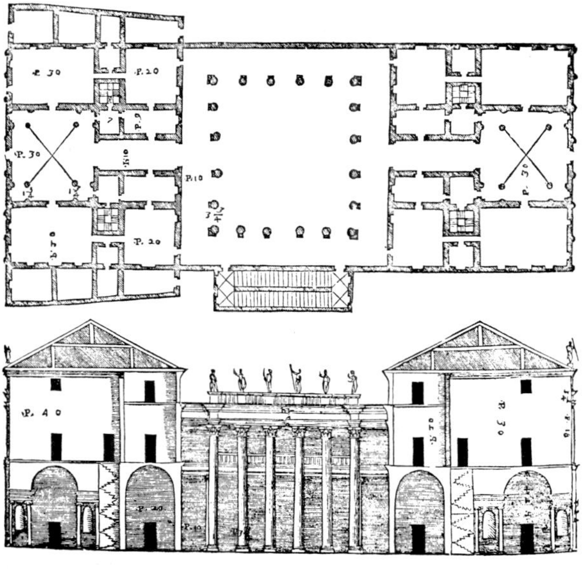

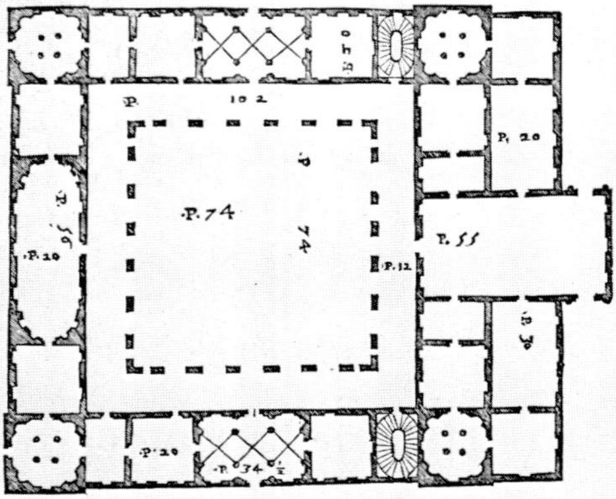

LES PALAIS DE PALLADIO
À VICENCE

167, 168 Palais Thiene, 1550?
Plan et section. Façade.

surmontée d'un fronton et flanquée d'une statue, quand toutes les autres travées de l'étage comportent une simple fenêtre rectangulaire ménagée entre les pilastres d'ordre gigantesque. L'utilisation du grand ordre, allié, au rez-de-chaussée, à des pilastres plus petits qui soutiennent une corniche rectiligne, est très certainement empruntée aux palais capitolins de Michel-Ange. D'autres éléments, notamment le bossage rustique, évoquent davantage des modèles classiques que le maniérisme du XVIe siècle. Dans ses palais plus tardifs, Palladio a adopté l'ordre gigantesque cher à Michel-Ange et utilisé certains éléments maniéristes pour leur richesse décorative. Le peu qui subsiste du palais
169 Porto-Breganza, construit en 1571, et que l'on surnomme la «Casa del Diavolo», en offre un exemple éclatant.

Dans les derniers mois de sa vie, Palladio conçut et mit en chantier un théâtre destiné à l'Académie olympique de Vicence dont il était membre. Il s'agit d'une tentative de reconstitution de théâtre conforme
163 aux descriptions de Vitruve et aux exemples connus à l'époque. Le
171-173 théâtre Olympique est basé sur le modèle romain antique : un mur de

169 La Casa del Diavolo
(palais Porto-Breganza), 1571.

170 Palais Valmarana, 1566.

scène en portique (*proscenium*), fixe et richement décoré, devant lequel s'étend la scène proprement dite. La salle est un hémicycle ou, plus précisément, une demi-ellipse dont les gradins s'élèvent en pente raide jusqu'à la base de la colonnade qui ceinture le fond du théâtre. Dans l'Antiquité, les théâtres étaient à ciel ouvert. Celui de Palladio est couvert d'un plafond plat où sont peints un ciel bleu et des nuages. Le décor de scène en trompe-l'œil, que l'on aperçoit par les ouvertures du *proscenium*, fut exécuté par Scamozzi, le disciple de Palladio, suivant le projet du maître. L'étude de la coupe et du plan du théâtre montre que ce jeu de perspective saisissant est obtenu dans un espace très réduit: ce sont la surélévation du fond de scène et le rétrécissement progressif des ruelles qui en accélèrent l'effet. On peut en varier les éclairages en plaçant des hommes munis de torches à l'intérieur du décor. Palladio a exploité les mêmes effets dans deux des rares églises qu'il ait construites. Seule la façade de San Francesco della Vigna, à Venise, est de lui, mais il a doté la ville de deux autres églises, San Giorgio Maggiore et Il Redentore. Ce sont des œuvres de maturité 174-181

171 Section montrant le décor en perspective, la scène est à gauche.

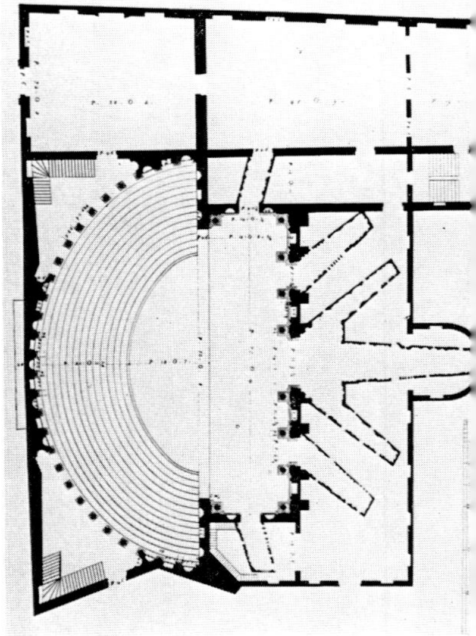

172 Plan, la scène est à droite.

puisque San Giorgio a été commencé en 1566 et l'église du Rédempteur dix ans plus tard. Les deux édifices montrent Palladio au sommet de sa puissance, quoique leur agencement soit à première vue fort éloigné de la stricte symétrie qui caractérise ses villas.

Ici, comme à San Francisco della Vigna, Palladio a résolu de façon originale l'éternel problème de l'adaptation du fronton classique à un édifice basilical qui exista certes dans l'Antiquité mais qui n'était connu des architectes du XVIe siècle qu'à travers les reconstitutions qu'en avaient tenté les éditeurs de Vitruve, notamment Barbaro et Palladio. La façade du temple antique n'ayant qu'un pignon se prêtait naturellement à l'utilisation de colonnes libres supportant un fronton. Paradoxalement, les églises paléochrétiennes avaient cherché leur inspiration non pas dans le temple mais dans un édifice non religieux, la basilique. La basilique chrétienne comportait une haute nef centrale flanquée, de part et d'autre, d'un ou plusieurs collatéraux moins élevés. Ce genre de façade soulevait des problèmes insurmontables que les premiers architectes chrétiens avaient résolus soit en faisant comme s'ils n'existaient pas, soit en camouflant la jonction de la nef et des bas-côtés à l'aide de galeries ou même d'un atrium. D'où des façades

VICENCE,
LE THÉÂTRE OLYMPIQUE
Palladio, 1580,
terminé par Scamozzi.

173 Intérieur et perspectives.

totalement dépourvues de la noblesse des *pronaos* de l'Antiquité comme celle du Vieux Saint-Pierre ou de Saint-Jean-de-Latran, avant sa reconstruction au XVIIe siècle. Entre 1460 et 1480, Alberti avait été le premier à adapter de façon satisfaisante une façade de temple antique à une église de type basilical.

Pour les façades de ses trois églises vénitiennes, Palladio résolut le problème de façon originale en superposant des frontons distincts. A San Francesco et à San Giorgio Maggiore, la partie de la façade cor- 176
respondant à la nef est traitée comme un temple étroit et élancé dont les quatre lourdes colonnes, dressées sur de grands piédestaux, supportent un fronton très accusé. Derrière ces colonnes court une corniche continue qui forme la base d'un second fronton, beaucoup plus large, lequel repose sur des pilastres et couvre toute la largeur de l'église. On retrouve cette formule, poussée plus loin, dans la façade de l'église du Rédempteur qui comporte trois frontons imbriqués, celui du cen- 180
tre se détachant sur un attique rectangulaire. L'effet produit est d'une grande unité. Le dôme apparaît comme l'aboutissement naturel de toute la structure. Précisons néanmoins que le Rédempteur ne comporte pas de bas-côtés à proprement parler, mais, comme on le constate

sur le plan, une succession de chapelles latérales. L'organisation de la façade d'entrée rappelle, de ce fait, celle de l'église du Gesù dont elle est presque contemporaine. Toutefois, la façade de l'église du Rédempteur est beaucoup plus proche des modèles antiques.

Plus encore que par la complexité architecturale de leur façade, c'est par l'organisation de leur chœur que San Giorgio et le Rédempteur se distinguent des autres églises de la même période, comme le Gesù. Elles n'ont apparemment pas davantage de lien avec les églises qui les ont précédées, ou avec les églises idéales décrites par Palladio lui-même dans ses *Quatre Livres*. Palladio a beau proclamer que le plan cruciforme de San Giorgio Maggiore a valeur de symbole, comment le croire? Une église en croix latine traditionnelle aurait été autrement symbolique que cette croix ramassée, comme empâtée, où le chœur et les bras du transept se terminent en abside. La ressemblance entre San Giorgio et le Rédempteur ne peut s'expliquer que par des similarités de fonctionnement.

Depuis le début du XIIIe siècle, le monastère bénédictin de l'île San Giorgio était censé posséder les reliques de saint Etienne. En conséquence, chaque 26 décembre, jour de la Saint-Etienne, le doge se rendait à San Giorgio Maggiore, accompagné du chœur de Saint-Marc et d'une foule de fidèles. A cette occasion, une messe solennelle était

VENISE, SAN GIORGIO MAGGIORE Palladio, commencé en 1566.

174 Plan. 175 Section.

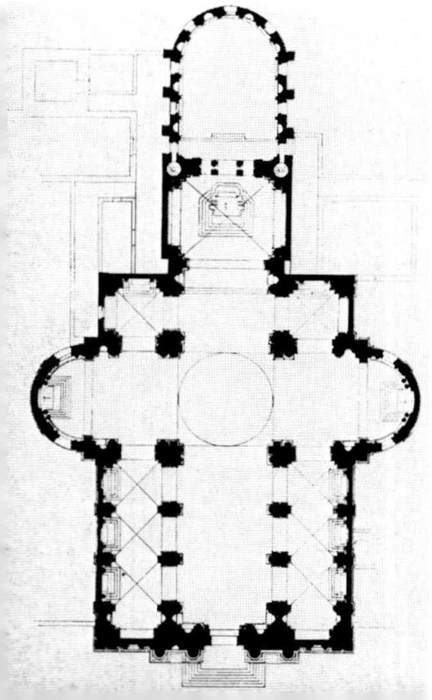

concélébrée avec la communauté bénédictine et chantée par les deux chœurs. Au monastère de San Giorgio, qui servait aussi de résidence officielle aux hôtes de marque de la République, l'église avait de tout temps comporté, outre le chœur liturgique, un second chœur réservé aux moines dans lequel ils pouvaient chanter le service divin, de jour comme de nuit, conformément à la règle de saint Benoît. Mais il fallait aussi que l'église fût assez vaste pour contenir la foule des fidèles qui accompagnaient le doge le jour de sa visite annuelle.

Comme le rappelle la dédicace de l'église du Rédempteur — CHRISTO REDEMPTORI CIVITATE GRAVI PESTILENTIA LIBERATA SENATUS EX VOTO PRID. NON. SEPT. AN. MDLXXVI. —, elle fut construite à la requête de l'Etat vénitien après la Grande Peste de 1576. Lorsque le Sénat résolut de faire élever une église, il décida que le doge s'y rendrait le troisième dimanche de juillet pour une *andata* d'action de grâces. La cérémonie, moins élaborée qu'à San Giorgio, faisait tout de même appel aux franciscains, desservants de l'église, ainsi qu'au chœur de Saint-Marc. Les deux églises ont donc en commun le fait qu'une fois par an il leur fallait pouvoir contenir des congrégations exceptionnellement nombreuses et accueillir, outre le chœur des moines, les chanteurs du Doge. Un autre facteur a influé sur l'agencement de ces deux églises qui se ressemblent autant qu'elles diffèrent de toutes

176 Façade.

177 Nef.

les autres: au XVIe siècle, le chœur de Saint-Marc, un des meilleurs du monde, avait appris à exploiter l'acoustique de Saint-Marc en se scindant en chœurs distincts disséminés dans l'église. D'où la tradition d'écrire pour plusieurs chœurs. Le plan adopté par Palladio dans ses églises est, de ce fait, la solution la plus pratique au problème posé, si l'on se rappelle que le chœur avait coutume de chanter en deux endroits distincts au moins.

Une lettre de Palladio à l'un de ses amis de Vicence contient des indications sur la genèse de l'église du Rédempteur. Le projet donna lieu à d'âpres discussions: une cinquantaine de sénateurs étaient favorables à une église à plan central, une centaine d'autres penchaient pour une croix latine. On demanda donc à Palladio de soumettre deux maquettes, et l'on opta pour le plan en croix latine. Palladio aurait sans doute préféré une église à plan circulaire ou carré. N'écrivait-il pas dès 1570: «Afin d'observer le Décorum dans la forme même de nos temples [nous] élirons la plus parfaite et la plus excellente qui est le cercle; car lui seul a la simplicité, l'uniformité, l'équanimité et la puissance adaptée à sa fin [et est] le plus apte à démontrer l'Unité, l'Essence infinie, l'Uniformité et la Justice de Dieu.» Néanmoins, il est probable que Palladio se rendit rapidement compte que la seule solution envisageable était d'en revenir à la forme qu'il avait inventée dix ans plus tôt pour San Giorgio. Il est certain qu'une église en croix latine était plus acceptable

VENISE, ÉGLISE DU RÉDEMPTEUR Palladio, 1576.

178 Plan.

179 Section.

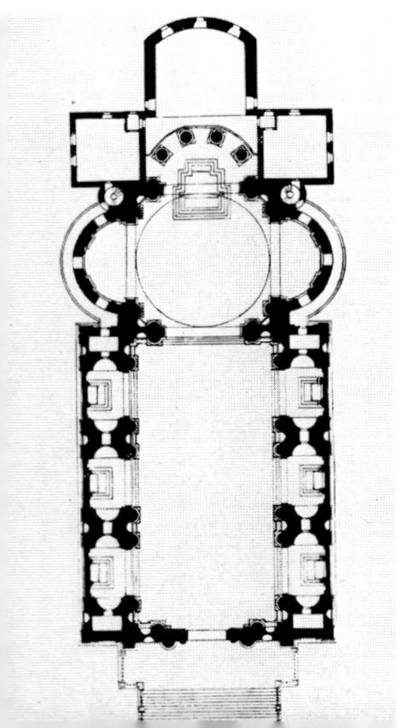

et il faisait sans doute figure de retardataire en maintenant les idéaux de la génération de Bramante. D'un point de vue architectural, ces deux églises se distinguent surtout par l'écran ajouré à travers lequel le spectateur placé dans la nef peut apercevoir le chœur monastique. A San Giorgio, le moyen employé est plutôt simple : une cloison évidée reposant sur deux colonnes placées immédiatement derrière le maître-autel. Les voix des moines qui filtrent à travers la colonnade produisent un effet extraordinaire, mais la forme architecturale reste simple. Ce procédé était connu dès l'Antiquité (*cf. ill. 160*), même si à cette époque on ne l'exploitait pas pour ses vertus acoustiques. L'église du Rédempteur nous offre une version plus complexe du même dispositif puisque la très dramatique colonnade semi-circulaire de l'écran donne au visiteur l'impression de voir à travers le chevet de l'église. Le jeu des espaces alternativement ouverts et fermés est encore renforcé par les colonnes saillantes qui marquent l'extrémité de la nef. Le spectateur se trouve 181
dans un espace rectangulaire borné à l'est par les degrés et la saillie des murs et des colonnes du transept. Au-delà, la croisée est perçue comme un espace clos circulaire qui s'élance vers la coupole pour s'ouvrir, derrière le maître-autel, grâce à l'écran de colonnes. Dans le vaisseau de la nef sobrement badigeonné de blanc, les jeux de lumière changent en permanence, créant une succession ininterrompue d'effets spatiaux qui varient en fonction de l'heure et de la saison.

180 Façade.

181 Chœur.

CHAPITRE TREIZE

Les villas : Vignole et Palladio

Les Italiens ayant pris très tôt l'habitude de vivre en ville, la nostalgie des plaisirs de la campagne se fit sentir chez eux dès la fin du XIVe et le début du XVe siècle. En 1338, Villani, bientôt suivi de Boccace et de Pétrarque, s'en faisait déjà l'interprète. Mais il est probable que, chez ces écrivains, l'enthousiasme pour la nature comptait moins que l'imitation délibérée d'une forme littéraire classique. Le désir de s'évader dans une retraite campagnarde à la fois paisible et civilisée figure déjà dans la correspondance de Pline le Jeune. Raphaël fit une tentative pour reconstituer une *villa suburbana* classique de l'époque romaine, conforme aux descriptions de Pline. Ce fut la villa Madame. Pendant les deux siècles suivants, les villas de ce type se multiplièrent dans la campagne romaine, plus particulièrement à Frascati et à Tivoli. Au milieu du XVe siècle, Alberti fut le premier à reprendre la distinction des Anciens entre la villa à vocation agricole, et la *villa suburbana* qui, aux environs immédiats de la cité, ne visait qu'à l'agrément de son propriétaire pour de brefs séjours. La plupart de ces villas suburbaines, telles le palais du Té de Mantoue, se trouvaient si près de la ville qu'on n'y avait pas prévu de chambres à coucher : on n'y venait que pour y goûter la paix et la quiétude d'une chaude journée d'été. Quelques-unes de ces villas construites autour de Florence ont survécu, mais elles ont évidemment subi bien des outrages. La plupart ont disparu lors du siège de 1529. Comme les grandes villas de Vénétie, elles appartenaient généralement à de riches familles. La ferme alimentait la maison de ville en céréales, en huile et en vin. Un autre type de villas est représenté par les résidences que de grands cardinaux et quelques papes, à l'exemple de Grégoire XIII (1572-1585), se firent bâtir sur les collines des environs de Rome.

La majorité de ces villas, dont beaucoup ont subsisté, furent construites pour des cardinaux issus des grandes familles italiennes qui les

possèdent encore. Elles sont élaborées et s'enorgueillissent de magni-
fiques jardins alors que, plus au nord, on a surtout affaire à des villas-
fermes. Il nous reste deux superbes exemples de villas suburbaines:
d'une part la villa Giulia, édifiée par Vignole à la périphérie de Rome 182-185
pour le pape Jules III et qui abrite aujourd'hui le musée des Antiqui-
tés étrusques; d'autre part, l'imposant château de Caprarola, aux envi-
rons de Viterbe, actuelle résidence estivale du président de la République
italienne. La villa Giulia, construite entre 1550 et 1555, fut la première
commande d'importance de Vignole, bien qu'il soit difficile d'évaluer
la part de l'édifice dont il est responsable. Nous savons que Vignole
et Ammannati y collaborèrent, que Vasari en fut, en quelque sorte,
le contremaître et que Michel-Ange et le pape en personne s'intéres-
sèrent à sa conception. Il semble néanmoins certain que les bâtiments
sont de Vignole, les jardins et les fabriques d'Ammannati. Une médaille
gravée en 1553 montre que la construction respecte le plan original,
à l'exception de deux petits dômes qui furent omis. Le plan révèle 184
que Jules III a voulu l'allusion au Belvédère du Vatican, construit par
Bramante pour son prédécesseur Jules II. La cour en hémicycle située
à l'arrière du bâtiment s'inspire visiblement de la villa Madame et ren-
voie, comme cette dernière, aux descriptions de Pline. Le contraste
frappant, sur le plan, entre l'extérieur et l'intérieur du bâtiment, se
vérifie sur l'élévation. La façade est simple, voire austère. On remar- 185
que d'emblée les encadrements des fenêtres et surtout l'élan vertical
de la travée centrale qui évoque une double arche triomphale. L'entrée
principale, qui reprend le même motif, est traitée en gros bossages
rustiques caractéristiques de la manière de Vignole et d'Ammannati.
Ces bossages et la raideur de l'arc de triomphe confèrent à la façade
une redoutable sévérité. La villa elle-même est un *Casino* de dimen-
sions réduites: à si faible distance du Vatican, il n'était pas besoin d'y
prévoir une occupation permanente. Sitôt franchie la porte d'entrée,
la façade arrière se déploie dans un contraste saisissant, puisqu'elle 182
consiste en un portique semi-circulaire surmonté de grands pans de
maçonnerie lisse. Le lien entre ce portique et la façade extérieure est
assuré par la répétition du motif de l'arc de triomphe au centre et par
les grandes arches situées aux deux extrémités de la colonnade. Les

ROME, VILLA GIULIA
Vignole, Ammannati *et al.*,
1550-1555

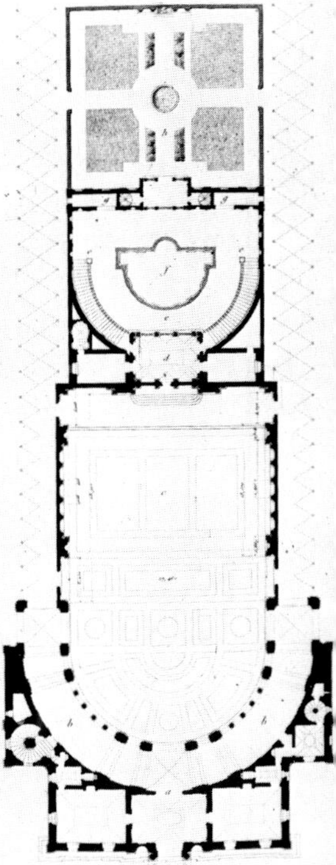

182 Façade sur jardin.

183 Nymphée.

184 Plan.

185 Façade.

colonnes du portique supportent un entablement rectiligne, forme que Vignole emprunta certainement aux palais de Michel-Ange sur le Capitole. La souplesse des courbes et le raffinement de cette façade contrastent avec le caractère compassé de la loggia, ou nymphée, qui 183
occupe le centre des jardins. Ce nymphée dû à Ammannati reprend la disposition de la villa: comme elle, il présente une façade avant rectiligne et une façade arrière en courbe rentrante occupée par deux rampes d'escalier en arc de cercle qui descendent jusqu'au jardin d'eau. Bien évidemment, les formes des édifices situés dans les jardins sont plus libres que celles de la villa même. Cette collaboration particulièrement réussie entre Vignole et Ammannati, qui signaient là leur première commande d'envergure, est tout à l'honneur de Jules III et de ses conseillers.

La villa de Caprarola, commencée peu après 1520, par Antonio da 186-188
Sangallo le Jeune et Peruzzi, devait servir de résidence principale aux Farnèse au centre de leur vaste domaine. D'où, peut-être, son étrange forme pentagonale: le pentagone était la forme privilégiée des ouvrages fortifiés. La cour intérieure parfaitement circulaire fut, elle aussi, dessinée par ses premiers architectes. En 1559, Vignole reprit le chantier auquel il travailla jusqu'à sa mort, en 1573. La vue frontale montre les lourds bastions, le pentagone, la loggia inférieure et le grand escalier en fer à cheval prévus par ses prédécesseurs. Vignole ayant inclus dans son traité un dessin de la porte d'entrée, il y a tout lieu de croire qu'il en est l'auteur. Aucun doute n'est possible, en revanche, pour la partie supérieure du château à partir du *piano nobile*. Le découpage en travées verticales encadrées de surfaces lisses et l'effet décoratif des pierres d'angle sont bien dans sa manière. L'effet produit par les pilastres plats en forme de panneaux et les moulures de la loggia du premier étage aussi. A chaque extrémité de cette dernière, se trouve une baie fermée, dotée d'une fenêtre dont l'architrave fait songer à la villa Giulia. La partie supérieure de l'édifice se compose d'un étage surmonté d'un attique scandé par des pilastres disposés à la verticale de ceux du *piano nobile*. A l'examen de la façade, on devine que les pièces doivent être à la fois étriquées et malcommodes: les étages supérieurs ont été conçus en fonction de la contrainte imposée

CAPRAROLA,
VILLA FARNÈSE
Vignole, commencée en 1559.

186 Vue générale.

187 Cour.

188 Diagramme : plan et section.

par les pilastres. Or, outre l'hébergement des résidents permanents, il fallait prévoir des appartements pour la nombreuse suite des Farnèse lors de leurs séjours à Caprarola. La villa Caprarola tient davantage du château que de la villa. La cour intérieure s'inspire d'une description de Pline, mais utilise des éléments qui rappellent Bramante. Le bossage rustique du rez-de-chaussée et l'alternance des travées à colonnes doubles et à arcature du premier étage constituent une reprise de la Maison de Raphaël. De même, les baies — une petite ouverture

189 Careggi,
repris par Michelozzo.

190 Poggio a Caiano,
par Giuliano da Sangallo,
années 1480.

rectangulaire flanquée de demi-colonnes alternant avec une large ouverture en arc cintré — reprennent presque exactement le motif de Bramante au Belvédère. Un autre détail significatif rapproche les deux 81
édifices : le décrochement de la corniche qui unit les colonnes doubles dont les bases restent libres. Le superbe escalier hélicoïdal richement orné de Caprarola n'est qu'une version agrandie de celui de Bramante au Belvédère.

Plus rustiques, les villas-fermes dérivent d'exemples florentins. Les

189, 190 Médicis en possédaient plusieurs, dont celles de Careggi et de Poggio a Caiano. A l'origine, Careggi était une simple ferme du XIVe siècle dont Michelozzo assura la transformation au cours du siècle suivant. Poggio a Caiano, plus tardive et plus imposante, fut remaniée vers 1480 par Giuliano da Sangallo. L'actuel escalier en fer à cheval est une addition du XVIIe siècle. Au contraire, la loggia presque disproportionnée qui supporte le fronton constitue probablement le premier exemple d'intégration d'une façade de temple antique à une villa. Le plan de la villa obéit à une stricte symétrie. Elle réunit donc les deux éléments les plus caractéristiques des villas de Palladio. Avant lui, d'autres architectes, dont Sansovino et Sanmicheli, avaient construit des villas en Vénétie. Entre 1545 et 1555, Sanmicheli avait bâti La Soranza, dont

191 Pontecasale, villa Garzone par Sansovino, *ca* 1540.

192, 193 Cricoli, près de Vicence, villa Trissino, par Trissino, 1536/1537. Extérieur et plan.

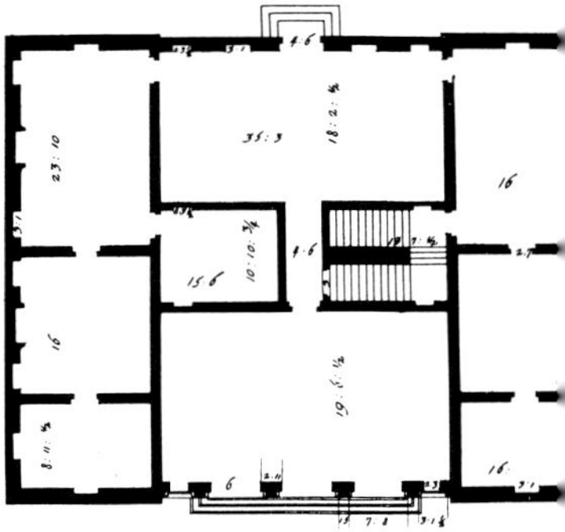

il ne reste rien. La villa Garzone de Sansovino (environ 1540) est par- 191
ticulièrement importante car elle présente une double loggia et deux
ailes en saillie, le tout ordonné symétriquement et traité dans le style
de la haute Renaissance. La villa de Sanmicheli, aujourd'hui disparue,
comportait un corps de bâtiment principal relié aux bâtiments de ferme
par les murs suivant un dispositif qui devait être repris et perfectionné
par Palladio. Mais l'influence la plus marquante sur le Vicentin fut
celle de Trissino, qui assura sa formation. En 1536/1537, Trissino s'était
construit à Cricoli une villa qui s'inspirait des descriptions de Vitruve
et du dessin de la villa Madame reproduit dans le traité de Serlio. Pour-
tant, elle ressemble surtout à la Farnésine de Rome que Trissino 193, 111
connaissait certainement. Elle comporte comme la Farnésine une

194, 195 Lonedo, villa Godi, par Palladio, *ca* 1538. Vue générale. Plan et section.

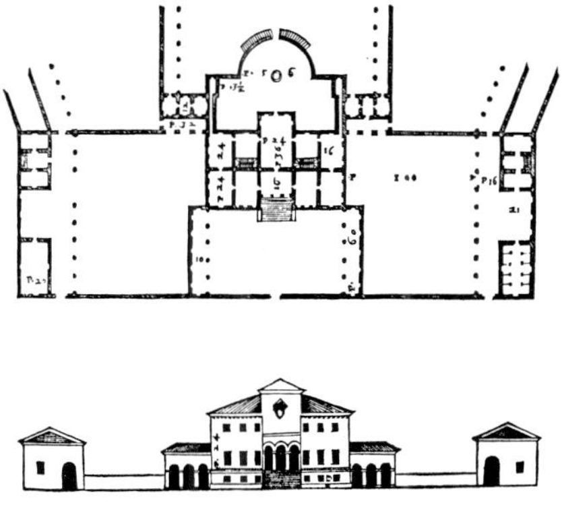

double loggia flanquée de deux tours en saillie, encore que la saillie soit ici quasi imperceptible. On peut déceler sur le plan la stricte symétrie de l'aménagement intérieur: non seulement chaque pièce y est soigneusement proportionnée, mais ses dimensions sont calculées en fonction de celles qui l'entourent. Cette progression permet d'aboutir à un tout mathématiquement harmonieux. Les ailes sont partagées en trois pièces dont la longueur varie suivant le rapport 3/2 (plus ou moins), la pièce centrale étant carrée. Dans la pratique, Palladio s'est fréquemment écarté de ce principe, mais les illustrations de son traité et les chiffres qui figurent sur ses plans prouvent qu'il y attachait la plus grande importance.

194, 195 La première réalisation personnelle de Palladio, la villa Godi à Lonedo (1538), est moins réussie que celle de Trissino, notamment en ce qui concerne la façade. Le plan et l'élévation reproduits dans les *Quatre Livres* ont visiblement été remaniés et représentent l'aboutissement de sa réflexion sur l'agencement d'une villa. Le principe qui consiste à relier les bâtiments agricoles à la maison de maître est matérialisé sur le plan par des murs et des portiques. De même, les dimensions des pièces obéissent au principe de la progression harmonique, traduit par les nombres 16/24/36. La partie centrale de la villa, avec son grand escalier qui s'élève vers le portique d'entrée à trois arches, est en retrait sur la façade, mais fait saillie d'autant à l'arrière du bâtiment. L'ensemble reste donc, *grosso modo*, cubique, comme toutes les villas palladiennes. Si l'on compare la villa Godi aux œuvres de maturité de Palladio, on constate qu'il ne manque ici que le fronton classique, encore qu'on puisse en voir une sorte d'ébauche dans les trois arches
197 de l'entrée. Mais ce fronton est présent dans ses œuvres les plus abou-
196 ties, notamment dans la villa Malcontenta (1560).

Palladio avait étudié l'architecture antique, mais il n'avait aucune connaissance directe des villas romaines dont les descriptions par Pline et Vitruve sont remarquables d'imprécision. Ce qu'il savait des temples et des édifices publics le conduisit à croire, à tort, que les Anciens «selon toute vraisemblance, en avaient emprunté l'idée et la raison aux édifices privés, c'est-à-dire aux maisons». En vertu de quoi, il dota toutes ses villas d'un majestueux portique d'entrée.

196 Villa Malcontenta, près de Mestre, 1560.

197 Vicence, villa Rotonda, commencée *ca* 1567/1569.

198 Villa Malcontenta. Plan et section.

199 Vicence, villa Rotonda. Plan et section.

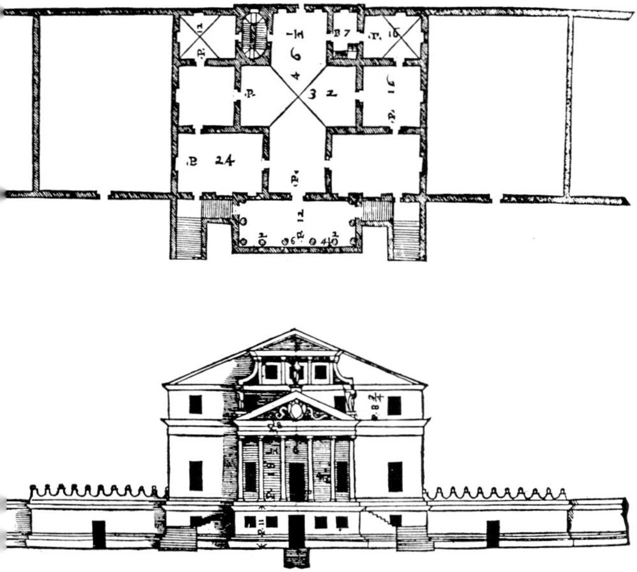

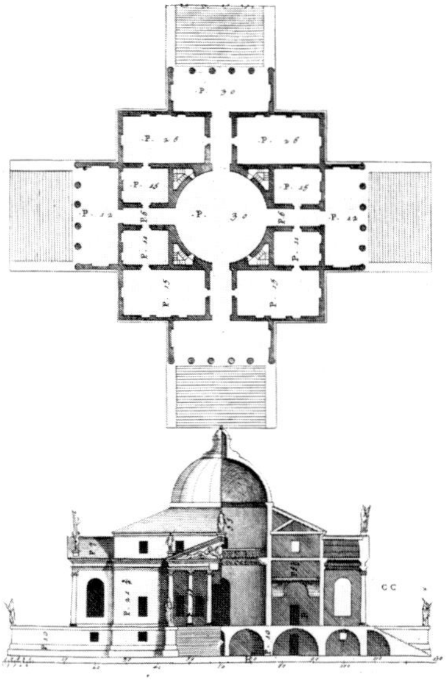

Il est de tradition d'attribuer le nom de la villa Malcontenta à l'une de ses occupantes, mécontente d'y être reléguée. Posée sur un fort soubassement, la villa frappe surtout par son superbe portique auquel on accède par un double escalier monumental. Le plan révèle la disposition typiquement palladienne des pièces qui s'inscrivent dans un cube parfait. La villa s'ordonne autour d'un vaste salon cruciforme dont les bras s'ouvrent sur d'autres pièces dont les dimensions répondent aux lois de la proportion harmonique. Dans la plupart des villas de Palladio, la pièce principale occupe le centre de l'édifice, et nombre
197, 199 d'entre elles sont éclairées par une coupole, notamment la villa Rotonda, près de Vicence, dont la constuction commença en 1567/1569. C'est une authentique villa suburbaine qui exigeait donc, dans l'esprit de Palladio, plus de grandeur. Le plan montre que la villa est disposée symétriquement autour du hall central circulaire ; la symétrie est poussée à l'extrême puisque le portique de l'entrée principale est répété à l'identique sur les trois autres façades. Après la mort de Palladio, la villa Rotonda fut achevée par son disciple, Vincenzo Scamozzi (1552-1616). Ce dernier modifia la forme du dôme initialement prévu par Palladio en lui ajoutant un tambour. Il rehaussa également l'attique, comme on peut le constater en comparant la photographie de la villa avec la gravure du traité de Palladio. Scamozzi est célèbre pour les Nouvelles Procuraties qui, sur la place Saint-Marc de Venise, jouxtent la bibiothèque de Sansovino. Auteur d'un traité d'archi-

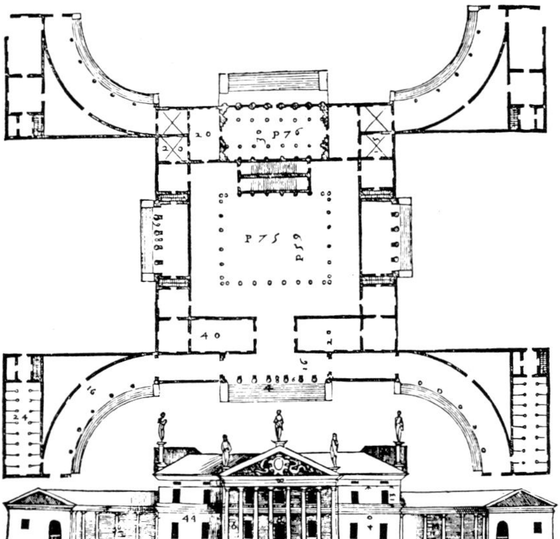

200 Palladio, projet pour la famille Mocenigo, jamais exécuté, tiré des *Quattro Libri*... (1570).

201 Palladio, villa Maser, *ca* 1560. Intérieur avec fresques de Véronèse.

tecture[32], il a laissé de nombreuses villas dans le style palladien, comme la villa Molin, construite près de Padoue vers 1597.

Un projet de Palladio exerça une influence déterminante : conçu pour 200
Leonardo Mocenigo sur les bords de la Brenta, c'est le dernier exemple de villa inclus dans son traité. L'intérêt de cette villa tient à sa complexité : c'est un vaste quadrilatère dont les quatre façades s'ornent d'un portique ; un atrium est ménagé au centre du bâtiment. Les communs sont reliés à la maison de maître par quatre colonnades symétriquement disposées en arc de cercle, de sorte que la maison présente deux aspects différents selon l'endroit d'où on la regarde : sur les côtés, le portique s'encadre entre deux corps de bâtiment rectangulaires ; sur les façades avant et arrière, pour reprendre la comparaison de Palladio, les colonnades se tendent comme des bras pour accueillir le visiteur.

La villa Maser qui date, elle aussi, d'environ 1560, est le type même de la villa rustique très sobre, extrêmement bien conservée. Sa renommée tient moins à l'architecture de Palladio qu'à la merveilleuse série de fresques en trompe-l'œil qu'y exécuta Véronèse. C'est un des pre- 201
miers exemples modernes de peinture de paysage à grande échelle où le paysage vaille en tant que tel. Sans doute en exista-t-il de semblables

dans les villas antiques. Architecture sublime, peinture magnifique, ce mariage fait de la villa Maser un des chefs-d'œuvre de la Renaissance italienne. La mobilisation de toutes les ressources de l'art allait devenir une des caractéristiques du baroque. On en trouve l'expression dans les grandes villas patriciennes de Tivoli et de Frascati. La villa d'Este, qui date du milieu du XVIe siècle, est à juste titre célèbre pour ses merveilleux jardins agrémentés de jeux d'eau, de fontaines et de cyprès. La villa Mondragone, construite dans les années 1570, est un édifice relativement simple qui, grâce à un site admirablement choisi pour tirer le maximum d'effet de la dénivellation du terrain, représente la synthèse réussie d'une nature et d'une architecture admi-
202 rables. Mais c'est sur la villa Aldobrandini qu'il convient de conclure. Edifiée entre 1598 et 1603 par Giacomo della Porta, la villa proprement dite, avec son énorme fronton brisé, est un excellent exemple du maniérisme de della Porta. Elle doit sa beauté à la combinaison d'une sculpture décorative foisonnante, de formes architecturales simples, d'une végétation remarquable et de ses merveilleuses fontaines dont le bruit ne cesse de faire vibrer la nuit romaine.

202 Giacomo della Porta, Frascati, villa Aldobrandini, 1598-1603.

Notes

1 Il existe au moins deux versions de ce texte. *Cf.* E.G. Holt, *A Documentary History of Art*, New York, 1957, I, p. 291 *sqq.*

2 D'après *The Renaissance Reader*, éd. J.B. Ross et M.M. McLaughlin, New York, 1958, p. 384.

3 L'idée de la correspondance entre la perfection du cercle et celle de Dieu figure déjà chez Nicolas de Cues, plus d'un siècle avant Palladio: « En Lui... le Commencement et la Fin se confondent... Le cercle sans commencement ni fin est de l'ordre de l'infini: il est éternel, infiniment un et de capacité infinie. » *Cf.* P. Burke, *The Renaissance*, Londres, 1964, pp. 73-74.

4 E. Mâle, *Rome et ses vieilles églises.*

5 Le dessin axonométrique donne d'une architecture une représentation fidèle sous un angle particulier en fonction duquel toutes les verticales s'infléchissent, bien que l'échelle soit respectée. Les arêtes du triède de référence sont projetées suivant des droites faisant entre elles un angle de 120°. Le rapport entre les horizontales et les verticales est ainsi maintenu malgré la distorsion qui affecte les courbes. Avec l'expérience, le dessin axonométrique devient étonnamment parlant.

6 La voûte du temple romain de Minerva Medica, encore couvert du temps de Brunelleschi, peut lui en avoir suggéré l'idée, encore qu'elle ne repose pas sur des pendentifs à proprement parler.

7 *Cf. Architectural Principles*, 3e éd., 1962, p. 47 *sqq.*

8 Santa Croce a subi d'importantes dégradations.

9 En 1310, la guilde des Médecins et Spécialistes regroupait cent métiers différents.

10 *Cf. Memoirs of a Renaissance Pope*, éd. F.A. Gragg et L.C. Gabel, New York, 1959, pp. 282-291.

11 *Ibid.*, p. 289.

12 « Nous, Federicus Montis Feretri Urbini, etc. (...) après avoir cherché de toutes parts et plus particulièrement en notre vivier d'architectes, la Toscane, un homme véritablement qualifié et instruit de ce mystère, avons enfin entendu parler de la réputation, confirmée par l'expérience, de l'excellent Maître Lutiano, porteur de cette patente (...) Nous avons désigné ledit Maître Lutiano comme Surintendant et Chef de tous les maîtres qui œuvrent sur [ce palais] (...) le 10 juin 1468. »

13 Peut-être quelque chose dans le genre du troisième étage du palais de la Chancellerie.

14 Frédéric devint duc en 1474. Les inscriptions CO(MES) (comte), sont donc antérieures à cette date. Celles qui portent DVX datent de 1474/1482.

15 Le projet de traité d'anatomie de Léonard dit: « Vous vous familiariserez avec toutes les parties du corps (...) par le truchement de cette triple représentation, car, ayant vu un des membres de face, vous le

pourrez voir de profil ou de dos, comme si vous le tourniez dans votre main jusqu'à complète intelligence... »

16 Voir la sacristie du Santo Spirito de Sangallo, inspirée par Brunelleschi (*ill. 25*).

17 Par exemple, l'église de la Nativité à Bethléem, et le Saint-Sépulcre à Jérusalem.

18 Il a subi des altérations (*cf. ill. 75 et 76*).

19 La gravure de l'illustration 78 est idéalisée. En réalité, il fallait bien que les serviteurs dorment quelque part. Sur le dessin de l'illustration 79, on distingue des fenêtres d'attique entre les métopes. Une solution analogue fut adoptée pour la plupart des palais ultérieurs (*cf. ill. 103*).

20 La tradition veut que ce palais ait été commencé en 1515. On donne de nos jours une date plus tardive qui en interdirait l'attribution à Raphaël. Vasari l'attribue à l'architecte d'exécution du maître, Lorenzetto.

21 L'autre date suggérée par Vasari (1492) semble intrinsèquement plus probable, encore que l'acte de décès de l'hôpital de Mantoue donne « le 1er nov. 1546, à l'âge de 47 ans », ce qui rend la date de 1499 quasi certaine. Reste que Vasari tenait son information de Giulio en personne et que la date de 1492 rend son évolution stylistique plus compréhensible.

22 Les Anciens distinguaient la *villa suburbana* de la *villa rustica*. L'une était assez proche de la ville pour qu'on n'y séjourne pas la nuit, ce qui dispensait d'y installer des chambres à coucher. L'autre était une résidence autonome entourée de fermes.

23 Cette forme sans doute d'origine romaine fut d'abord reprise par Bramante. On l'appelle *serliana*, du nom de Serlio.

24 Siège de l'ambassade de France à Rome, ouvert au public le dimanche matin.

25 Ne soyons pas trop affirmatif : on trouve bien avant des bâtiments dont l'ordre surélevé unit le rez-de-chaussée à un étage en mezzanine d'une importance telle qu'on peut parler de deux étages.

26 Un document récent prouve néanmoins que la chapelle était déjà en cours de construction en 1529.

27 Ce qui explique que des références à 1570 puissent figurer dans un livre apparemment publié en 1568. Les deux versions figurent dans l'édition du Club del Libro, Milan, 1965, vol. VII.

28 Dans l'ordre dorique, comme au rez-de-chaussée de la bibliothèque, fig. 138, la frise qui surmonte les colonnes comporte une alternance de panneaux carrés parfois ornés de sculptures en relief (les métopes) et de trois barres verticales à rainures (ou glyphes), les triglyphes.

29 Publié pour la première fois en 1966 à Milan.

30 Toutes ces formes dérivent en fin de compte de celle qu'inventa Alberti à Santa Maria Novella de Florence vers 1450 et qui fut introduite à Rome (Sant'Agostino et Santa Maria del Popolo) dès le XVe siècle.

31 Le Latran s'inspire vaguement du palais Farnèse.

32 *Dell'Idea dell'Architettura universale*, Venise, 1615.

Note bibliographique

Nous avons classé séparément 1) les sources et les traités d'époque, y compris les nombreux fac-similés de ces dernières années; 2) les livres, pour la plupart récents, qui traitent de la Renaissance en général; 3) les monographies. Des références plus précises, notamment aux périodiques, figurent dans la plupart des livres cités.

1 Sources

Les descriptions de Pline le Jeune dans ses *Lettres*, fréquemment éditées au XVe siècle, sont à l'origine de nombreux traités de l'époque. Mais la plupart s'inspirent du seul traité technique que nous ait légué l'Antiquité, le *De architectura Libri X* de Vitruve, dont plusieurs versions manuscrites circulaient en Italie au XVe siècle. L'edition princeps parut à Rome, en 1486 (?). Plusieurs éditions suivirent. La première version sérieuse, avec commentaires et illustrations, est due à Fra Giocondo, Venise, 1511 et 1513. La première traduction italienne fut établie par l'élève de Bramante, Cesare Cesariano (Côme, 1521; fac-similé, 1968). L'édition de 1521 fut pillée par Lutio (Venise, 1524) et Caporali (Pérouse, 1536), avant l'édition définitive de Daniele Barbaro agrémentée des gravures sur bois de Palladio (Venise, 1556; *cf. ill. 163*). L'édition anglo-saxonne de référence moderne est celle de M. Morgan (Harvard, 1914; nombreuses reprises en format de poche) et celle de F. Granger (Londres, Loeb ed., 1934). Pour la France: *les Dix livres d'architecture*, trad. par C. Perrault (Paris, Errance, 1986), et *De l'architecture* liv. X, éd. et tr. L. Collebat et P. Fleury (Paris, Belles Lettres, 1986).

Le *De re aedificatoria* d'Alberti calque Vitruve au point d'en reproduire la division en dix livres. Il ne circula qu'en manuscrit du vivant de l'auteur, mais fut imprimé à Florence dès 1485, donc juste avant l'édition princeps de Vitruve. P. Lauro en établit la version italienne (Venise, 1546), bientôt suivie d'une édition illustrée dont l'importance allait être décisive, celle de Cosimo Bartoli (Florence, 1550 et Venise, 1565). C'est la version de Bartoli que traduisit en anglais l'architecte vénitien Giacomo Leoni (Londres, 1726) (repris par J. Rykwert, Londres, 1955). Texte latin annoté: G. Orlandi (Milan, 2 vol., 1966).

Deux autres traités de moindre importance circulaient sous forme manuscrite au XVe siècle. Le *Trattato di Architettura*, rédigé avant 1464, mêle étrangement la légende d'une cité perdue et la description de la cité idéale conforme aux règles classiques, que Filarète espérait voir bâtir par un chef d'État moderne. L'édition de J. Spencer (New Haven/Londres, 1965) reproduit en fac-similé (mais avec traduction intégrale en anglais) le manuscrit de Florence offert par l'auteur à Piero de' Medici. L'édition italienne de A. Finoli et L. Grassi est en deux volumes (Milan, 1972). Les versions du traité de Francesco di Giorgio datent de 1456/1502. Léonard de Vinci a connu une de ces versions. La version publiée à Turin en 1841 n'est plus disponible. Maltese et Maltese Degrassi en ont donné une version modernisée (Milan, 1967).

L'extraordinaire fantaisie architecturale, *Hypnerotomachia Poliphili*, qui n'est pas vraiment un traité, a joué un rôle essentiel dans l'histoire de l'architecture. Imprimé à Venise par Aldus Manutius en 1499, c'est sans doute l'un des plus beaux livres du monde. Meilleure version française: *le Songe de Poliphile*, Genève, Slatkine, 1981, reprenant la traduction de C. Popelin, Paris, I. Lisieux, 1893.

Pour le traité de Serlio, voir p. 195 *sqq*. A l'étude bibliographique de W.B. Dinsmoor (*Art Bulletin*, XXIV, 1942), il faut ajouter le fac-similé de l'édition de 1619 (Londres, 1964) et la reproduction du manuscrit inédit du Livre VI (Milan, 2 vol., 1966) ainsi que le fac-similé du manuscrit de la bibliothèque Avery de New York (New York, 1978). La *Regola delli cinque ordini d'architettura* de Vignole parut en 1562, sans doute à Rome. La première édition française date de 1631 et il y en eut beaucoup par la suite (Vignole a exercé une influence considérable sur la France), mais il n'existe aucune édition moderne. Le manuscrit original se trouve aux Offices de Florence.

Le grand traité de Palladio, *I Quattro Libri dell'architettura* (Venise, 1570) a connu une édition en fac-similé (Milan, 1945) et de nombreuses réimpressions. C'est la pierre angulaire du palladianisme anglo-américain. Traductions de G. Richards (1676; 1683; et 1733) et surtout de G. Leoni (Londres, 1715-1720; 1742 qui reproduit les notes personnelles d'Inigo Jones), puis de Coleen Campbell (Livre I seulement, 1729) et de I. Ware (Londres, 1738; New York, 1965). Version française: *les Quatre livres de l'architecture*, Arthaud, 1980. Les autres ouvrages de Palladio comportent deux guides de Rome, *Lantichita di Roma* (Rome, 1554) et les *Descritione de le Chiese, Statione . . . in la Citta de Roma* (Rome, 1554), reproduits tous deux en fac-similé in: P. Murray, *Five Early Guides to Rome and Florence* (Farnborough, 1972). La traduction de Vitruve par Barbaro comporte des illustrations de Palladio qui publia également une édition illustrée des *Commentaires* de César, en 1575. Il entendait sans doute publier ses croquis des antiquités romaines (*cf. ill. 160*) que Lord Burlington publia en 1730 (réimpression 1969). Ils comptent parmi les trésors du Royal Institute of Architecture de Londres. A son successeur, Vincenzo Scamozzi, nous devons les *Discorsi sopra l'antichità di Roma* (Venise, 1582) et un célèbre mais prosaïque *Dell'Idea dell' architettura universale* (Venise, 1615) (première édition française: Paris, 1685). Un fac-similé de l'édition originale a paru à Londres (deux volumes, 1964).

Le catalogue *The Fowler Architectural Collection of The John Hopkins University* par L. Fowler et E. Baer (Baltimore, 1961) constitue un merveilleux outil bibliographique pour ces traités comme pour bien d'autres.

Parmi les sources d'information irremplaçables sur les architectes et leurs œuvres, citons d'abord les *Vite de Piu Eccellenti Architetti, Pittori ed Scultori Italiani, da Cimabue insino a Tempi Nostri* de Vasari (Florence, 1550 et 1568). L'édition de référence reste celle de G. Milanesi, 9 volumes (Florence, 1878-1885; en poche 1973). La version la plus commode et la mieux informée est celle du Club del libro (Milan, 1962-1966, 8 vol.). La grande édition moderne de R. Bettarini et P. Barocchi qui donnent les textes de 1550 et de 1568 a été publiée à Florence chez Sanzoni. Les traductions anglaises reprennent l'édition de 1568. Le meilleur texte intégral reste celui de G. de Vere, en 10 volumes, Londres, 1912-1915, sans appareil de notes. Bonne sélection dans l'édition Penguin Classics, dans une traduction nouvelle de George

Bull (1965 et 1987). Traduction française, *la Vie des meilleurs peintres, sculpteurs et architectes* A. Chastel (Ed.), 12 vol. (Paris, Berger-Levrault, 1981-1987). La *Vie de Brunelleschi*, communément attribuée de nos jours à Manetti, a fait l'objet d'une réédition (D. de Robertis et G. Tanturli, Milan, 1976). L'édition antérieure (H. Saalman et C. Enggass, Pennsylvanie et Londres, 1970) était établie à partir de versions plus anciennes de ce très difficile texte en toscan. Voir les extraits qu'en donnent E.G. Holt, *A Documentary History of Art*, (vol. 1 et 2, New York, 1957-1958) et D. Chambers, *Patrons and Artists in the Italian Renaissance* (Londres, 1970), qui contient de nombreux documents intéressant l'architecture. *Scritti Rinascimentali di Architettura*, éd. A. Bruschi *et al.* (Milan, 1978) contient une bonne sélection annotée de textes originaux.

Les gravures d'époque sont riches d'enseignement et de beauté. Nous en avons emprunté pour les reproduire ici aux recueils de gravures du XVIIe siècle établis par Dupérac, Lafreri, Ferrerio, etc. *Palazzi di Roma* de Ferrerio et Falda (1665) a été repris en fac-similé en 1967. On les assemblait au goût du client. Les séries complètes sont rares. Celle de Letarouilly, *Edifices de Rome moderne* (3 vol., Paris 1840-1857; réédition, vol. I, Paris, 1984), fait autorité. L'œuvre inachevée de Letarouilly sur Saint-Pierre et le Vatican (1863 et 1882) a été réimprimée (2 vol. 1953-1963).

2. Les historiens

Pour se familiariser avec la vie, l'art et l'histoire italienne, *la Civilisation de la Renaissance en Italie*, de Jacob Burckhardt (1860) (Paris, le Livre de poche, 1986) reste indispensable. Voir aussi D. Hay, *The Italian Renaissance in its Historical Background* (1961). Voir aussi *Florence au temps de Laurent le Magnifique* (Paris, Hachette, 1965) et le fort volume de la collection Mazenod: *L'Art de la Renaissance*. La meilleure introduction aux principes de l'architecture classique est celle de Sir John Summerson, *le Langage classique de l'architecture* (Paris, Equerre, 1984). *The Architecture of Humanism* de Geoffrey Scott (1914) a vieilli mais définit admirablement l'idéal classique. Encore plus ancien H. Wölfflin, *Renaissance et Baroque* (1888; Imago Mundi, trad. par G. Montfort, 1985) défend un point de vue différent. L'ouvrage de référence reste celui de R. Wittkower, *Architectural Principles in the Age of Humanism* (3e éd., 1962). *The Outline of European Architecture* (*Génie de l'architecture européenne*) de Nikolaus Pevsner (1960; 1970) constitue une excellente introduction au sujet et comporte un chapitre important sur l'architecture italienne. Le célèbre *History* de Bannister Fletcher (18e éd., 1975) contient un nombre impressionnant de plans, de sections et de dessins introuvables ainsi qu'un glossaire des termes techniques qui le rendent précieux malgré la faiblesse de ses analyses historiques. Il permet de comprendre rapidement les quelques termes qui rebutent nombre de lecteurs. Le *Penguin Dictionary of Architecture* de J. Fleming, H. Honour et N. Pevsner (1966) rassemble des notes biographiques sur les grands architectes et des définitions, souvent illustrées, des termes techniques. L'*Illustrated Glossary of Architecture*, 850-1830 (1966) permet de repérer une abaque ou un tailloir avant même d'en connaître le nom. Les Français ne disposent que du *Graphique d'Histoire de l'Art* de Joseph

Gaultier (Plon, 1911) et du *Dictionnaire d'Architecture* de Viollet-le-Duc (Mardaga, 1980).

Parmi les nombreuses publications des trente dernières années, signalons, dans la «Pelican History of Art», L. Heydenreich et W. Lotz: *Architecture in Italy, 1400-1600* (1974); Lotz est aussi l'auteur des *Studies in Italian Renaissance Architecture* (1977). Sur l'art toscan, C. von Stegmann et H. von Geymüller, *Die Architektur der Renaissance in Toskana* (11 volumes 1885-1904; version anglaise abrégée, 2 volumes, New York, 1924); sur Venise: D. Howard, *The Architectural History of Venice* (Londres, 1980); sur Rome: T. Magnuson, *Studies in Quattrocento Architecture* (Stockholm, 1958), dont le point de vue est plus limité; sur les villas romaines: D. Coffin *The Villa in the Life of Renaissance Rome* (1979); sur les palais romains: l'étude très détaillée de C. Frommel, *Römische Palastbau der Hochrenaissance* (Tubingen, 3 volumes, 1973). Sans prétention historique, le livre de Georgina Masson, *Italian Villas and Palaces* (1959) contient de superbes photos, que l'auteur nous a aimablement autorisé à reproduire. Sur les villas, on pourra également consulter: P. Lauritzen, *Villas de la Vénétie* (Arthaud, 1988); M. Muraro, *Civilisation des villas vénitiennes* (Mengès, 1987) et H. Acton, *Villas toscanes* (Ed. du Regard, 1984). R. Goldthwaite, *Building of Renaissance Florence* (1980) fournit la documentation économique et sociale nécessaire.

L'*Encyclopedia of World Art* (15 vol., 1959-1969) est précieuse pour l'abondance de ses entrées biographiques, la qualité de ses études générales et ses excellentes bibliographies. Côté biographie, la *Macmillan Encyclopedia of Architects* (4 vol., New York, 1982) est la plus récente et la mieux informée. Elle comporte des bibliographies.

Jean Delumeau, *la Civilisation de la Renaissance* (Arthaud, 1984), André Chastel, *l'Art italien* (Paris, 1956) et *le Grand Atelier* (Gallimard, 1965) contiennent de brillants survols tandis qu'on appréciera le souffle de Elie Faure, *l'Art Renaissant* (Denoël, 1988).

Citons, parmi les monographies et les essais de portée plus générale, ALBERTI: J. Gadol (1969), F. Borsi (1977). BRAMANTE: A. Bruschi (Bari et Rome, 1969; abrégé 1977). BRUNELLESCHI: E. Battisti (1981) et H. Saalman (1980) sur le dôme de la cathédrale de Florence. J. ROMAIN: F. Hartt (1958), E. Verheyen, *The Palazzo del Tè* (1977); *Julio Romano*, Catalogue d'exposition, Milan (1989). LEONARD de VINCI: J.-P. Richter, *The Literary Works of Leonardo* (1970) (avec les manuscrits d'architecture); C. Pedretti, *A Chronology of Leonardo da Vinci's Architectural Studies after 1500* (1962). MICHEL-ANGE: J. Ackerman (1961, 1970). PALLADIO: J. Ackerman (1966), L. Puppi (1975), sans oublier H. Burns *et al.*, Catalogue de l'exposition Palladio (Londres, 1975). Le corpus des œuvres de Palladio est publié (Pennsylvania State University pour l'édition en anglais). O. Bertotti-Scamozzi, *Fabbriche... di Palladio* avec une introduction de J. Q. Hughes (1968). SANMICHELI: E. Langenskiöld (Uppsala, 1938, en anglais). SANSOVINO: D. Howard (1975).

Enfin, sur les églises de Florence et de Rome: W. et E. Paatz, *Die Kirchen von Florenz* (6 vol. 1940-1954); W. Buchowiecki, *Handbuch der Kirchen Roms* (3 vol., 1967-1974) et la série *Roma Cristiana*, ed. C. Galassi-Paluzzi, notamment le vol. IV, *Le Chiese di Roma dall'XI al XVI Secolo*, par V. Golzio et G. Zander (1963).

Table des illustrations

30 Mantoue, San Sebastiano.
Plan. Commencée en 1460. Tiré de R. Wittkower, *Architectural Principles in the Age of Humanism*, Alec Tiranti Ltd., Londres.

31 Mantoue, Sant'Andrea.
Extérieur. Photo Giovetti.

32 Mantoue, Sant'Andrea.
Plan. Conçue en 1470, commencée en 1472. Tiré de W. Anderson et J. Stratton, *The Architecture of the Renaissance in Italy.*

33 Mantoue, Sant'Andrea.
Intérieur. Photo Giovetti.

34 Florence, palais Davanzati.
Extérieur. Fin XIVe siècle. Photo Alinari.

35 Florence, palais Médicis.
Gravure. Commencé en 1444. Tiré de Giuseppe Zocchi, *Scelta di XXIV vedute delle principali contrade, piazze, chiese e palazzi della città di Firenze*, 1744.

36 Florence, palais Médicis.
Plan. Commencé en 1444. Tiré de C. von Stegmann et H. von Geymüller, *The Architecture of the Renaissance in Tuscany.*

37 Florence, palais Médicis.
Cour. Photo Alinari.

38 Florence, palais Rucellai.
Extérieur. Commencé en 1452? par Alberti. Photo Giusti.

39 Florence, palais Pitti.
Gravure. Commencé en 1458. Photo Courtauld Institute of Art. Tiré de Giuseppe Zocchi, *Scelta di XXIV vedute delle principali contrade, piazze, chiese e palazzi della città di Firenze*, 1744.

40 Florence, palais Pazzi-Quaratesi.
Extérieur. 1462/1470. Photo Alinari.

41 Florence, palais Gondi.
Extérieur. *ca* 1490-1498. Photo Alinari.

42 Florence, palais Strozzi.
Extérieur. 1489-1536. Photo Mansell-Alinari.

43 Pienza, reconstruction par Pie II.
Commencée en 1458. Tiré de F.A. Gragg et L.C. Gabel, *Memoirs of a Renaissance Pope*, G.P. Putnam's Sons, New York.

44 Rome, palais Venezia.
Cour. 1467/1471. Photo Alinari.

45 Rome, palais de la Chancellerie.
Cour. 1486-1496. Photo Georgina Masson.

46 Rome, palais de la Chancellerie.
Gravure. P. Ferrerio, *Palazzi di Roma.*

47 Urbin, palais ducal.
Extérieur. Photo Alinari.

48 Urbin, palais ducal.
Plan. Années 1460, Tiré de P. Rotondi, *Il Palazzo Ducale di Urbino*, L'Istituto Statale d'Arte, Urbin.

49 Urbin, palais ducal.
Cour. 1465-1479. Photo James Austin.

50 Urbin, palais ducal.
Porte menant de la salle des Anges à la salle du Trône. Photo Georgina Masson.

51 Venise, palais des Doges.
Extérieur. XIVe et XVe siècles. Photo Edwin Smith.

52 Venise, Ca'd'Oro.
Extérieur. 1427/1436. Photo Edwin Smith.

53 Venise, palais Corner-Spinelli.
Extérieur. Commencé *ca* 1480. Photo Alinari.

54 Venise, palais Vendramin-Calergi.
Extérieur. *ca* 1500-1509. Photo Georgina Masson.

55 Venise, San Michele in Isola.
Extérieur. 1469-*ca* 1479. Photo Alinari.

56 Venise, San Salvatore.
Plan. 1507-1534. Tiré de W. Anderson et J. Stratton, *The Architecture of the Renaissance in Italy.*

57 Bergame, chapelle Colleone.
Extérieur. Première moitié des années 1470. Photo Alinari.

58 Prato, Santa Maria delle Carceri.
Plan. Commencée en 1485. Tiré de W. Anderson et J. Stratton, *The Architecture of the Renaissance in Italy.*

59 Prato, Santa Maria delle Carceri.
Section. Tiré de W. Anderson et J. Stratton, *The Architecture of the Renaissance in Italy.*

60 Prato, Santa Maria delle Carceri.
Intérieur. Commencée en 1485. Photo Alinari.

61 Cortone, Santa Maria del Calcinaio.
Intérieur. Dernières années du XVe s. Photo Alinari.

62 Milan, San Eustorgio, chapelle Portinari.
Extérieur. Début des années 1460. Photo Brogi.

63 Dessin pour la cité de Sforzinda. Florence, Biblioteca Nazionale Centrale. II I, 140 c, 43 r. Photo Sansoni.

64 Léonard de Vinci. Dessin d'architecture. *ca* 1489 ou plus tard. Paris, Institut de France. Ms.B. Tiré de J.P. Richter, *The Literary Works of Leonardo da Vinci*, Oxford University Press.

65 Leonard de Vinci, dessin d'architecture. *ca* 1489 ou plus tard. Paris, Institut de France. Ms B. Tiré de J.P. Richter, *The Literary Works of Leonardo da Vinci.*

66 Milan, Santa Maria presso San Satiro. Plan. Années 1470. Tiré de F. Cassina, *Le Fabbriche più cospicue di Milano.*

67 Milan, Santa Maria presso San Satiro. Section. Tiré de F. Cassina, *Le Fabbriche più cospicue di Milano.*

68 Milan, Santa Maria presso San Satiro. Intérieur. Photo Argozzini.

69 Milan, Santa Maria presso San Satiro. Extérieur. Photo Alinari.

70 Milan, Santa Maria delle Grazie. Plan. Fin des années 1480 et années 1490. Tiré de A. Pica, *Il Gruppo monumentale di Sta Maria delle Grazie.*

71 Milan, Santa Maria delle Grazie. Section. Tiré de A. Pica, *Il Gruppo Monumentale di Sta Maria delle Grazie.*

72 Milan, Santa Maria delle Grazie. Intérieur. Photo Argozzini.

73 Milan, Saint-Ambroise. Le portique dorique. Années 1490. Photo P.J. Murray.

74 Rome, Santa Maria della Pace. Le cloître. Achevé en 1504. Photo Anderson.

75 Rome, San Pietro in Montorio. Tempietto. 1502. Tiré de A. Palladio, *I Quattro Libri dell' Architettura.*

76 Rome, San Pietro in Montorio. Tempietto. Extérieur. 1502. Photo Linda Murray.

77 Rome, San Pietro in Montorio. Tempietto. Plan. Tiré de S. Serlio, *Architettura.*

78 Rome, Maison de Raphaël. *ca* 1512. D'après une gravure de A. Lafrerin. Photo Oscar Savio.

79 Rome, Maison de Raphaël. Dessin de Palladio. Royal Institute of British Architects, Londres.

80 Rome, Vatican. Cour du Belvédère. Reconstitution par le Pr Ackermann. Tiré de J. Ackerman, *The Cortile del Belvedere.*

81 Rome, Vatican. Cour du Belvédère. Elévation. Début du XVIe siècle. Tiré de S. Serlio, *Architettura.*

82 Rome, Saint-Pierre. Caradosso, médaille commémorative. 1506, British Museum, Londres.

83 Rome, Saint-Pierre. Plan de Bramante. Offices de Florence. Photo Soprintendenza alle Galleria, Firenze.

84 Rome, Saint-Pierre. Dessin de Menicantonio de' Chiarellis. Collection de M. Paul Mellon.

85 Montepulciano, San Biagio. Plan et section. 1518-1545. Tiré de W. Anderson et J. Stratton, *The Architecture of the Renaissance in Italy.*

86 Montepulciano, San Biagio. Intérieur. Photo Linda Murray.

87 Montepulciano, San Biagio. Extérieur. Photo Linda Murray.

88 Rome, Saint-Pierre. Le dôme de Bramante. Tiré de S. Serlio, *Architettura.*

89 Rome, Saint-Pierre. Plan original de Bramante. Tiré de W. Anderson et J. Stratton, *The Architecture of the Renaissance in Italy.*

90 Rome, Saint-Pierre. Maquette d'Antonio da Sangallo le Jeune. Rome, musée Petriano. Photo Mansell-Anderson.

91 Rome, Saint-Pierre. Plan de Michel-Ange. Gravure de E. Dupérac.

92 Rome, Saint-Pierre. Extérieur. Gravure de E. Dupérac.

93 Rome, Saint-Pierre. Plan de l'édifice construit. Tiré de W. Anderson et J. Stratton, *The Architecture of the Renaissance in Italy.*

94 Rome, San Eligio degli Orefici. Coupole. Photo Linda Murray.

95 Rome, palais Vidoni-Caffarelli. Extérieur. Gravure. Tiré de P. Ferrerio, *Palazzi di Roma.*

96 Rome, palais Branconio dell'Aquila. *ca* 1520. Gravure. Tiré de P. Ferrerio, *Palazzi di Roma.*

97 Rome, palais Spada. Extérieur. Milieu du XVIe s. Photo Georgina Masson.

134 Vérone, palais Canossa.
Plan. Fin des années 1530. Tiré de Francesco Zanotto, *Le Fabbriche civili, ecclesiastiche e militari di M. San Micheli disegnate ed incise da F. Ronzani e G. Luciotti*, 1875 (?).

135 Vérone, palais Canossa.
Extérieur. Photo Georgina Masson.

136 Vérone, palais Bevilacqua.
Extérieur. Projet antérieur à 1537. Photo Georgina Masson.

137 Vérone, chapelle Pellegrini.
Section et plan. 1529 et après. Tiré de W. Anderson et J. Stratton, *The Architecture of the Renaissance in Italy*.

138 Venise, la bibliothèque.
Extérieur. Commencée en 1537. Photo Alinari.

139 Venise, la bibliothèque et la Loggetta du campanile. Extérieur. Photo Mansell-Anderson.

140 Venise, palais de la Monnaie (la Zecca). La bibliothèque, le campanile, la place Saint-Marc et le palais des Doges.
Vue aérienne. Photo Editions V.F.

141 Venise, palais de la Monnaie.
Extérieur. Commencé en 1537, achevé en 1545. Photo Alinari.

142 Venise, palais Corner della Ca' Grande.
Commencé en 1537. Photo Alinari.

143 Rome, le Panthéon.
Plan. Tiré de S. Serlio, *Architettura*.

144 Serlio, projet de porte monumentale. 1551.
Tiré de S. Serlio, *Libro extraordinario*.

145 Rome, Sant'Andrea in via Flaminia.
Extérieur. Photo Soprintendenza ai Monumenti dell' Lazio, Rome.

146 Rome, Sant'Andrea in via Flaminia.
Section. Achevé en 1554. D'après une gravure d'Angelletti.

147 Rome, Sant'Anna dei Palafrenieri.
Plan. Commencée en 1572/1573. Tiré de *Architectural Review*.

148 Rome, il Gesù.
Plan. Commencé en 1568. Tiré de J. Sandrart, *Insignium Roma Templorum Prospectus*.

149 Rome, il Gesù.
Dessin de la façade par Vignole. Gravure de Cartaro, 1570.

150 Rome, il Gesù.
Gravure. D'après une gravure de G.B. Falda représentant l'église une fois construite.

151 Rome, il Gesù.
Peinture de Sacchi et Miel : *Urbain VIII visitant le Gesù*. Rome, palais Barberini. Photo Scala.

152 Rome, porche des jardins Farnèse.
Photo Gabinetto Fotografico Nazionale.

153 Rome, Santa Maria di Loreto.
Années 1570. Photo Anderson.

154 Rome, San Atanasio dei Greci.
Gravure. Années 1570. Tiré de J. Sandrart, *Insignium Romae Templorum Prospectus*.

155 Rome, Santa Caterina dei Funari.
Gravure. 1564. D'après une gravure de G.B. Falda.

156 Rome, plan d'urbanisme de Sixte V. Tiré de Siegfried Giedion, *Space, Time and Architecture*, Harvard University Press, copyright 1941, 1949 et 1954, the President and Fellows of Harvard College.

157 Florence, le palais Pitti vu des jardins.
ca 1558-1570. Photo Georgina Masson.

158 Florence, Offices.
1560-1574. Tiré de Giuseppe Zocchi, *Scelta di XXIV vedute delle principali contrade, piazze, chiese e palazzi della città di Firenze*, 1744.

159 Florence, Offices, porte des supplices.
1574. Photo Alinari.

160 Reconstitution par Palladio des thermes de Titus à Rome. Londres, Royal Institute of British Architects.

161 Palladio, dessin du palais Porto-Polleoni, Vicence. Londres, Royal Institute of British Architects.

162 Vicence, Basilique.
Maquette approuvée en 1549. Photo C. Vajenti.

163 Palladio, reconstitution d'un théâtre romain.
Tiré du *Vitruve* de Barbaro, 1556.

164 Vicence, palais Chiericati.
Commencé en 1550. Photo Georgina Masson.

165 Vicence, palais Porto.
Extérieur. Photo Alinari.

166 Vicence, palais Porto.
Section et plan, 1552. Tiré de A. Palladio, *I Quattro Libri dell' Architettura*.

167 Vicence, palais Thiene.
D'après A. Palladio, *I Quattro Libri dell' Architettura*.

Index

Les chiffres en romain renvoient aux pages du texte. Ceux en italique correspondent aux illustrations.

Cet ouvrage composé par Cicero à Paris
a été reproduit et achevé d'imprimer en mars 1996
par l'imprimerie C.S. Graphics
pour les éditions Thames & Hudson
4e réimpression

Dépôt légal : 1er trimestre 1990
ISBN 2-87811-010-2
Imprimé à Singapour